데이터아키텍처 준전문가 (DAsP)
한 권으로 끝내기

핵심요약 및 연습문제

**데이터아키텍처 준전문가 (DAsP) 한 권으로 끝내기
핵심요약 및 연습문제**

1판 5쇄 발행 2023년 2월 20일

지은이 김상목
발행처 마크리더컨설팅(주)
편집 손민우
디자인 장선정
주소 서울특별시 마포구 성지길 25-11, 지층311호
등록 제2018-000128호
전화 070-8886-9225 **팩스** 02-706-9225
전자우편 markleader01@naver.com
홈페이지 blog.naver.com/markleader01
ISBN 979-11-90215-02-2 (13370)

이 도서의 국립중앙도서관 출판예정도서목록(CIP)은 서지정보유통지원시스템 홈페이지(http://seoji.nl.go.kr)와 국가자료종합목록 시스템(http://www.nl.go.kr/kolisnet)에서 이용하실 수 있습니다. (CIP제어번호 : CIP2020015449)

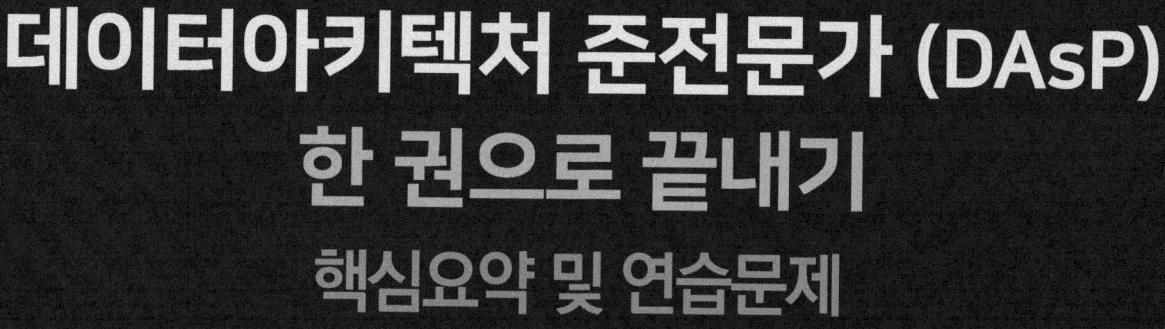

데이터아키텍처 준전문가 (DAsP) 한 권으로 끝내기

핵심요약 및 연습문제

김상목 지음

목 차

학습방법   13
합격 Tip   15

Ⅰ. 전사 아키텍처 이해   16

1장. 전사 아키텍처 개요 16
1절. 전사 아키텍처 정의 16
  1. 전사 아키텍처 정의 16
2절. 전사 아키텍처 프레임워크 17
  1. 전사 아키텍처 프레임워크 개념 17
  2. 전사 아키텍처 프레임워크 구성 17
  3. 아키텍처 도메인 구성 19
3절. 전사 아키텍처 참조 모델 22
  1. 참조 모델 정의 22
  2. 참조 모델 현황 22
4절. 전사 아키텍처 프로세스 23
  1. 전사 아키텍처 프로세스 개요 23
  2. 전사 아키텍처 프로세스 구성 23

2장. 전사 아키텍처 구축 25
1절. 전사 아키텍처 방향 수립 25
  1. 전사 아키텍처 방향 수립 개요 25
  2. 전사 아키텍처 환경 분석 25
  3. 전사 아키텍처 구축 방향 정의 25
  4. 전사 아키텍처 프레임워크 정의 26
2절. 전사 아키텍처 정보 구성 정의 26

1. 전사 아키텍처 정보 구성 정의 ·· 27
3절. 전사 아키텍처 정보 구축 ··· 28
　　1. 전사 아키텍처 정보 구축 준비 ·· 28
　　2. 현행 아키텍처 정보 구축 ··· 28
　　3. 목표 아키텍처 정보 구축 ··· 28
3장. 전사 아키텍처 관리 및 활용 ··· 29
1절. 전사 아키텍처 관리 체계 ·· 29
2절. 전사 아키텍처 관리 시스템 ·· 29
3절. 전사 아키텍처 활용 ··· 29

Ⅱ. 데이터 요건 분석　　　　　　　　　　　　　　　　　　　　　　31

1장. 정보 요구사항 개요 ·· 32
1절. 정보 요구사항 ·· 32
　　1. 정의 ·· 32
　　2. 정보 요구사항 생명주기 모형 ·· 32
2절. 정보 요구 사항 관리 ·· 33
　　1. 정의 및 관리 목적 ··· 33
　　2. 정보 요구사항 관리 프로세스 ·· 33
2장. 정보 요구 사항 조사 ·· 36
1절. 정보 요구 사항 수집 ·· 36
　　1. 정보 요구 사항 수집 형태 ··· 36
　　2. 관련 문서 수집 ·· 36
　　3. 사용자 면담 ··· 37
　　4. 워크숍 ··· 42
　　5. 현행 업무 조사서 ·· 43
　　6. 현행 프로그램/데이터 관련 문서 ······································· 43
2절. 정보 요구사항 정리 ··· 43
　　1. 정보 요구사항 정리 ·· 43
　　2. 정보 요구 우선순위 분석 ·· 45

3절. 정보 요구사항 통합 47
    1. 정보 요구사항 목록 검토 48
    2. 정보 요구사항 목록 통합/분할 48

3장. 정보 요구사항 분석 49

1절. 분석 대상 정의 49
    1. 현행 업무 분석 대상 정의 49
    2. 현행 시스템 분석 대상 정의 49

2절. 정보 요구사항 상세화 52
    1. 프로세스 관점의 정보 요구사항 상세화 53
    2. 객체지향 관점의 정보 요구사항 상세화 57

3절. 정보 요구 사항 확인 66
    1. 수행 절차 66
    2. 수행 작업 내용 66
    3. 수행 작업 지침 67
    4. 수행 시 고려 사항 68

4절. 정보 요구 분석 방법 68
    1. 구조적 분석 방법 68
    2. 객체 지향 분석 방법 68
    3. 요구 분석 명세서 74

4장. 정보 요구 검증 76

1절. 정보 요구 상관분석 기법 76
    1. 주체별 분류 76
    2. 정보 요구/어플리케이션 상관분석 77
    3. 정보 요구/업무 기능 상관분석 77

2절. 추가 및 삭제 정보 요구사항 도출 78
    1. 정보 요구/어플리케이션 상관분석 78
    2. 정보 요구/업무 기능 상관분석 80
    3. 정보 요구/조직 기능 상관분석 80

3절. 정보 요구사항 보완 및 확정 81

1. 정보 요구 보완 80
2. 정보 요구 확정 80

Ⅲ. 데이터 표준화　　83

장. 데이터 표준화 개요 84

1절. 데이터 표준화 정의 84
1. 데이터 표준화가 필요한 이유 84
2. 데이터 표준화 정의 82
3. 데이터 표준화 기대 효과 85

2절. 데이터 표준화 개념 86
1. 데이터 표준화 정의 86
2. 데이터 표준화 대상 87
3. 데이터 표준화 구성 요소 88
4. 데이터 표준화 절차 90

3절. 데이터 표준 관리 도구 92
1. 확장된 데이터 관리 도구의 기능 92
2. 데이터 표준 관리 시스템 기능 92

2장. 데이터 표준 수립 96

1절. 데이터 표준화 원칙 정의 96
1. 데이터 표준화 요구사항 수집 96
2. 현행 데이터 표준 원칙 분석 96
3. 데이터 표준 개선 방안 정의 96
4. 데이터 표준 원칙 수립 99

2절. 데이터 표준 정의 100
1. 표준 단어 사전 정의 100
2. 표준 도메인 사전 정의 104
3. 표준 코드 사전 정의 107
4. 표준 용어 사전 정의 109
5. 표준화 원칙의 예 112

3절. 데이터 표준 확정 110

1. 데이터 표준 확정 112
2. 데이터 표준 공표 113

3장. 데이터 표준 관리 114

1절. 데이터 표준 관리 114
1. 데이터 표준 관리 개요 114
2. 데이터 표준 관리 프로세스 유형 114

2절. 데이터 표준 관리 프로세스 114
1. 데이터 표준 관리 프로세스 구성 요소 114
2. 구성 요소별 설명 115

Ⅳ. 데이터 모델링   117

1장. 데이터 모델링 이해 118

1절. 데이터 모델링 개요 118
1. 데이터 모델링 탄생 배경 118
2. 모델 정의 118
3. 모델링이 필요한 이유 118
4. 데이터 모델링의 필요성 119
5. 데이터 모델링 시 주의할 점 119
6. 데이터 모델링 단계 120
7. 모델링 기본원칙 120
8. 좋은 데이터 모델의 요소 121

2절. 데이터 모델링 기법 이해 122
1. 데이터 모델 목적 122
2. 개체-관계 모델 기법 122
3. 개체-관계 모델 구성 요소 122

3절. 데이터 모델링 표기법 이해 126
1. 바커 표기법(Barker Notation) 126
2. I/E 표기법 129

4절. 데이터 모델링 사례 130

1. 엔터티 후보 목록 도출 130

　　2. 엔터티 정의 130

　　3. 엔터티 간 관계 정의 130

2장. 개념 데이터 모델링 132

1절. 개념 데이터 모델링 이해 132

　　1. 개념 데이터 모델 정의 132

2절. 주제 영역 정의 132

　　1. 주제 영역 개념 132

　　2. 주제 영역 분류 원칙 및 기준 132

　　3. 주제 영역 활용 134

　　4. 주제 영역 정의 내용도출 134

3절. 후보 엔터티 선정 134

　　1. 후보 엔터티 선정 134

　　2. 엔터티 후보 수집 134

　　3. 엔터티 후보 식별 135

　　4. 엔터티 후보 선정 시 유의 사항 135

　　5. 엔터티 분류 135

4절. 핵심 엔터티 정의 136

　　1. 엔터티 정의의 요건 136

　　2. 의미상 주어 정의(본질 식별자) 140

　　3. 코드성 키 엔터티 모델링 140

　　4. 집합 순수성 141

　　5. 집합 동질성 141

　　6. 엔터티 명칭 142

　　7. 서브타입 142

　　8. 엔터티 통합과 분할 150

5절. 관계 정의 151

　　1. 관계 정의 151

　　2. 관계 이해 152

　　3. 관계 표현 152

4. 관계 정의 방법 155
　　5. 관계의 패어링(Pairing) 156
　　6. 관계의 표기법 157
　　7. 관계 형태 157
6절. 관계 데이터 모델 160
　　1. 관계 데이터 모델 개념 161
　　2. 관계 데이터 모델 기본 용어 162
　　3. 릴레이션의 구성 162
　　4. 릴레이션의 특성 163
　　5. 데이터베이스의 구성 163
　　6. 키(key) 164
　　7. 관계 데이터 모델의 제약 168

3장. 논리 데이터 모델링 170

1절. 논리 데이터 모델링 이해 170
　　1. 논리 데이터 모델링 정의 170
　　2. 논리 데이터 모델의 구성요소 170
　　3. 논리 데이터 모델링 이해 171
　　4. 논리 데이터 모델링 목적 및 효과 178
　　5. 논리 데이터 모델링의 주요 성공요인 179
2절. 속성 정의 179
　　1. 속성 개념 179
　　2. 속성 후보 도출 179
　　3. 속성 검증 및 확정 182
　　4. 가공 속성 규칙 184
　　5. 속성 정의 시 유의 사항 184
　　6. 속성 업무 규칙 정의 186
3절. 엔터티 상세화 186
　　1. 식별자 확정 186
　　2. 정규화 189
　　3. M:M 관계 해소 192

    4. 참조 무결성 규칙 정의 192
4절. 이력 관리 정의 195
    1. 이력 관리 정의 195
    2. 이력 관리 대상 선정 195
    3. 선분 이력 관리용 식별자 확정 197

4장. 물리 데이터 모델링 198
1절. 물리 데이터 모델링 이해 198
    1. 물리 데이터 모델 정의 198
    2. 물리 데이터 모델 의의 199
    3. 논리 데이터 모델-물리 데이터 모델 199
2절. 물리 요소 조사 및 분석 200
    1. 시스템 구축 관련 명명 규칙 200
    2. 하드웨어 자원 파악 200
    3. 운영체계 및 DBMS 버전 파악 200
    4. DBMS 파라미터 정보 파악 200
    5. 데이터베이스 운영과 관견된 관리 요소 파악 200
3절. 논리-물리 모델 변환 200
    1. 논리 데이터 모델 – 물리 데이터 모델 변환 용어 201
    2. 엔터티 – 테이블 변환 201
    3. 속성 – 칼럼 변환 209
    4. 관계 변환 211
    5. 관리상 필요한 칼럼 추가 216
    6. 데이터 타입 선택 216
    7. 데이터 표준 적용 217
4절. 반정규화 218
    1. 테이블 분할 218
    2. 중복 테이블 생성 219
    3. 중복 칼럼 생성 220

연습문제 223

- Ⅰ. 전사 아키텍처 이해 ·· 224
- Ⅱ. 데이터 요건 분석 ·· 229
- Ⅲ. 데이터 표준화 ·· 235
- Ⅳ. 데이터 모델링 ·· 240
- 정답 ·· 258

학습방법

1. 전사 아키텍처

전사라는 개념과 아키텍처라는 개념을 명확하게 이해하면 그 나머지의 내용은 쉽게 이해된다. 이 과목은 개념적으로 이해하기 위해 내용을 여러 번 읽고 그 개념이 무엇인지 이해하는 과목이라고 생각하면 된다. 데이터 아키텍처 과목은 단순 암기로 풀 수 있는 문제들이 아니므로 이해를 하지 않고 단순히 암기만 하다 보면 그 양에 압도될 수 있다. 자칫 소홀히 준비했다가 과락을 당하거나 낮은 점수를 받을 수 있기 때문에 연습문제에서 출제된 것과 내용과 내용끼리 상호 연관되는 부분들은 정확하게 이해하는 과정이 필요하다. 다만, 비전공자일 경우 모든 내용을 이해하는 것이 힘들 수 있으므로 여러 차례 읽어서 개념과 내용이 익숙하게 느껴질 정도로 준비해야 한다.

2. 데이터 요건분석

데이터 요건분석은 실무에서 업무 시에 실제로 활용하는 부분이다. 프로젝트를 수행할 때 무엇을 해야 하는지를 실무자나 의사결정자로부터 정보를 획득하는 단계로 반드시 거쳐야 하는 과정이다. 서비스 기획자의 입장에서 어떤 정보가 필요하고 그 정보를 어떻게 획득할지를 고민하면서 읽으면 재미있는 과목이다. 다른 과목들에 비해 표와 그림이 많으므로 외워야 하는 분량은 상대적으로 적다. 큰 개념을 먼저 공부하고 작은 개념들을 이해하되, 최소 2~3번 정독하다 보면 내용이 쉽게 이해가 갈 정도로 쉬운 과목에 속한다. 그만큼 조금만 공부하면 많은 점수를 얻을 수 있어 합격에 유리한 과목이다.

3. 데이터 표준화

일을 하다 보면 서로 같은 뜻으로 말을 하는데 용어가 달라서 다르게 이해하는 경우가 생긴다. 데이터에도 비슷한 경우가 있다. 상대방한테 길이를 5라고 주면 받는 사람이 5m라고 이해할 수 있다. 막상 주는 사람은 5km라고 주었는데도 말이다. 그래서 받는 사람은 이 데이터의 단위가 어떻게 되는지를 확인해야 하는데 모든 데이터를 그렇게 확인하려면 일이 끝이 없게 될뿐더러 데이터를 활용하는데 큰 실수가 있게 마련이다. 그래서 기관이나 단체의 데이터는 단어, 용어, 도메인(데이터 형식), 코드(예: 상품 코드)라는 속성을 지니는데 이것들을 표준화 또는 통일시키지 않으면 같은 데이터를 서로 다르게 사용할 때가 많다. 그래서 서로 데이터를 통일시키면 일이 훨씬 효율적일 뿐만 아니라 실수가 없게 된다. 즉 사용할 데이터에 대해 모든 부서가 모여 통일된 기준을 정하고 이를 따라 하는 과정이 바로 데이터 표준화이다. 이 과정에서는 표준화가 필요한 이유, 표준화하는 방법 등에 대해 초점을 맞추어 학습한다.

4. 데이터 모델링

이 과목은 4개 과목 중 20문항으로 가장 많은 문항 수를 차지하고 나머지 과목들보다 특히 이해가 많이 필요하다. 데이터 모델링이 데이터 아키텍처가 해야 하는 가장 기본적인 역할이기 때문이다. 데이터 모델링은 '개념 모델링, 논리 모델링, 그리고 물리 모델링'으로 나뉘어져 있다. 모델링을 통해서 비로소 시스템을 구축하는 초기 단계에 진입하게 된다. 각 모델링에 대한 개념을 숙지하고 이들 개념을 서로 비교하거나, 구체적인 모델 방법을 묻는 문제가 자주 출제되므로 충분한 대비가 필요하다.

합격 Tip

1. 철저한 대비
문제가 매년 다르게 나오고 난이도도 상당하기 때문에 철저하게 공부하지 않으면 자격증 취득이 어려울 수 있다. 세세한 내용까지 묻는 문제가 출제되므로 꼼꼼한 대비가 필요하다. 또, 토익처럼 문제은행식으로 출제되지 않기 때문에 무조건 문제를 많이 푸는 것이 크게 도움이 된다고 볼 수는 없다. 하지만, 연습문제를 풀면서 자주 틀리는 문제는 반드시 내용을 숙지하고 넘어가야 다음에 다르게 출제되더라도 맞힐 수 있다.

2. 자신 있는 과목공략
출제 문항 수가 적고 문항당 배점이 2점으로 결코 무시할 수 없다. 데이터 모델링 과목은 나머지 3과목보다 문항 수가 10개 더 많고 푸는 시간도 상대적으로 많이 걸리므로 짧은 기간 내에 합격을 목표로 한다면 데이터 모델링을 중점적으로 공부하는 것도 효과적인 전략일 수 있다.

3. 적절한 시간 배분
모든 문항은 필기이므로 문제 푸는 시간은 충분하다. 다만, 과목별로 난이도에 차이가 있을 수도 있고, 개인별로 자신 있는 과목이 있기 때문에 시간 배분을 잘해서 푸는 것이 좋다.

데이터 아키텍처를 공부할 때 무조건 외우는 게 능사가 아니기 때문에 스스로가 'DB 관리자'라는 생각으로 임하는 적극적인 자세가 무엇보다 중요하다. 그러한 자세로 임할 때 이해의 폭도 더 넓어지기 때문이다.

자격증은 자격을 갖추었다는 것을 증명하는 문서일 뿐 가치는 스스로 높여야 한다. 자격증 시험 준비를 하면서 얻은 지식을 자기 자신의 것으로 만들어 현업에 적용할 수 있을 때 비로소 자신감과 성취감을 맛볼 수 있으리라 본다.

전사 아키텍처 이해

1장. 전사 아키텍처 개요
2장. 전사 아키텍처 구축
3장. 전사 아키텍처 관리 및 활용

1장. 전사 아키텍처 개요

1절. 전사 아키텍처 정의

1. 전사 아키텍처 정의

어떤 조직이든 그 안에 정보시스템 하나 없는 기업이 없고, 그 기업이 성장하면서 그에 따라 정보시스템도 커지거나, 그 수가 늘어난다. 또한 기업의 사업 내용이나 관리수준, 법적 변화에 따라 시스템의 변경도 필요하다. 그래서 조직이 조금만 커지기 시작해도 방대해진 시스템을 정작 어디서부터 어떻게 손을 대야 할지 모르는 상황에 이르게 마련이다. 이런 혼란을 방지하고, 전체적인 시스템을 이해하기 위해서 건축물의 설계도처럼 기업 전체의 정보화 시스템을 쉽게 파악할 수 있도록 하는 것이 필요하다. 이렇게 기업의 전체 정보화 설계도를 '전사 아키텍처(Enterprise Architecture)'라고 한다.

전사 아키텍처는 기업의 목표와 요구를 효율적 지원하기 위해 IT 인프라의 각 부분들이 어떻게 구성되고 작동되어야 하는가를 체계적으로 기술한 것이다. 또한, 복잡한 기업의 정보화 모습을 비즈니스(활동), 데이터, 애플리케이션(S/W), 기술(H/W) 등의 측면에서 분석하고 표현하여 이해하기 쉽도록 정보 체계를 구축하고 이를 활용하는 것이다.

'전사'란 기업 또는 기관을 지칭하나, 하나의 기업이나 기관과 정확히 일치하지 않을 수 있다. 왜냐하면 큰 기업 하나를 여러 개의 전사로 구성하거나, 조직의 아이템이나 사업을 몇 개로 구분할 수 있기 때문이다. 따라서 EA(Enterprise Architecture) 수립을 위해서는 앞서 말한 '전사'의 범위를 초기에 명확히 정의해야 하고, 이에 대해 이해 관계자들이 충분히 공감할 수 있도록 해야 한다. 즉 아키텍처에서 전사라는 개념은 하나의 시스템일수도, 여러 개의 시스템으로 구성된 하나의 단위 시스템일수도 있다. 프로젝트에서 수행하고자 하는 단위 시스템이 무엇인가에 따라 그 정의가 달라질 수 있다. 따라서 프로젝트 초기에 '전사 아키텍처' 또는 대상 프로젝트의 '아키텍처'가 무엇인지 상호간에 명확히 정의하고 시작해야 한다.

아키텍처는 큰 골격이나 뼈대라고 이해할 수 있다. 아키텍처의 구성요소는 모델, 규칙, 계획으로 구성된다. 기관마다 자신의 아키텍처들이 있으며 이 아키텍처들은 각자의 규칙과 계획을 갖고 있다.

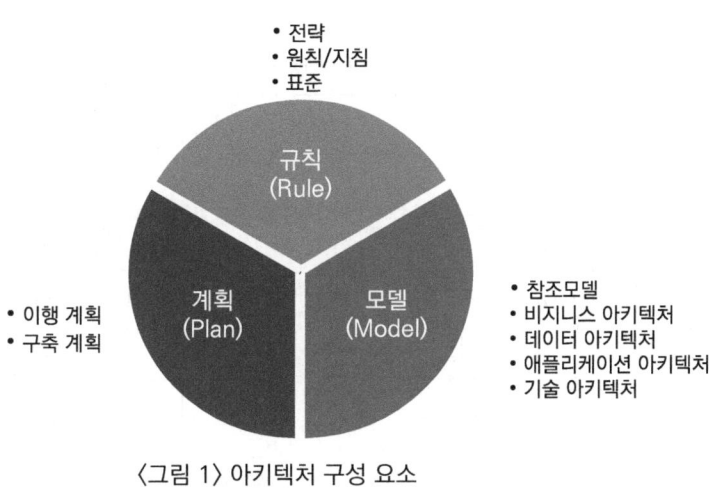

〈그림 1〉 아키텍처 구성 요소

· 모델 관점: 전사 또는 기관의 목표를 달성하기 위한 비즈니스 모델을 바탕으로 한 비즈니스 아키텍처와 시스템을 구성하는 시스템 아키텍처로 구분한다. 시스템 아키텍처는 데이터, 애플리케이션, 기술(하드웨어) 등으로 구분된다. 이들 모델들은 수립할 때뿐만 아니라 향후의 변경을 고려하여 모델을 만드는 것이 중요하다.
· 규칙 관점: 의사결정 단계에 상호운용이나 일관성의 유지를 위하여 준수하여야 하는 원칙을 수립하고 적용함으로써 아키텍처의 연속적인 모습이 관리된다.
· 계획 관점: 현재와 목표 아키텍처를 정의한 후 수립한 목표 아키텍처를 달성할 수 있는 이행 전략과 이행 계획을 의미한다.

2절. 전사 아키텍처 프레임워크

1. 전사 아키텍처 프레임워크 개념
: 전사 아키텍처 활동에서 얻어지는 산출물을 분류하고 조직화하고 이를 유지 관리하기 위한 전체적인 틀을 정의하는 것이다.

2. 전사 아키텍처 프레임워크 구성

: 보통 프레임워크를 전사 아키텍처 정책, 정보, 관리로 구성하나 모든 기업이 다 똑같지는 않으며 기업의 EA 도입 목적에 따라 달라질 수 있다.

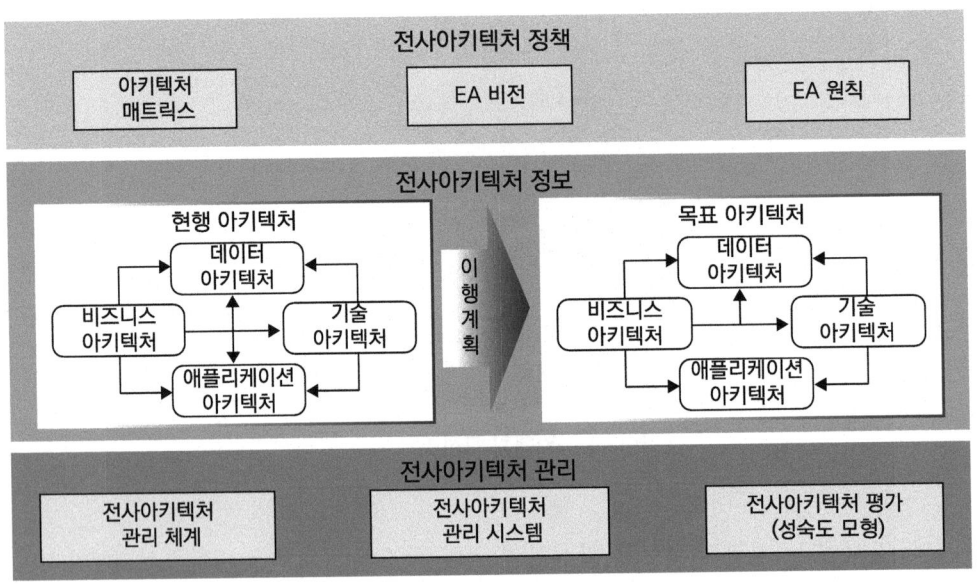

〈그림 2〉 전사 아키텍처 프레임워크 구성 예[1]

가. 전사 아키텍처 정책

: 전사 아키텍처의 정보를 어떻게 구성하고, 수립을 통해 기업이 달성하고자 하는 궁극적인 모습은 무엇이며, 효과적으로 관리 및 활용하기 위한 원칙은 어떤 것인지 등을 정의하는 것이다.

나. 전사 아키텍처 정보

: 아키텍처 정보 구축을 위해 먼저 정보의 영역(비즈니스, 데이터, 애플리케이션, 기술)을 구분해야 하며, 이를 아키텍처 도메인이라 한다. 아키텍처 도메인이란 아키텍처 매트릭스 상에서 뷰의 관점으로 구분한 것을 말하며, 현행 아키텍처와 목표 아키텍처는 이런 도메인별로 아키텍처 정보를 구축한다.

다. 전사 아키텍처 관리

---
[1] 데이터아키텍처 전문가 가이드, 한국데이터진흥원, 2013

: 정의된 전사 아키텍처 정보를 지속해서 유지 관리하고 효과적으로 활용하기 위해서는 EA 관리 체계의 정립과 EA 관리 시스템의 구축이 필요하며, EA 관리 수준을 제고하기 위해서는 지속적으로 평가하고 개선할 필요가 있다.

〈표 1〉 전사 아키텍처 프레임워크 구성[2]

전사아키텍처 정책	아키텍처 매트릭스	전사아키텍처의 정보를 체계적으로 분류한 틀. 기업이 관리하려고 하는 EA 정보의 수준과 활용 계층을 결정하는 수단
	EA 비전	전사아키텍처 수립을 통하여 기업이 궁극적으로 달성하고자 하는 모습
	EA 원칙	전사아키텍처 정보를 효율적으로 구축하고, 기업의 목적에 맞게 전사아키텍처 정보를 효과적으로 활용하기 위해서 조직 구성원이 공유해야 할 규범
전사아키텍처 정보	현행 아키텍처	아키텍처 도메인별로 정의된 산출물에 대해, 기업의 현재상태를 아키텍처 정보로 정의한 것
	이행 계획	아키텍처 도메인별로 현재 모습에서 바람직한 목표 모습으로 이행하기 위한 이행 전략과 해야 할 일을 정의한 것
	목표 아키텍처	아키텍처 도메인별로 정의된 산출물에 대하여 기업이 궁극적으로 달성하고자 하는 아키텍처의 상태를 아키텍처 정보로 정의한 것
전사아키텍처 관리	전사아키텍처 관리 체계	전사아키텍처 거버넌스라고도 함. 구축된 전사 아키텍처를 유지하고 개선하기 위한 제도적 기반을 수립하는 것
	전사아키텍처 관리 시스템	전사아키텍처의 정보 관리 효율성을 제고하고 전사아키텍처 정보의 공유를 활성화하기 위해 구축하는 정보시스템. 일반적으로 모델링 도구, 리포지터리, 포털 등으로 구성
	전사아키텍처 평가 (성숙도 모형)	EA 관리와 활용 수준의 제고를 위해서는 EA에 대해 주기적으로 평가하고 개선점을 도출하여 반영해야 함

3. 아키텍처 도메인 구성

: 기업이 아키텍처 매트릭스를 어떻게 정의하느냐에 따라 다르다. 즉 각각의 아키텍처를 사용자 관점으로 매트릭스를 구성하여 필요한 것을 정의한다(2장 2절의 아키텍처 매트릭스 참조).

: BA(Business Architecture), AA(Application Architecture), DA(Data Architecture), TA(Technical Architecture) 등이 있다. 각각의 아키텍처는 사용자에 따라 활용 내용과 수행 과업이 달라진다.

---
[2] 데이터아키텍처 전문가 가이드, 한국데이터진흥원, 2013

가. 비즈니스 아키텍처(Business Architecture)
: 기업의 경영 목표를 달성하기 위한 업무 구조를 정의한 아키텍처로 타 아키텍처(DA, AA, TA)의 방향을 정의하고 검증하는 시발점이 된다.

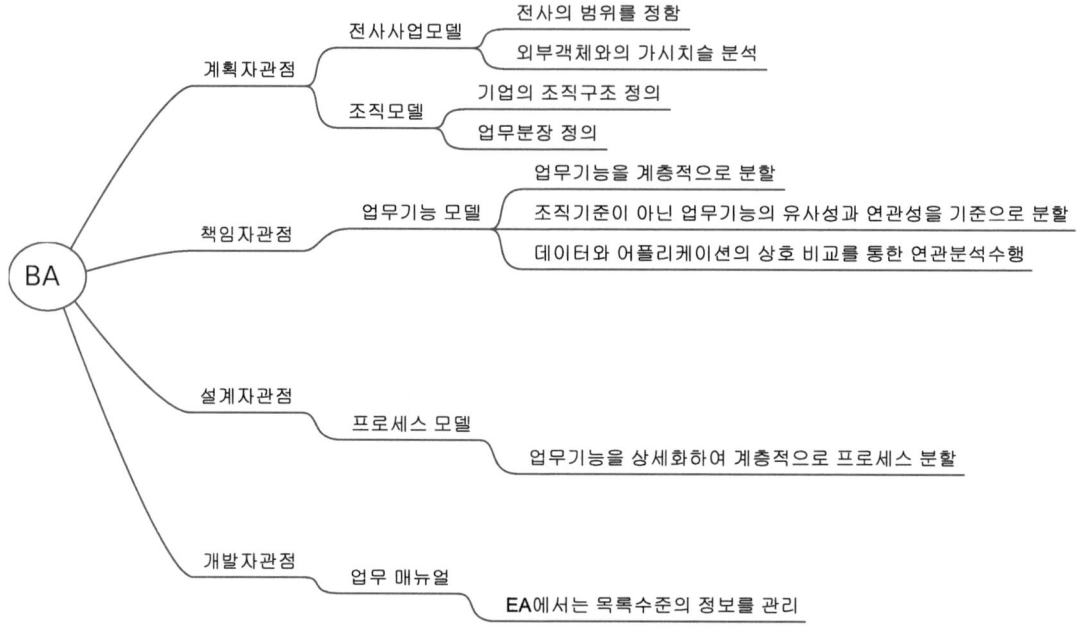

나. 어플리케이션 아키텍처(Application Architecture)
: 기업의 업무를 지원하는 전체 애플리케이션을 식별(IT업계에서는 구별하여 인식한다는 표현을 식별한다고 표현)하고 연관성을 정의하고, 전체 애플리케이션 구조를 체계화하는 것이다.
: 기업의 업무를 지원하는 전체 애플리케이션을 식별(IT업계에서는 구별하여 인식한다는 표현을 식별한다고 표현)하고 연관성을 정의하고, 전체 애플리케이션 구조를 체계화하는 것이다.

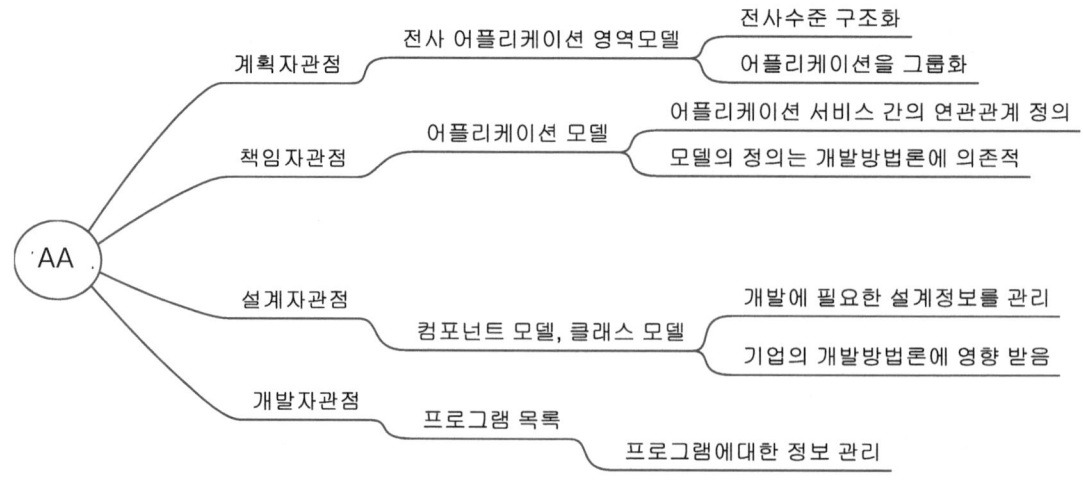

다. 데이터아키텍처(Data Architecture)

: 기업의 업무 수행에 필요한 데이터의 구조를 체계적으로 정의하는 것이다.

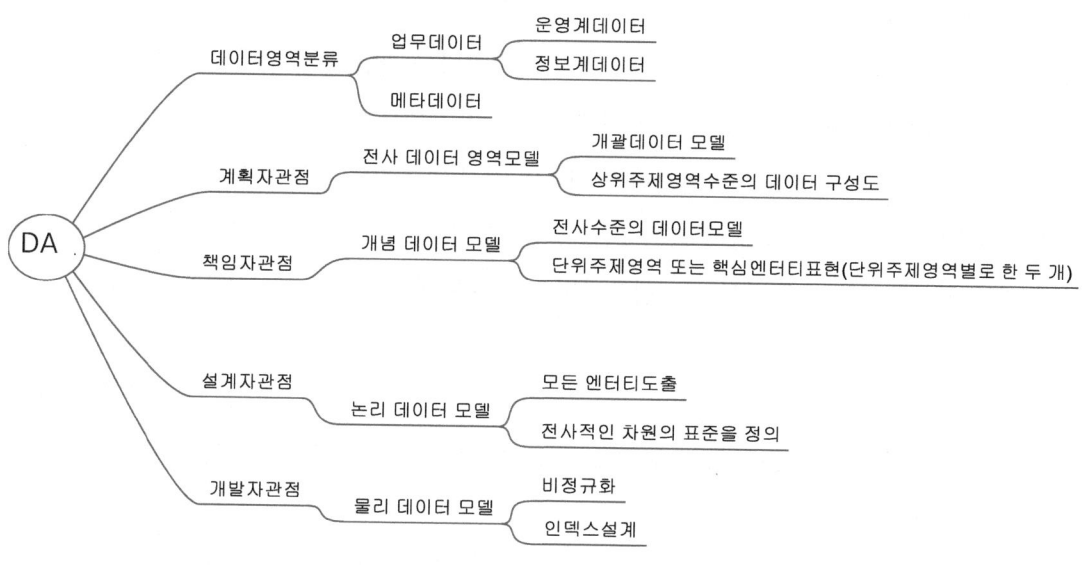

라. 기술아키텍처(Technical Architecture)

: 타 아키텍처에서 정의된 요건을 지원하는 전사의 기술 인프라 체계를 정의하는 것으로, TA는 개별 기업에도 기술 참조 모델을 정의하는 것이 일반적이다.

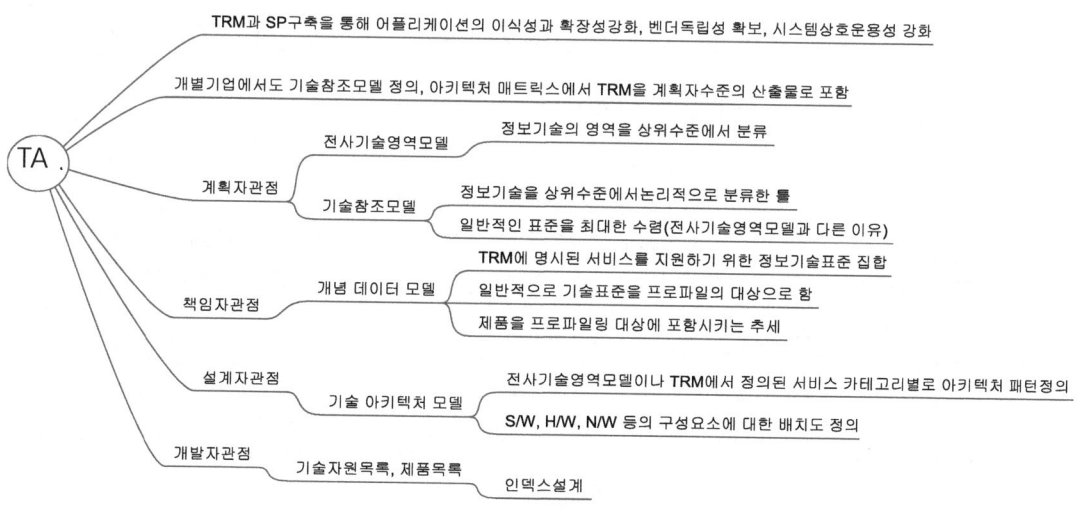

3절. 전사 아키텍처 참조 모델

1. 참조 모델 정의
: 아키텍처 구성 요소를 식별하여 표준화한 것으로 기관이나 기업의 전사아키텍처를 수립할 때 참조하는 추상화한 모델이다. 특히 정부에서는 범정부 참조모델을 만들어 전사 아키텍처의 일관성, 재사용성, 상호운용성 등을 확보하기 위하여 전사적 아키텍처 구성에 필요한 정보화 구성 요소를 표준화된 분류체계와 형식으로 정의하여 이를 참조 모델로 보급하고 있다. 이를 통해 전사 아키텍처의 표준을 삼고 다른 시스템에서도 재사용이 가능하도록 한다.

2. 참조 모델 현황
- 성과 참조 모델(Performance Reference Model): 정보화 성과의 측정을 위한 항목과 지표 및 방법을 제시한다.
- 업무 참조 모델(BPM, Business Reference Model): 업무 아키텍처의 기준이 되며, 대상 기관의 사업, 업무 등 전체적으로 분류하고 정의한다.
- 서비스 참조 모델(Service Reference Model): 응용아키텍처의 기준이 되며, 응용 서비스의 기능을 분류 및 정의한다.
- 데이터 참조 모델(Data Reference Model): 데이터아키텍처의 기준이 되며, 기관 간에 교환되는 주요 데이터 분류 정의를 표준화한다.
- 기술 참조 모델(Technical Reference Model): 기술아키텍처의 기준이 되며, 정보기술을 분류 및 식별함. 참조 모델 중 가장 많이 사용한다.

<표 2> 참조모델의 활용방안 및 기대효과

모델	활용방안	기대효과
업무 참조모델 BRM	· 업무개선의 대상이 되는 관련 업무를 업무 참조 모델을 참조하여 파악 · 개별 기관의 비즈니스 아키텍처를 업무 참조 모델을 참조하여 정의	· 관련 기관 간 업무 흐름 촉진 · 업무 프로세스 혁신을 통한 업무 처리 생산성 제고 · 비즈니스 성과 측정 용이

모델	활용방안	기대효과
데이터 참조모델 DRM	· 개선의 대상이 되는 관련 데이터를 데이터 참조 모델을 참조하여 파악 · 개별 기관의 데이터 아키텍처를 데이터 참조 모델을 참조하여 정의	· 정보의 상호운용성과 교환 촉진 · 정부나 기업군 또는 산업 차원의 통합된 데이터 활용 · 데이터 중복 배제 및 재사용 · 데이터에 대한 표준화된 정의
서비스요소 참조모델 SRM	· 개선의 대상이 되는 관련 어플리케이션을 서비스 참조 모델을 참조하여 파악 · 개별 기관의 어플리케이션 아키텍처를 서비스 참조 모델을 참조하여 정의	· 시스템 간 상호운용성 향상 · 신뢰성 있는 시스템 구축 가능 · 변화에 신속한 대응 가능 · 시스템 개발 생산성, 품질 향상 기대
기술 참조모델 TRM	· 개선의 대상이 되는 관련 기술 인프라를 기술 참조 모델을 참조하여 파악 · 개별 기관의 기술 아키텍처나 기술 참조 모델을 상위 기술 참조 모델을 참조하여 정의	· 시스템 간 상호운용성 향상 · 이식성(다른 환경에 잘 적응) 향상 · 시스템 확장성 향상 · 표준화 따른 벤더 독립성 · 재활용과 리소스 공유

4절. 전사 아키텍처(Enterprise Architecture, EA) 프로세스

1. 전사 아키텍처(EA) 프로세스 개요
: 전사 아키텍처 프로세스는 전사 아키텍처를 구축하고 관리하는 전체 절차에 관한 것으로, 작업의 단계와 공정, 작업 내용 등을 정의하는 것이다.

2. 전사 아키텍처(EA) 프로세스 구성
: 'EA 비전 수립 → EA 구축 → EA 관리 → EA 활용 단계'로 구분한다.

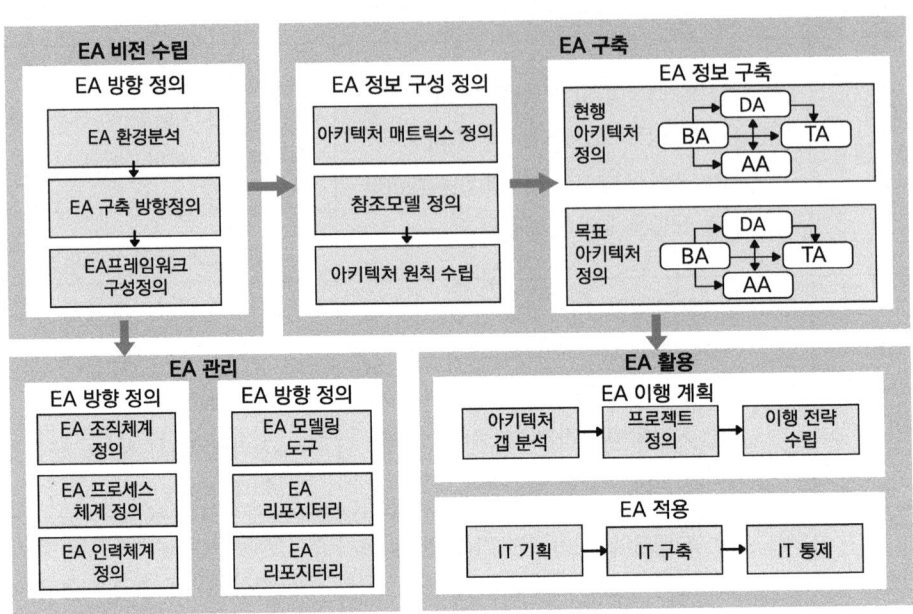

〈그림 3〉 전사 아키텍처(EA) 프로세스 구성 체계

〈표 3〉 전사 아키텍처 프로세스 단계및 공정

단계	공정	내용
EA 비전 수립	EA 방향 수립	- 내외부 EA 환경 분석 - 기업의 EA 목적 및 방향 정의 - 기업의 EA 프레임워크 정의
EA 구축	EA 정보 구성 정의	- 아키텍처 매트릭스 정의 - EA 정보 구성 요소 정의 - EA 참조 모델 정의 - EA 원칙 수립
EA 구축	EA 정보 구축	- EA 자료 수집 - 현행 아키텍처 정보 구축 - 목표 아키텍처 정보 구축
EA 관리 정의	EA 관리 체계 구축	- EA 정보를 운영 및 활용하기 위한 조직 및 프로세스 정의 - 기업 내 EA 홍보 및 내부 추진 체계에 대한 교육 수행
EA 관리 정의	EA 관리 시스템 구축	- EA 정보를 관리하기 위한 도구 선정 - EA 정보를 관리하는 시스템 구축
EA 활용 정의	EA 이행 계획	- 목표 아키텍처를 달성하기 위한 중장기적인 계획 수립
EA 활용 정의	EA 정보 활용	- EA 정보를 적용하여 IT 관련 업무를 수행함

2장. 전사 아키텍처(EA) 구축

1절. 전사 아키텍처 방향 수립

1. 전사 아키텍처(EA) 방향 수립 개요
: 전사 아키텍처가 나아가야 할 방향성을 정해야 한다. 그렇지 않으면 다수의 이해관계자에게 정보시스템에 대한 공동의 목표와 목적을 제공할 수 없어 의견 충돌의 원인이 된다. 또한, EA 방향 수립은 경영 환경과 경영 전략에 능동적으로 대응하며 발전하기 위하여 전사 아키텍처 변화 요인에 대한 분석 작업을 수행하는 과정이다. EA 방향 수립은 전사 아키텍처 환경 분석, 전사 아키텍처 구축 방향 정의, 전사 아키텍처 프레임워크 정의 등으로 구성된다.

2. 전사 아키텍처(EA) 환경 분석
: 기업 내·외부 환경을 분석하고, 이해 관계자로부터 EA 수립을 위한 요건을 도출한다. 즉, 전사 아키텍처 환경 분석의 수행 과제는 비즈니스 내·외부 환경을 분석하고, IT 내·외부의 법제도, 사회 및 기술 환경등을 분석하여 해당 프로젝트가 무엇으로부터 영향을 받는지를 분석하여 전사의 범위를 정의하는 것이다.

3. 전사 아키텍처(EA) 구축 방향 정의
: 전사 아키텍처의 환경 분석 결과를 토대로, 구축 목적을 정의하고 구축 범위를 정의하는 것이다. 또한, 전사 아키텍처의 비전과 핵심목적, 핵심가치도 수립한다. 기업이 지향해야 하는 가치, 도입 목적의 근거, 목적 달성 시 추구하는 효과(기대효과) 등의 정의를 포함한다. 보통 전사 아키텍처의 목적은 상호운용성 증대, 정보화 투자의사 결정 체계 구축, 비즈니스 변화에 대한 신속한 대응 체계 구축, 전사적 정보화 표준 정립, 고객 지향의 정보화 체계 구축 등이다.

※전사 아키텍처 수립 목적
· 상호 운용성 증대, 정보화 투자의사 결정 체계 구축
· 비즈니스 변화에 대한 신속한 대응 체계 구축
· 전사적 정보화 표준 정립, 고객 지향의 정보화 체계 구축

4. 전사 아키텍처(EA) 프레임워크 정의
: 전사 아키텍처 수립을 위해서는 EA 프레임워크가 정립되어야 한다. 이는 전사 아키텍처 활동에서 얻어지는 산출물을 분류하고 조직화 및 유지관리 하기 위한 전체적인 틀이다. 이를 통해 EA를 기술하는데 필요한 정보 유형을 식별하고, 이들 정보 유형을 논리적으로 구조화하고 정보 유형 간의 관계를 구조화한 것이다.

2절. 전사 아키텍처 정보 구성 정의

1. 전사 아키텍처 정보 구성 정의
: 전사 아키텍처 정보는 기업을 잘 이해하기 위해 필요한 업무와 정보기술에 대한 정보로써 활용할만한 가치가 있고 관리가 용이한 정보라고 정의할 수 있다. 또한 전사 아키텍처 정보는 업무와 정보기술의 구성 요소와 구성 요소 간의 관계를 포함한다. EA 정보는 가능한 한 변하지 않는 구성 요소를 도출해서 정의해야 하고, 관리비용 대비 효과를 고려해야 한다.

가. 아키텍처 매트릭스 개념
: 아키텍처 매트릭스는 EA 프레임워크 핵심 구성요소로, 전사를 설명하는 모델과 원칙 정보를 통일된 시각으로 볼 수 있는 논리적 틀이다. 아키텍처 매트릭스는 의사결정 유형(관점)과 정보 유형(뷰)의 두 축을 기준으로 2차원의 매트릭스 형태를 띠고 있다.

나. 아키텍처 매트릭스 구성
: 선진 사례를 무조건 도입하기보다는 기업의 현황을 고려하여 기업의 EA 목표 달성에 필요한 구조로 아키텍처 매트릭스를 정의하는 것이 바람직하다.

⟨표 4⟩ 공공부문 아키텍처 매트릭스 예 (공통, 보안 부문 제외)

뷰(View)/관점(Perspective)	업무	데이터	응용	기술
계획자	- 조직 구성도/정의서 - 업무 구성도/정의서	- 데이터 구성도/정의서	- 응용 시스템 구성도/정의서	- 표준 프로파일 - 기반 구조 구성도/정의서 - 기술 자원 목록
책임자	- 업무 관계도/기술서 - 업무 기능 분할도/기술서	- 개념 데이터 관계도/기술서 - 데이터 교환 기술서	- 응용 시스템 관계도/기술서 - 응용 기능 분할도/기술서	- 기반 구조 관계도/기술서
설계자	- 업무 절차 설계서	- 논리 데이터 설계서 - 데이터 교환 설계서	- 응용 기능 설계서 - 응용 분산 시스템 설계서	- 기반 구조 설계서 - 시스템 성능 설계서
개발자	- 업무 매뉴얼	- 물리 데이터 모델	- 응용 프로그램 목록	- 제품 목록

· 매트릭스 셀 정의 내역
: 현행 산출물 분석, 목표 산출물 정의, 산출물 간 연관성 정의, 산출물 표현 방법 및 세부 구성 정의

라. 아키텍처 매트릭스 정의 시 고려 사항
· 매트릭스를 정의할 때는 일반적인 아키텍처 개념을 포함하면서 매트릭스에 포함되는 산출물이 범위와 목적에 적합하게 정의되었음을 조직 내 모든 계층의 사람이 확신할 수 있어야 한다.
· 조직적, 정치적, 지리적 특성, 조직의 편견 등 다양한 조직 문화와 의사결정 구조가 반영되어야 한다.
· 실제 시스템과 아키텍처 개발 표준에 대한 준수성을 높이고 조직별로 통일된 접근이 가능하도록 정의되어야 하고, 통일성과 일관성을 유지할 수 있어야 한다.

· 아키텍처 도메인은 상호 간에 연계성을 가져야 하며, 전사 차원에서 통합적인 아키텍처 관리가 이루어지도록 해야 한다.

3절. 전사 아키텍처 정보 구축

1. 전사 아키텍처 정보 구축 준비
: 아키텍처 정보를 구축하기 위해서는 우선 기존에 작성된 자료를 수집해야 한다. 수집해야 할 자료는 정의된 아키텍처 매트릭스에 따라 다르다. 전사 아키텍처 정보를 구축하는 방법에는 상향식과 하향식 또는 혼합식이 있으며, 기업의 상황에 맞는 방식(주로 의사결정 방식)에 따라 선택하는 것이 바람직하다.

2. 현행 아키텍처 정보 구축
: 현행 아키텍처 정보의 구축은 현재의 업무나 정보시스템에 대하여 기존의 자료를 분석하여 전사 아키텍처 정보를 구축하는 것을 말한다. 일반적으로 상위 수준의 업무 기능과 시스템에 대한 분류 체계를 정의한 후 나머지 하위의 정보 구축은 병렬적으로 수행한다.

3. 목표 아키텍처 정보 구축
: 목표 아키텍처 구축은 현행 아키텍처에 대한 문제점과 개선 사항을 도출하고, 이를 목표 아키텍처에 반영하는 방식으로 진행한다. 일반적으로 비즈니스아키텍처(BA)를 먼저 정의하고, 이를 효율적으로 지원하는 정보기술아키텍처를 정의한다. 목표 아키텍처의 구축 범위는 전사 아키텍처 구축의 목적에 따라 다르지만, 초기 전사 아키텍처 수립 시 개념적 수준까지 정의하고, 개념적 수준 이하의 산출물 작업은 실제 시스템 구축 단계에서 수행하는 것이 일반적이다.

3장. 전사 아키텍처 관리 및 활용

1절. 전사 아키텍처 관리 체계

· 전사 아키텍처 도입도 중요하지만, 더 중요한 것은 도입 후, 얼마나 잘 관리하고 활용할 수 있는지에 있다.
· 전사 아키텍처 관리 체계는 전사 아키텍처 관리 조직, 관리 프로세스, 관리 인력을 포함한다.
· 전사 아키텍처 관리 체계는 전사 아키텍처를 수립하고 관리하기 위한 활동을 정의하는 것이다.

2절. 전사 아키텍처 관리 시스템

· 전사 아키텍처 관리 시스템은 구축, 관리, 활용하는 모든 업무 프로세스를 효과적으로 지원하기 위한 시스템을 말한다.
· 전사 아키텍처 정보를 생산하는 모델링 도구 영역, 정보를 저장 관리하는 리포지터리, 정보를 활용하는 전사 아키텍처 포털, 전사 아키텍처 정보 활용 영역으로 구분할 수 있다.

3절. 전사 아키텍처 활용

· 전사 아키텍처의 활활성화를 위해서는 EA가 실제 IT 관리업무에 실질적인 도움을 줄 수 있어야 한다. 이를 위해서, 구축된 전사 아키텍처 정보를 바탕으로 IT 투자에 대한 의사결정이 이루어지고, 전사의 모든 IT 자원의 관리가 이를 기준으로 이루어질 수 있도록 (EA를 만들어만 놓고 끝나는 것이 아니라) 전사 아키텍처 활용을 활성화하려는 적극적인 노력이 필요하다.

- 전사 아키텍처의 활용 영역은 목표 아키텍처를 달성하기 위한 이행 계획을 수립하고 그에 따라서 프로젝트를 추진하는 기준으로 삼는 것과 전사 아키텍처 정보를 활용하여 일상의 IT 업무를 지원하는 것이다.

II
데이터 요건 분석

1장. 정보 요구사항 개요
2장. 정보 요구 사항 조사
3장. 정보 요구사항 분석
4장. 정보 요구 검증

1장. 정보 요구사항 개요

1절. 정보 요구사항

1. 정의
: 업무의 개선 사항이나 신규 개발 사항으로 시스템을 통해 기능상의 목적을 달성하기 위해 요청하는 내용을 말한다. 일반적으로 사용자가 해당 시스템에 대해 바라는 것이 무엇이냐를 기술한 것이다.

2. 정보 요구사항 생명주기 모형

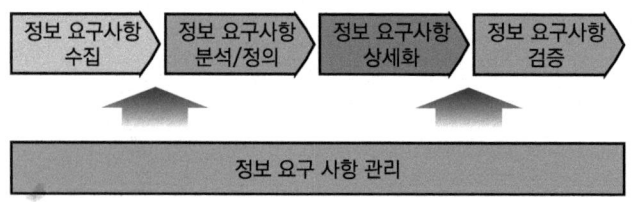

정보 요구사항 생명주기

· 정보 요구사항 수집: 사용자 인터뷰, 설문지, 워크숍, 현행 시스템 분석 등을 통해 수집하며 이 때 정보 요구사항은 아래 표5를 참조하여 유형별로 정리를 하고, 이 때 요구사항의 중요도와 긴급성을 같이 조사하는 것이 좋음
· 정보 요구사항 분석 및 정의: 수집된 요구 사항을 분야별 프로세스별, 단계별로 종합하고 이들 중에서 중요하고 긴급한 것 등을 분석하여 정리하는 단계로 이 단계에서 각 요구사항의 우선순위를 정함
· 정보 요구사항 상세화: 우선순위가 높은 것들을 중심으로 개별 사항에 대해 세밀하게 분석
· 정보 요구사항 검증: 비즈니스 관점, 조직관점, 어플리케이션 관점과 상관분석을 통해 검증

⟨표 5⟩ 정보 요구사항 유형

유형	구분	설명
외부 인터페이스 요건	정의	• 모든 입출력에 관한 요건으로서 대외기관 간의 송수신하는 입출력 방식이 추가, 변경되었을 경우와 각종제도 및 기준변경 시 발생하는 요건이다.
	관리 기준	• 중복성: 기존에 동일한 인터페이스가 존재하는지 체크한다. • 표준 준수도: 관련 국제, 국가 표준 존재 시 그에 적합한 형태로 제공해야 한다.
	관리 방법	• 항목 이름, 목적 설명, 입력의 원천 및 출력의 방향, 유효 범위, 시간, 다른 입출력과의 관계, 데이터 포맷, 최종 메시지 등이 관리되어야 한다.
기능개선 요건	정의	• 시스템에서 입력을 받아들여 처리하고 출력을 만들어 내는 주요 활동 및 프로세스에 대한 요건이다.
	관리 기준	• 불가변성: 향후에 재변경되지 않도록 근본적인 개선방안을 요청해야 한다. • 범용성: 많은 사용자가 편리하게 사용할 수 있는 내용 우선 요청해야 한다.
	관리 방법	• 입력에 대한 유효 체크, 정확한 처리순서, 비정상 상태에 대한 반응(오버플로우, 통신장비, 에러처리), 매개변수의 기능, 출력과 입력의 관계, 입출력 순서, 입력을 출력으로 변환하는 공식 등이 포함되어 관리되어야 한다.
성능개선 요건	정의	• 동시 사용자 수, 처리하는 정보의 양과 종류, 트랜잭션 소요시한 등이 있다.
	관리 기준	• 실현 가능성: 현행 기술 수준과 서비스 특성을 고려해 구현 가능한지 확인 후 제시해야 한다. • 측정 가능성: 측정이 불가능한 모호한 형태로 제시되면 안 된다.
	관리 방법	• 각 서비스 특성을 고려하여 정적·동적 기준을 만들고 해당 기준에 맞는지 모니터링을 통해 항시 관리해야 한다.
보안개선 요건	정의	• 물리적 접근통제(제한구역, 통제구역 등) 및 사용 통제(인증, 암호화, 방화벽 등)에 대한 요건을 말한다.
	관리 기준	• 불가변성: 향후에 재변경되지 않도록 근본적인 개선방안을 요청해야 함 • 실현 가능성: 현행 기술 수준과 서비스 특성을 고려해 구현 가능한지 확인 후 제시되어야 한다.
	관리 방법	• 보안관리가 필요한 장비에 대한 등급 관리가 필요하고 해당 등급별 이용자 등급관리가 필요하며, 접근 방식에 대한 기준이 있어야 한다. • 해당 기준에 따라 모니터링 작업을 통해 안정적인 서비스가 제공되도록 관리해야 한다.

2절. 정보 요구 사항 관리

1. 정의 및 관리 목적
: 사용자의 요구를 수집하고 분류하여 반영하는 작업 절차를 말하며, 데이터, 어플리케이션, 비즈니스 등의 요구사항을 전부 포함하는 통합관리 프로세스를 정립해야 한다.

2. 정보 요구사항 관리 프로세스
가. 업무 흐름 프로세스
- 요구사항 발송: 요구 사항 정의서 양식에 기록하여 정보시스템 담당자에게 발송한다.
- 요구사항 수렴: 정보 요구사항 정의서를 수집 후 규칙에 맞는지 확인하고 해당 건을 처리할 담당자를 지정하여 이송한다.
- 요구 사항 검토: 반영 여부 판단하고 불가능할 경우 미반영 사유와 함께 발송한 담당자에게 재전달한다.
- 영향도 분석: 영향을 받는 설계서, 기존 어플리케이션, 데이터베이스 등을 파악한다.
- 공식화: 담당자들과의 협의를 통해 규모 및 시간, 시급성에 따라 반영 유형을 결정한다.
- 반영 작업 계획 수립: 영향 분석 결과를 근거로 관련 담당자들과의 미팅 후 반영 계획 수립한다. 작업 일정 계획에는 표준과 설계서 변경, 데이터베이스 및 어플리케이션 수정, 테스트, 이관 등의 작업이 명시되어야 한다.

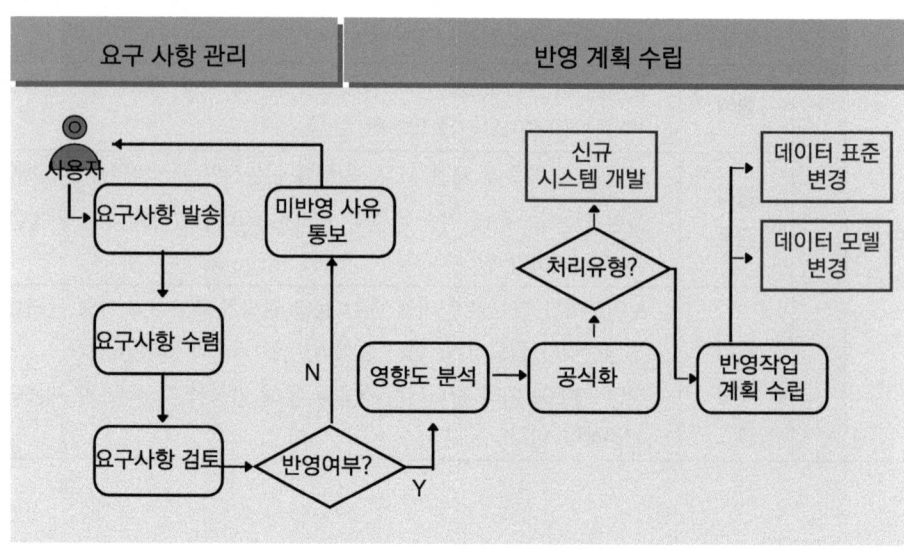

<그림 4> 정보요구사항 업무흐름 프로세스

나. 수행 조직 및 수행 업무

<표 6> 역할별 담당 업무

역 할	담 당 업 무
사용자	· 변경 요청 · 변경 여부 확인 · 미결 사항에 대한 의사결정 실시
담당자	· 사용자 정보 요구사항 접수 · 사용자 정보 요구사항에 대한 기본적인 검토 · 반영 여부 결정을 위한 사용자와 1차 미팅 · 접수요건에 대한 처리방식 및 처리 기한 결정 · 관련 부서별 담당자 수집 및 요건협의 주도 · 사용자 정보 요구사항 반영 · 테스트 및 검증 · 사용자 반영결과 통보
데이터 아키텍처 전문가	· 사용자 정보요구 사항에 대한 표준/데이터베이스/어플리케이션 차원에 대한 영향도 분석 및 보고 · 접수된 요구사항에 대한 표준 준수 여부 체크 · 영향도 분석을 통한 수정 및 변경 계획 수립 · 표준 제시 및 준수 여부 검토

2장. 정보 요구 사항 조사

1절. 정보 요구 사항 수집

1. 정보 요구 사항 수집 형태
: 관련 문서, 사용자 면담, 워크숍, 현행 업무 처리 매뉴얼(업무 관련 규정이나 지침 등), 현행 정보시스템 관련 산출물을 통해 수집한다.

※요구: 시스템이 가져야 할 기능이나 시스템이 만족하여야 할 조건

예) 현금 인출기
· 기능 요구: 데이터의 등록, 조회, 수정, 삭제 등의 업무적으로 필요한 사항
· 비기능 요구: 성능, 효율, 반응 시간, 제약 조건 등의 시스템(H/W)적으로 필요한 사항

※요구 사항 명세: 요구사항 추출과 분석을 통해 얻어지는 "고객이 시스템에 요구하는 기능 또는 서비스와 제약사항에 대한 설명"
· 프로젝트 수주/발주를 위한 제안의 기초가 됨
· 프로젝트 계약의 기초가 됨

2. 관련 문서 수집

가. 문서 수집 목적
: 구현 시스템의 대상과 범위를 명확하게 정의하기 위해서이다.

나. 문서 수집 자료
: 경영 계획에 대한 자료, 정보시스템에 대한 자료, 과거 수행한 컨설팅 보고서, 전산 처리 업무 매뉴얼, 현업 부서 업무 자료 등이 있다.

다. 문서 수집 원칙

· 기존의 문서를 변형하지 않고 수집, 정보시스템 자료는 별도의 정리 양식 사용해서 수집한다.
· 수집문서를 바탕으로 경영 및 정보시스템 현황에 대한 요약표를 작성하여 숙지한다.
· 수집된 문서들은 계획 수립 기간, 문서 관리자를 지정하여 운영한다.
· 유형별 문서 분류 방식을 결정한 후에 일정한 장소에 보관한다.
· 통상 대외비 형식이 많음으로 문서 보안 관리에 주의한다.

3. 사용자 면담

· 실무자와 대면하여 질의응답을 통해 정보를 수집한다.
· 개별 면담은 워크숍보다 융통성이 좋고 유연한 진행이 가능하다.
· 적은 시간으로 면담이 가능하므로 일정 수립이 용이하고 추가 계획을 세우기가 쉽다.

가. 사용자 면담 진행

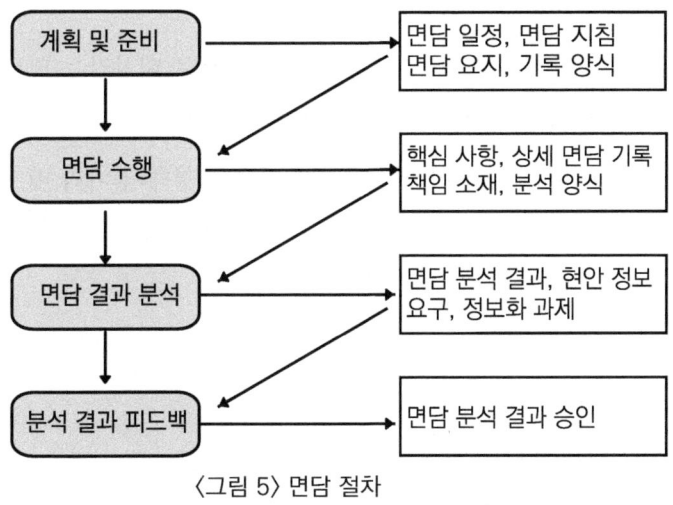

〈그림 5〉 면담 절차

※사용자 요구 사항 명세
· 고객이 이해할 수 있도록 작성한다.
· 시스템이 제공할 서비스와 수행될 때의 제약 조건을 자연어, 그림 등을 이용해서 표현한다.

※시스템 요구사항 명세
· 개발자를 위해서 작성 시스템이 제공해야 할 서비스, 제약조건이 무엇인지 체계적으로 자세히 적는다.

※문제점의 이해
· 요구분석에 있어서 사용자가 현재 안고 있는 문제점을 이해하는 것이 중요하다.
· 사용자의 입장에서 현황을 파악하고 사용자가 원하는 문제 해결이 어떤 것인지를 이해한다.

※요구 사항의 추출
· 요구분석가의 일은 신문, 방송의 기사를 취재하는 기자의 업무와 비슷하다.
 - 면담, 실제 업무 수행 등의 기법 사용

1) 계획 및 준비

가) 면담 주제 선정
· 작업과 면담대상자 수준에 따라 결정하고 면담 요지의 작성으로 대상자는 미리 답변을 준비할 수 있다. 상상에 의한 답변을 최소화하고 시간도 절약할 수 있다.
· 질문항목은 명확히 선정하며 대상자가 이해하기 쉽게 질문을 정해서 미리 배포하여 답변을 준비하게 한다.

· 현업 부서용 면담 요지
 - 면담의 취지, 목적, 수행 방법, 시간 등
 - 프로젝트의 개요: 목표, 범위, 기간, 조직
 - 업무의 향후 수행 방향에 대한 의견
 - 면담 대상자가 소속된 부서의 업무 현황 및 개선 요구 사항
 - 현재 사용하는 정보시스템에 관한 의견
 - 프로젝트에 관한 의견: 요구 사항, 프로젝트 참여 방안 등

· 전산 부서용 면담 요지
  - 면담의 취지, 목적, 수행 방법, 시간 등
  - 프로젝트의 개요: 목표, 범위, 기간, 조직
  - 기획 분야 현황 및 계획: 전산 부서 조직 및 인력, 연혁, 계획, 문제점, 과제 등
  - 시스템 분야 현황 및 계획: 조직 및 인력, 시스템 구성, 네트워크 구성, 시스템 운영 절차, 향후 계획
  - 어플리케이션 분야 현황 및 계획: 조직 및 인력, 어플리케이션 구성, DB 구성, 진행 중 개발 업무, 개발 및 유지 보수 계획, 문제점 및 계획 등

· '6하 원칙'에 따른 질문
  - 분석 대상 업무에 누가 관련되는가? (Who, 관계자들의 작업, 사용자 수준)
  - 현재의 상태는 무엇인가? (What, 문제를 일으킨 상태, 제안된 시스템의 기능)
  - 새로운 시스템은 언제 완성되어야 하나? (When)
  - 새로운 시스템은 어떤 환경에 놓일 것인가? (Where, 새 시스템에서의 조직, 환경)
  - 왜 새로운 시스템을 고려하게 되었나? (Why)
  - 새 시스템의 어떻게 작동할 것인가? (제약, 하드웨어 요구, 비용, 사용 언어)

나) 면담 진행 팀 구성

모델	활용 방안
면담자	- 면담을 진행한다. - 면담의 취지를 설명하고 면담 대상자에게 질문한다.
기록자	- 면담 대상자의 답변 내용을 기록한다. (내용을 요약하지 말고 표현 그대로를 기록해야 한다) - 면담 대상자의 답변 내용을 충분히 이해하고 기록하기 위하여 면담 대상 업무에 대한 사전 지식이 있어야 한다. - 면담 종료 시에 기록 내용 중 주요 사항(수치, 업무 분장 및 책임소재 조직 등에 대한 내용)을 확인한다.

모델	활용 방안
관찰자	- 면담이 수행 의도대로 진행되고 있는가를 관찰한다. - 면담이 주제의 범위를 벗어나는 경우, 주의를 환기시킨다. - 면담자가 놓치는 부분에 대하여 보충 질문을 한다. - 최종적으로 면담의 종료에 대해 판단한다.

다) 면담 대상자 선정
· 작업에 따라 면담 대상을 선정하고 대상자는 업무에 대해 명확한 이해를 하는 사람이어야 한다.
· 대상 선택을 위해 전체 조직 구성도와 프로젝트 범위를 검토하고 해당하는 대상자를 프로젝트 후원자나 사용자 측으로부터 추천받는 것이 좋다.
· 유사 업무를 지원하는 조직이 여러 명일 경우 차이점 파악을 위해 적어도 2명 이상의 면담 대상자를 선정한다.

라) 면담 일정 수립
· 후원자의 지원을 얻은 후 대상자들에게 프로젝트의 목적과 범위를 통보하고 관련 문서 자료를 요청한다.
· 초기 단계에서 전체일정이 정해져야 하며 최소 1주일 전에 세부 일정을 확정하고 가능하면 하향식으로 일정을 수립한다.
· 면담 시간은 1.5~3시간으로 하고 필요 시 집단 면담을 수행한다. 하루 3회 이하로 하되, 세부 일정은 담당 면접 진행팀도 함께 참여하도록 한다.

마) 면담 준비
· 이용 가능한 자료를 활용하여 대상자의 업무 활동 역할, 신상 명세, 경력, 개인적 성향 등을 파악한다.
· 대상자에게 배포하지 않는 면담 시나리오를 준비한다.
· 도표를 이용하여 효율성을 높인다.
· 면담 수행 전에 주제 목록 등을 중간/실무 관리자에게 배포하여 면담 진행자들을 미리 소개하고 사용 가능 자료도 요청한다.
· 면담 수행 30분 전에 최종 준비 상황을 점검한다.

2) 면담

가) 면담 시작
· 시작 30분 전에 다른 면담 진행 팀과 함께 필요한 정보 요구와 진행 순서를 점검하고 각자 역할 점검한다.
· 프로젝트 목적, 범위, 일정 등을 먼저 설명하며, 필요할 경우 주제나 질문을 수정한다.
· 면담은 복수의 팀에서 수행될 수 있으므로 수행 방식을 통일하기 위해 모든 절차가 면담 지침에 세세한 문구까지 모두 반영되어 있어야 한다.

나) 면담 주제 토의
· 준비된 면담 요지에 따라 진행하고 내용은 모두 기록지에 기록한다.
· 개방적 질문을 사용하며 주제나 질문지의 순서와 범위를 벗어나지 않도록 한다.
· 효율적인 진행을 위해 엔터티 관계도나 업무 기능 계층도(메뉴 구성도)를 이용할 수 있으며, 답변을 가정하지 않으며 진행 도중 간간이 수집된 정보나 순서 등을 확인한다.
· 기록자는 가능한 한 모두 기록하며, 여담일지라도 중요 정보일 경우가 있다.
· 면담 결과의 후속 분석 작업을 위해 공통의 기준으로 사용할 수 있는 표준 기록 양식을 정한다.
· 진행 중 대상자의 주요 책임 업무를 정의하고 각 업무가 시간과 같은 논리적인 순서에 따르는지 확인한다.

3) 면담 결과 분석
· 면담 진행 팀은 기록된 내용과 면담 중의 응답에 대한 개인적 의견을 고려하여 면담 결과를 정리하고 면담 종료 후 팀 전원이 참석하여 주요 이슈를 정리한다.
· 현재 업무와 발생하는 차이점에 주의하고 가능하면 면담 대상자의 업무 용어를 사용하며 별도의 양식은 없다.
· 의문 사항, 추가 사항은 즉시 면담 대상자에게 확인하고 필요한 경우 추가 면담을 한다.

4) 분석 결과 피드백
· 정리 내용이 없거나 필요 경우 기록지 전체를 확인 받는다 결과에 대해 대상자 본인에게 승인을 받는 것이 중요하다. 또한 이 과정에서 대상자는 수정사항을 제시할 수 있으며 기록지에 대상자의 의견을 기입하는 것이 좋다.
· 개인별 피드백이 곤란한 경우 실무자 전원을 대상으로 워크샵을 진행할 수 있으며, 민감한 사안은 사전 조정 필요하다.

나. 면담 수행 시 고려 사항
· 면담 시간 준수, 비밀 보장, 기대 수준 설정, 면담 범위 준수
· 적절한 대상자 선정, 적절한 응답 유도, 면담 내용 문서화, 잘못된 선입견의 배제, 애매한 질문의 배제

4. 워크숍

가. 워크숍 개요 및 목적
: 전문 진행자의 진행 하에 프로젝트의 현업부서, 전산부서 주요 구성원들이 함께 참여하는 회의로 정치적·개인적 요소를 피하고 다양한 정보를 빠르게 추출하여 공유할 수 있다.
· 경영층 또는 현업 부서장의 공통된 의견을 도출해낸다.
· 유사한 업무 또는 관련된 업무 등을 수행하는 부서를 따로 면담하는 데 드는 노력을 절감한다.
· 전문가들의 판단력을 이용하여 최적의 결론을 도출해낸다.

나. 워크숍 준비
: 워크숍 과제 선정과 계획 수립, 참가 대상자 선정, 대상자에 대한 사전 브리핑 및 교육, 킥오프 모임 수행, 워크숍 자료 준비, 설비와 물품 준비, 워크숍 장소 선정, 워크숍 기간 선정 프로그램 준비

다. 워크숍의 수행
: 프로젝트 관리자와 현업 책임자는 이해관계를 가지고 있기 때문에 워크숍 진행자로 부적절하

며 진행자는 전문 용어를 자제하고 사용자 입장의 언어를 사용해야 한다.

1) 워크숍 개시: 시작을 알리고 간략한 인사와 일정을 확인한다.
2) 워크숍 수행 준비: 목적과 접근 방법의 개요 설명, 작업을 수행하기 위한 기법을 습득한다.
3) 워크숍 수행: 구체적인 수행 방식은 형태나 목적에 따라 다르게 수행, 목적에 맞게 진행한다.
4) 워크숍 종료: 진행 일정을 확인하고 진행 사항 요약, 도출된 사항을 공유하고 전체에게 1차적으로 검토받아야 한다.

5. 현행 업무 조사서

· 전체 부서에 동일한 기준으로 조사하는 것을 원칙으로 한다.
· 동일한 업무를 수행하는 부서가 여러 개인 경우 표본 추출 및 발췌 조사도 가능하다.
· 조사서의 양식은 간단하고 이해가 쉬워야 하며 작성 방법, 표본을 같이 배포해야 한다.
· 잘못 작성이나 추가 내용을 넣어야 하는 경우를 고려하여 일정 잡아야 한다.
· 사용자가 처리하고 있는 업무 기능을 정리된 양식으로 기록하여 향후 작업에 도움이 되도록 한다.

6. 현행 프로그램/데이터 관련 문서

· 요구 사항을 세부적으로 진행하기 위한 사전 단계로서 현행 시스템을 파악하기 위한 작업이다.
· 현행 시스템 프로세스 구조는 계층적 구조로 표현하고, 향후 완전성 검증을 위한 비교자료로 활용하며 현행 프로세스 전체적인 부분을 이해한다.

2절. 정보 요구사항 정리

1. 정보 요구사항 정리

가. 사용자 면담 정리: 자료 샘플이나 관련 문서를 체계적으로 정리·기록하고 완료되면 주요한 관점(업무 흐름, 수치, 주관 부서 등)에 대해서 기록에 오류가 있는지 사용자에게 확인받아야 한다.

면담 대상자	김길동	면담 대상자	대리	소속 부서	수신팀
면담 업무	신용카드	면담 일시	03.25. 11:00	확인일	04.02
면담자	김규동	면담자 직위	과장	담당 업무	
구분					
업무흐름	1) 고객으로부터 신용카드 신규 발급을 의뢰 받는다. 2) 신청 양식을 작성하고 신분을 확인한다. 3) 발급자격이 있는지 확인한다.				
추가 확인사항	당사의 기존 고객인지 아닌지를 구별할 수 있으면 좋겠다.				

〈그림 6〉 면담기록지 예

나. 업무 조사서 정리

모델	정리항목
수행 중인 프로세스 목록	대/중/소 분류별 프로세스명, 프로세스 설명 및 수행빈도, 전산화 정도/필요성
프로세스의 업무 흐름	정보시스템을 포함 관련 부서 간의 업무흐름을 시스템 흐름도 형태로 도식화
타 부서/외부 기관으로 받은 문서	문서명 및 설명, 접수 부서(기관), 접수 주기/수단, 활용 형태/단위 문서량
사용중인 시스템	시스템 명, 사용범위/방법/빈도, 유용성, 편리성

현행 업무 명			설명	수행 빈도			전산화 정도			전산화 필요성
대분류	중분류	소분류		주간	월간	년간	전산	PC	수작업	

〈그림 7〉 수행중인 프로세스 목록 예

문서명	설명	접수 부서	단위 문서량	수행 빈도			접수 수단			활용 형태
				주간	월간	년간	시스템	수작업	기타	

〈그림 8〉 타 부서/외부기관 문서목록 예

시스템	시스템			사용 방법			수행 빈도			유용성	필요성
	상	중	하	온라인	배치	수작업	일간	주간	월간		

〈그림 9〉 사용 중인 시스템 목록 예

다. 워크숍 정리

워크숍 종료 후 '워크숍의 목적, 워크숍 진행내용, 해결과제에 대한 상태, 기타 특이사항'을 최종 결과물로 정리한다.

목 적	사용자 요구 사항 도출을 위한 워크숍			
장 소	** 연수원	워크숍 일시	2019.02.01 09:00 ~ 02.02 18:00	
제 시 자	소속 부서	내 용		상태
김**	상품기획팀	상품별 판매현황을 좀 더 쉽게 빠르게 볼 수 있도록 상품체계나 화면, 보고서가 필요한 것 같다.		Open
홍**	영업전략팀	지정 영업소 단위의 실적을 속보성으로 즉시 볼 수 있는 시스템과 보고서가 필요하다.		Open
특이사항				

〈그림 10〉 워크숍 정리 예

라. 기타 기법 정리

기타 기법으로는 '설문조사법', '심층면접법', '초점집단면접법', '투사법', '인적 관찰과 기계적 관찰', 그리고 '인위적 관찰과 자연적 관찰'이 있다.

2. 정보 요구 우선순위 분석

: 본 분석 방법은 실제로 사용하는 데 시간과 노력이 많이 소요되는 관계로 현재는 우선순위, 중요도, 소요 비용 등을 고려한 비교적 판단이 용이한 방법으로 판단하고 있다.

가. 화폐가치 산출 방법: 최종적으로 구해진 가치가 높을수록 우선순위가 높다.

1) 정보 요구사항을 전부 나열 후, 각 요구사항에 기업 차원의 중요성과 시스템 차원의 중요성을 평가하여 1점부터 3점까지 점수를 부여한다.

2) 각각의 요구 사항이 다른 요구사항에 대해 얼마나 도움을 주는지 1점부터 5점까지 점수를 부여한다. 그리고 세 가지 점수를 모두 곱한다.

3) 전체 정보 요구사항에 대해 앞서 계산된 점수를 더하고, 점수 합계를 100으로 하여 각각의 정보 요구사항 가치를 백분율로 환산한다.

4) 백분율을 곱해서 정보 요구사항 가치를 금액으로 환산한다. 가치가 높은 '정보요구2', '정보요구1'의 순으로 우선순위를 부여한다.

〈표 7〉 화폐가치 산출 방법 예   (단위: 천원)

정보요구	기업차원 중요성	시스템 중요성	상호 관련성	점수	비율	가치
정보요구 1	3	3	1	9	0.9%	900
정보요구 2	2	3	5	30	3.0%	3,000
…						
정보요구 N						
…						
계				1,000	100%	100,000

나. 상대적 중요도 산정 방법: 정보 요구사항이 무엇을 지원하느냐에 따라 점수를 부여하고 이를 가중치에 따라 계산한다. 산정 방법이 역시 복잡하여 적용에 한계를 가지며, 각기 부여된 가중치에 이해를 달리할 수 있다.

1) 정보 요구사항을 전부 나열 후, 업무에 기여하는 수준에 따라 1점부터 5점까지의 점수를 부여한다.

2) 현행 정보시스템이 각각의 정보 요구사항을 얼마나 충족하는가에 대해 1점부터 3점까지의 점수를 부여한다.

3) 정보 요구사항 대 정보 요구사항 매트릭스를 작성하여, 각 관련성이 클 경우, 9점을 부여하고 나머지 정보 요구사항에는 상대 점수를 부여한다.

4) 부여한 세 가지 점수에 대해 가중치를 결정한다.

3절. 정보 요구사항 통합

1. 정보 요구사항 목록 검토
: 전사 관점에서 동일한 정보 요구사항이 있었는지 검토하기 위해 검토한다.

정보 요구 사항 목록		작성 부서	** 프로젝트 팀			
작성자	박**	작성 일자	00/0/0	확인자	관리자	
정보 요구 사항 번호	제시자	부서	제목	내용	반영 여부	우선 순위
001	홍**	기획팀	상품별 판매현황	상품/조직/사원별 판매현황	Y	1
002	김**	영업팀	조직별 판매현황	상품/조직/사원별 판매현황	Y	1

〈그림 11〉 정보 요구사항 목록 검토 예

2. 정보 요구사항 목록 통합/분할
· 수집/정리한 요구사항을 별도의 양식으로 취합 조정한 후, 중복 도출 여부를 검토한다.
· 동일 부서 내, 그리고 서로 다른 부서 간 중복 요구 사항이 없는지 검토한다.

가. 동일 부서 내 중복 요구사항 검토
· 부서 내 정보 요구 목록 작성하고 제목을 기준으로 부서 내 동일 요건의 요구사항이 있는지 파악한다.
· 요구사항의 세부 요청 내용을 기준으로 세밀하게 중복 여부를 파악한다.
· 부서 내 동일 요건 도출 시 통합할 정보 요구 번호를 '비고'란에 기재한다.
· 동일 부서 내 중복성을 배제한 요구 사항 목록을 작성한다.

나. 서로 다른 부서 간 중복 요구사항 검토
· 부서 간 동일한 정보 요구사항이 존재하는지 파악한 후 세부 내용을 검토해서 중복 여부를 판단한다.
· 동일 요건 도출 시 통합할 정보 요구 번호를 기입하여 관리하고, 최종적으로 전사 관점의 목록

을 작성한다.

정보 요구 사항 목록			작성 부서		** 프로젝트 팀			
작성자		박**	작성 일자	00/0/0	확인자		관리자	
정보 요구 사항 번호	제시자	부서	제목	내용		반영 여부	우선 순위	비고
001	홍**	기획팀	상품별 판매현황	상품/조직/사원별 판매현황		Y	1	
002	김**	영업팀	조직별 판매현황	상품/조직/사원별 판매현황		Y	1	002로 통합

〈그림 12〉 정보 요구사항 목록 검토 예

3장. 정보 요구사항 분석

1절. 분석 대상 정의

1. 현행 업무 분석 대상 정의

가. 분석 대상 자료: 분석 대상 자료에는 현행 업무 흐름도, 현행 업무 설명서, 현행 업무 분장 기술서가 있다.

나. 분석 대상 업무 영역 선정: 분류기준에 따라 현행 업무목록을 작성한다. 분류기준이란 통상적으로 현행 업무 기능 분해도의 단위 업무 또는 업무 분장상의 구분 등을 의미한다.

2. 현행 시스템 분석 대상 정의

가. 분석 대상 현행 시스템 선정: 업무 분석 프로젝트의 수행범위를 정확히 파악하는 것이 선행되어야만 업무 영역별 대상 현행 시스템 선정 작업이 가능하다.

업무영역 현행시스템	고객관리	수신계좌관리	수신실적관리	여신계좌관리	여신담보관리	대출상환스캐쥴관리	인사관리	재무회계관리	신용장관리	청구서관리	지점실적관리	펀드상담관리	유가증권잔고관리	고객마케팅관리	...
고객관리시스템	O	O	O	O	O	O			O					O	
성과관리시스템	O	O	O	O	O	O	O				O			O	
수신시스템	O	O	O												
수익성시스템		O	O	O	O	O		O			O				
신용리스크시스템	O			O	O	O									
신용카드시스템	O									O	O				
여신시스템				O	O	O								O	
영업관리시스템	O		O		O		O				O	O			
외국환시스템									O						
유가증권시스템								O			O	O	O		
재무회계시스템						O		O			O				
CRM시스템	O	O		O		O								O	
...															

셀값 정의 : 공백 – 해당 사항 없음 / O– 관련 있음

〈그림 13〉 업무 영역/현행 시스템 매트릭스 예

업무 영역/현행 시스템 매트릭스를 바탕으로 업무 영역별 분석 대상 시스템 목록을 작성한다.

업무영역	고객관리			
업무영역	본 수		관리부서 / 담당자	비고
	온라인	배치		
고객등록처리	Y		고객전담관리팀	
고객정보 수정 처리	Y		고객전담관리팀	
고객정보 삭제 처리	Y		고객전담관리팀	

〈그림 14〉 분석 대상 시스템 목록 예

나. 분석 대상 현행 시스템 관련 자료
· 현행 시스템 구성도
· 현행 시스템의 분석, 설계 및 개발 보고서
· 화면, 장표 및 보고서 레이아웃
· 현행 시스템 테이블 목록 및 테이블 정의서
· 프로그램 목록
· 사용자 및 운영자 지침서
· 시스템 지원 및 유지보수 이력
· 시스템 개선 요구 사항 등

현행 시스템명		**시스템				
NO	문서명	유형	설명	활용 여부	보완 사항	보완 여부
1	프로그램 목록	문서	전체 프로그램 목록	가능	없음	
2	테이블 레이아웃	문서	현 DB 레이아웃 자료	가능	없음	
3	엔티티 관계도	CASE	현 엔터티 관계도	보완		
...						

〈그림 15〉 현행 시스템 수집문서 목록 예

수집된 문서의 평가는 아래 기준으로 수행하고 보완 여부 항목에 표기함으로써 보완 작업을 종료한다.
· 유용성: 문서 활용 가능성 여부
· 완전성: 문서 내용에 누락된 부분이 없는지의 여부
· 정확성: 문서 내용이 현재 시스템과 일치하는지의 여부
· 유효성: 문서가 최신의 내용을 반영하고 있는지의 여부

다. 추가적인 분석 대상: 보다 상세하게 분석하기 위해 사용자 뷰도 분석 대상에 포함시킨다.
· 데이터 뷰는 전체적인 정보 중에서 일부를 바라보는 관점을 나타낸다.
· 이러한 사용자 뷰가 종합되어 나타나는 것이 화면, 수작업 파일, 수작업/전산 양식, 보고서 등의 레이아웃이다.

라. 분석 단계
· 현재의 상태를 파악하고 요구를 정의한다.
· 문제 해결과 구현될 시스템의 목표를 명확히 도출해낸다.

마. 명세서 작성 과정
· 완성될 소프트웨어가 어떤 기능을 가져야 하는가를 정확히 기술한다.
· 기술적 요구와 구현·운영 측면에 있어서 제약 조건을 명시해야 한다.
· 개발자와 사용자가 합의한 성능에 관한 사항을 명시한다.
· 명세서는 사용자와 개발자의 계약을 나열한 문서이다.

2절. 정보 요구사항 상세화
: 현행 업무 영역 관련 자료 및 시스템 관련 자료에 대하여 분석하고, 분석 산출물을 토대로 사용자의 정보 요구사항을 보완하고 비기능적 정보 요구사항을 포함하여 정보 요구사항 정의서를 보완한다.

※기능적 요구사항
· 외부 요소가 직접적 상호 작용을 통해 시스템에 요구하는 기능 또는 서비스이다.
 - 시스템이 사용자를 위해 무엇을 하는가를 거시적으로 기술해야 한다.
· 시스템이 외부의 데이터나 명령을 받아들여 어떤 반응을 하는지 기술해야 한다.
· 구현 기술과는 별개이다.

*기능적 요구사항 예: 도서관 정보시스템
· 사용자가 전체 데이터베이스 또는 선택한 일부 데이터베이스에서 검색 가능해야 한다.
· 시스템은 문서저장 공간에서 문서를 읽을 수 있도록 적당한 뷰어가 제공되어야 한다.
· 모든 주문은 고유번호(ORDER_ID)가 주어지며 사용자의 고유영역에 영구적으로 저장할 수 있어야 한다.

※비기능 요구사항
· 시스템이 수행하는 기능 이외의 사항
· 시스템이 만족시켜야 하는 제약 조건
  (기술적 제약 조건, H/W S/W와 관련된 제약 조건)

예) 질의에 대한 결과가 3초 이내에 화면에 보여야 한다.
   구매요청에 대한 회신이 4시간 안에 이루어져야 한다.

· 시스템이 반드시 만족시켜야 하는 주요 성능 척도는 반응 시간, 저장 능력, 동시 처리 능력 등이다.
· 요구분석 이후 설계단계에서 결정해야 할 언어나 플랫폼, 구현의 선택을 까다롭게 할 수 있다.
· 비기능적 요구가 만족되지 못하면 시스템 자체가 쓸모없게 될 수 있기 때문에 기능적 요구보다 중요할 수 있다.
· 신뢰성, 확장성, 이식성, 보안이 중요하다.

1. 프로세스 관점의 정보 요구사항 상세화

: 프로세스는 실제로 업무가 수행되는 행위를 뜻한다. 시작/종료 시점이 명확하고 실행 횟수를 셀 수 있다. 입력과 출력이 있으며 입력을 출력으로 바꾸는 변환 과정을 포함하며, 기본 프로세스는 더 이상 분해되지 않는 프로세스를 의미한다.

가. 수행 절차

· 프로세스 중심의 정리된 프로세스 목록, 업무 흐름도를 포함한 업무조사서를 바탕으로 프로세스 계층도와 프로세스 정의서를 작성한다.
· 도출된 기본 프로세스를 기준으로 필요한 정보 항목과 산출되는 정보 항목을 정리하고 기본 로직이 필요한 경우 기본 로직을 정리한다.
· 표준화 과정을 통해 통합성/분리성 여부를 검토한 후 최종적으로 사용자 정보 요구사항을 충족하는 정보 항목 목록을 작성한다.

<표 8> 프로세스 관점의 정보 요구 상세화

수행작업	수행작업 내용
프로세스 분해/상세화	- 단위 업무 기능별 하향식으로 프로세스 분해 및 도출 - 프로세스 계층도 및 프로세스 정의서 작성
정보 항목 도출 및 표준화	- 기본 프로세스별 정보 항목을 정리 - 정보 항목에 대한 표준화 정리 - 정보 항목 목록 정의
정보 항목별 통합성, 분리성 여부 검토	- 프로세스별로 관리되는 정보 항목을 분류 - 정보 항목별 동음이의, 이음동의 존재 여부 파악 - 통합/분리 여부 검토 후 최종 정보 항목 목록 정의

다. 수행 작업 지침

1) 프로세스 분해 / 상세화

가) 프로세스의 분해
· 하위에 더 이상 업무 기능을 포함하지 않는 단위 업무 기능으로부터 점진적으로 수행한다.
· 단위업무 기능별로 상세하게 분해하지 않고, 업무 전체 단위에 대해 프로세스 분해 수준에 맞춘다.
· 업무 기능 계층도를 단위 업무 기능 수준까지 분해한 후 프로세스를 도출한다.

나) 프로세스 분해 정도
· 업무적인 특성을 고려하여 분해의 수준은 3차 수준까지 분해한다.
· 업무 활동 분해의 근본 목적은 최종적으로 기본 프로세스의 도출에 있다.
· 초기 작업에는 도출된 프로세스가 기본 프로세스인지보다는 균형있게 분해하는데 주의한다.

다) 프로세스 명칭
· 명명 규칙을 준수하여 명명하되 업무용어를 그대로 사용하고 이름만으로도 파악 할 수 있게 해야 한다.

라) 프로세스 계층도
· 작성 목적은 기본 프로세스 도출에 있다.
· 높은 응집도(Cohesion), 낮은 결합도(Coupling)를 유지하도록 모듈성 확보가 중요하다.
· 일반적으로 상위 프로세스 포함하며, 하위 프로세스가 7개 초과하면 상위 프로세스를 분리하는 것을 고려한다.
· 프로세스 정의서는 프로세스와 기본 프로세스를 함께 기술하는 양식으로서 데이터 사용 항목은 모든 프로세스에 관해 기술할 필요는 없지만 기본 프로세스의 경우에는 반드시 작성해야 한다.
· 이미 작성된 계층도를 재검토해 모든 업무 요건과 규칙이 반영되었는지 확인하고 계층도를 조정한다.
· 현 수준의 프로세스 계층도를 더욱 상세하게 분해해 업무의 최소단위인 기본 프로세스까지 도출해낸다.

현행 프로세스 계층도

1차기능	2차기능	3차기능	4차기능
여신관리	여신기획 관리	여신 요율 확정	
		연간 여신운용 지침 수립	
	여신상담 관리	거래처정보 관리	거래처정보 등록
			신용정보 관리
		여신 상담	대상거래 파악
			상담결과 보고
			신용조사 의뢰
		대출의향서 발급	대출의향서발급 신청
			대출의향서발급 승인
			대출의향서발급
	여신심사 및 승인 관리	심사계획 수립	
		예비심사 (예비승인)	여신신청서 검토
			신용평가
			재무분석
		본심사 (대출심사)	법적심사
			담보조사
			대출조건결정

〈그림 16〉 현행 프로세스 계층도 예

2차기능	3차 업무기능	설 명
지점관리		지점의 신설, 이전, 폐쇄 등에 따른 처리와 지점이 보유한 채권철의 관리
	등기등록관리	지점신설, 지점이전, 인장등에 관한 등기, 등록업무
	채권철 관리	채권철보존, 관리, 폐기 등에 관한 업무처리과정
안전관리계획		보안, 소방, 경비업무에 대한 계획수립과 관련규정의 관리, 경비업무 관련 용역계약 관리와 관련 대외기관과의 연계업무 수행
	계획수립	비상계획, 보안, 소방, 경비업무의 계획수립
	규정관리	보안, 소방, 경비규정 및 기계경비 운영요령 관리
	경영평가	각 부의 안전관리 업무에 대한 경영평가
	심사분석	보안, 예비군, 민방위업무 심사분석
	경비계약	본점(연수원포함) 경비원외 용역계약 관리
	대외기관관리	비상기획위원회, 재정경제부, 병무청, 경찰서, 소방서, 군부대 등 관련 업무
예비군, 민방위 업무		직장 예비군,민방위 조직관리와 예비군,민방위 훈련 관련 업무
	기관관리	조직편성 및 장비관리
	교육관리	예비군, 민방위대 교육훈련
비상계획업무		을지연습, 국가동원능력조사(중점관리 지정업체 자원조사)
	소방관리	시설점검 및 정비, 방재센터 운영관리, 자위소방대 조직관리, 소방교육 훈련

〈그림 17〉 프로세스 정의서의 예

2) 정보 항목 도출 및 표준화
· 도출한 기본 프로세스 별로 등록(C), 조회(R), 변경(U), 삭제(D)로 구분한다.
· 기능에 따라 구분된 프로세스 별로 정보 요구 분석에서 정의된 정보 요구사항 정의서 및 업무 조사서상의 내용을 파악하여 관리하고자 하는 항목을 도출한다. 서술식 자료에서 '명사형' 단어를 파악하면 정보 항목의 대상이 되는 경우가 많다.
· 명명 규칙을 준수하여 명명하되 업무 용어를 그대로 사용하며 명사형으로 기술한다.

단위업무기능					고객등록처리	상위업무 기능	고객관리
1차	2차	3차	4차	5차 프로세스		기능	정보항목
고객관리							
	고객기본정보 관리						
		고객기본정보 등록					
			고객기본정보 등록			등록	성명,주민번호,주소,전화번호 등
			고객기본정보 변경			변경	성명,주소,전화번호
			고객기본정보 삭제			삭제	고객

〈그림 18〉 정보 항목 도출 예

해당 도출된 정보 항목에 대해 그룹화 하여 정보 항목 군으로 구분하고 정보 항목 목록을 작성한다.

정보 항목 목록		작성 부서	고객관리		
작성자		작성 일자		확인자	관리자
번호	정보 항목	정보 항목군	기본프로세스명	비고
001	성명, 전화번호, 주소, 주민번호, 생년월일, 결혼기념일	고객 기본 정보	고객 기본 정보 등록	
002	성명, 전화번호, 결혼여부	고객 기본 정보	고객 기본 정보 변경	
003	최종학력, 종교	고객 기본 정보	고객 기본 정보 변경	
...				

〈그림 19〉 정보 항목 목록 예

3) 정보 항목별 통합성 검증
· 정보 유형별·항목별로 전사 관점에서의 통합·분리 여부를 검토한다.
· 동일한 정보의 통합 시 정보 항목의 관리가 용이하고 통합 정보 유형으로 수용 가능한 장점이 있다.
· 무리한 통합으로 인한 모호성 존재와 관리 부족으로 통합의 의미 상실이란 단점이 있다.
· 통합 작업 후 해당 정보 항목 목록에 대한 통합성 여부를 기재하고 최종 정보 항목 목록을 작성한다.

정보 항목 목록		작성 부서			
작성자		작성 일자		확인자	
정보 항목 번호	정보 항목	정보군	프로세스명	비고

〈그림 20〉 정보 항목 목록 예

2. 객체지향 관점의 정보 요구사항 상세화
: 객체지향 방법론에서는 유스케이스 다이어그램을 중심으로 기능적 정보 요구사항을 정리한다.

가. 유스케이스(Use case) 다이어그램

시스템에서 제공해야 하는 기능이나 서비스를 상세하게 그린 다이어그램으로 사용자와 시스템 사이의 상호작용을 중심으로 나타낸다. 이는 외부의 사용자가 바라보는 관점의 시스템의 기능이기에 실제 내부의 비즈니스 로직이 아닌 사용자가 수행하는 기능을 파악하고 싶을 때 작성한다. 따라서 이는 각종 액터가 프로그램의 기능과 상호작용하는 것을 표현하는 것으로 요구사항을 추출하는 분야에 특화되어 있다. 그러므로 프로젝트를 시작할 때나 제품의 요구사항을 명세서를 작성하는 요구분석 단계에서 주로 그리게 된다.

· 액터(Actor): 시스템과 상호작용하는 외부 엔터티(사람이나 다른 시스템, 하드웨어), 이름과 설명이 필요하다.
· 액터의 역할을 나타내는 명확한 이름으로 정의한다.
· 유스케이스: 액터에게 보이는 시스템의 기능과 외부 동작이다.
  - 지식이 없는 사용자와도 쉽게 의사전달을 위해 자연어로 쓴다.
  - 유스케이스 이름, 참여 액터, 시작 조건, 사건 흐름, 종료 조건을 포함한다.

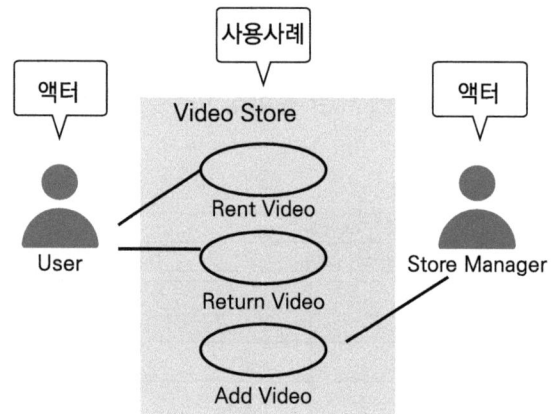

〈그림 21〉 유스케이스 다이어그램 예

<표 9> 유스케이스 예

유스케이스 이름	RentVideo
참여 액터	User에 의하여 구동된 스캐너를 이용
시작 조건	1. User가 터미널에서 "비디오 대여" 기능을 활성시킨다. 시스템이 고객 ID 입력양식을 화면에 제시하여 반응한다.
사건의 흐름	2. 점원인 User가 비디오를 대여하려는 고객에게 전화번호의 끝 네 자리를 물어 입력한다. 3. 입력한 네 자리로 찾은 이름들을 화면에 보여주고 맞는 것을 선택하도록 한다. 4. 연체료가 있다면 화면에 출력하고 없으면 스캐너를 이용하여 대여하려는 비디오 ID를 입력한다. 5. 비디오 ID를 이용하여 비디오 정보를 찾아 화면에 출력하고 대여중인 비디오 데이터베이스에 기록한다. 대여할 비디오가 더 있으면 반복한다.
종료 조건	6. User가 대여료를 받고 테이프를 건네준다.

나. 액터와 유스케이스 간의 관계

· 확장(Extend): 하나의 유즈케이스가 다른 유즈케이스의 행동을 추가함에 따라 나타나는 관계를 말한다.

  *표현은 '점선화살표, 〈〈extend〉〉'로 한다.

· 포함(Include): 하나의 유스케이스가 다른 유스케이스를 사용하는 것을 나타내는 관계를 말한다. 하나의 유스케이스가 다른 유스케이스를 반드시 수행하는 경우에 사용한다.

  *표현은 '점선화살표, 〈〈include〉〉'로 한다.

· 참가(Communicate): 행위자가 어떤 유스케이스에 참가함을 나타내며 이것은 행위자와 유스케이스 사이의 유일한 관계이다.

 - 유스케이스 안에서 일어나는 이벤트들을 순서대로 기술하면 시스템 내부에서 일어나는 작업을 더 잘 이해하게 된다.

다. 확장 관계와 포함 관계의 차이점

· 확장 관계: 도움말이나 오류, 기타 예외적인 조건을 처리할 때

· 포함 관계: 한정된 개수의 유스케이스들이 공통으로 가지는 기능을 유스케이스로 나타낼 때

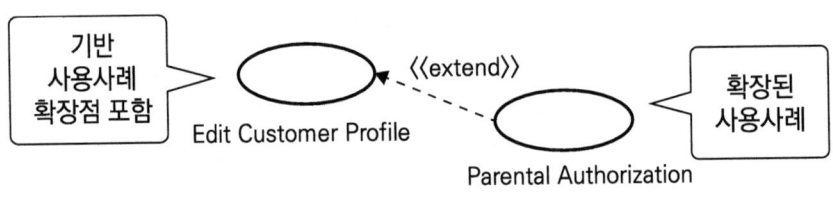

〈그림 22〉 확장관계의 예

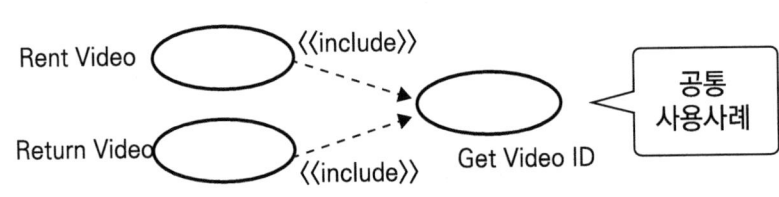

〈그림 23〉 포함관계의 예

라. 유스케이스 상세화

· 사건 흐름을 구조화하는 작업으로 모든 선택 또는 대안 흐름을 기술한다.
· 관련은 있지만 사건 흐름에는 고려되지 않는 정보 요구사항을 특별요구사항으로 정의한다.
· 정상적인 흐름기술 후 예외 사항에 대한 사건 흐름을 기술하며 다음과 같은 내용을 기술한다.
  - 개략적인 설명
  - 사건 흐름
  - 사전/사후 조건
  - 비기능적인 정보 요구사항
  - 주된 사건 흐름에 대체될 수 있는 흐름
  - 예외 처리 사항

마. 클래스 다이어그램 작성

1) 클래스 다이어그램 정의

: 시스템을 구성하는 클래스의 구조를 나타내고 객체들의 공통 구조와 동작들을 추상화한다.

2) 클래스 다이어그램 목적

: 시스템을 구현할 때 어떤 클래스가 필요한지 파악하고 클래스 사이의 관계를 나타낸다.

3) 클래스 다이어그램 구성요소

: 객체, 클래스, 속성, 오퍼레이션, 연관 관계

4) 클래스 다이어그램 의미

: 클래스 다이어그램은 객체지향 프로그램의 골격(클래스 정의)을 나타낸다.

5) 엔터티 클래스 도출

: 명사 및 명사구를 후보 객체로 선정하고, 모호한 의미를 제거한다. 이음동의어/동음이의어를 고려하고, 문제 영역과 관련 없는 것을 제거하며, 유사한 구조와 행위를 가진 객체들을 그룹화한다.

6) 관계 도출 및 클래스 도출

: 관계란 관심 있는 연결을 나타내는 클래스 간의 관계를 의미한다. 클래스 간의 집단화 관계를 식별하고 명명한다.

7) 속성 정의

: 클래스가 나타내는 객체의 특성을 의미한다. 속성 이름은 속성을 가지고 있는 정보를 명확하게 지정하는 명사로 한다.

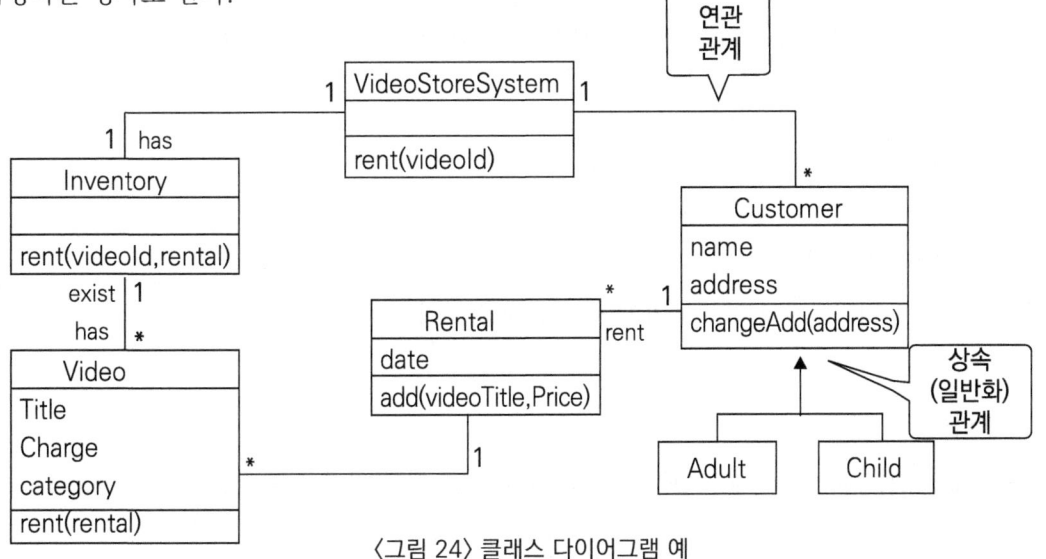

〈그림 24〉 클래스 다이어그램 예

8) 클래스 간의 관계
· 연관관계(association): 클래스 사이의 관계는 링크로 나타낸다. (선으로 표현)
· 역할(role): 연관관계 표시 선분 끝에 역할을 표시한다. (has, exist, rent)
· 다중도(multiplicity): 숫자로 표현, 연관된 링크의 개수, *는 다수(many)를 의미한다.

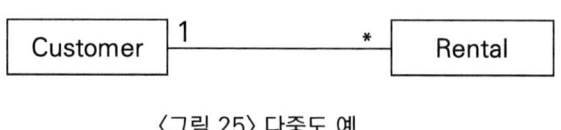

〈그림 25〉 다중도 예

· 전체/부분 관계(aggregation)
 - 전체 개념의 클래스: Directory
 - 부분 개념의 클래스: File
 - 일대 다인 경우가 많으며, 다이아몬드로 표시한다.

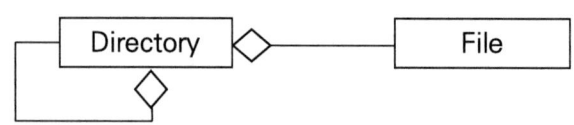

〈그림 26〉 전체 부분 관계 예

· 일반화(generalization)
 - 일반화된 개념의 클래스와 더 구체적인 개념의 클래스 사이의 관계이다.
 - 공통속성과 오퍼레이션을 사용하기 위하여 상속 개념으로 클래스를 구성하는 것이다.

바. 순서 다이어그램

1) 순서 다이어그램 정의
: 시스템 동작을 정형화하고 객체들의 메시지 교환을 시각화한다.

2) 순서 다이어그램 목적
: 참여객체(participating object)를 추가로 찾아내고, 객체 사이에 일어나는 상호작용을 파악

하기 위해서이다.

3) 순서 다이어그램 구성요소

: 액터(왼쪽), 객체, 메시지(이름있는 화살표), 수직선(시간의 흐름)

4) 순서 다이어그램 의미

· 클래스가 가져야 할 오퍼레이션을 파악하는 데 사용된다.

· 객체들 사이의 통신 패턴이며, 사용사례의 이벤트 흐름을 나타낸다.

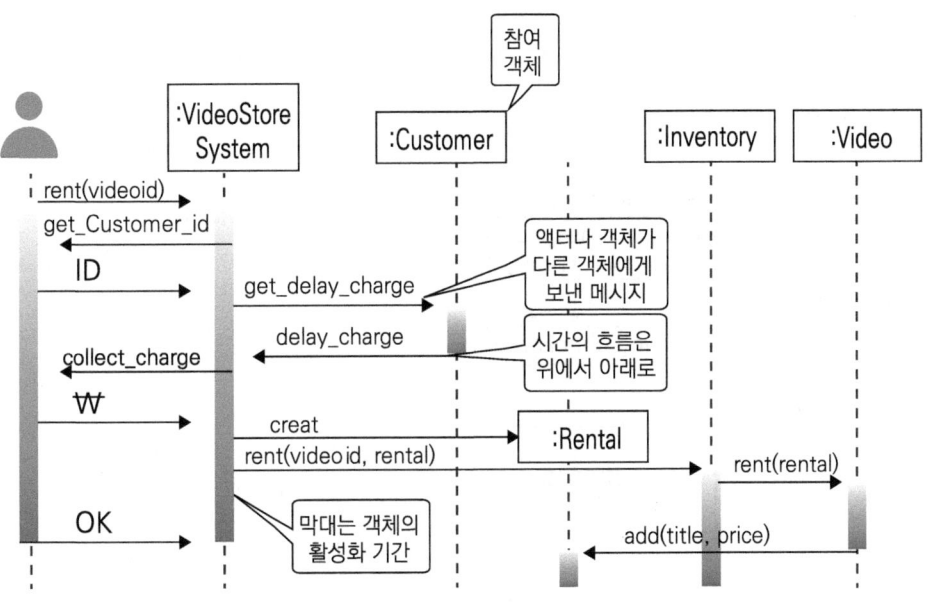

〈그림 27〉 순서 다이어그램 예

사. 상태 다이어그램

1) 상태 다이어그램 정의

· 객체가 갖는 여러 상태와 상태 사이의 전환을 표현한다.

· 상태란 객체가 만족하는 조건이다.

2) 상태 다이어그램 목적
· 단일 객체의 동작을 나타낸다.
· 객체의 상태 변화를 점검하며 빠진 오퍼레이션을 점검한다.
· 솔루션 도메인 객체를 표현한다.

3) 상태 다이어그램 구성요소
: 원은 객체의 상태를 나타내며, 화살표는 전환(transition)을 나타낸다.

4) 상태 다이어그램 의미
· 외부 사건의 결과로 일어나는 단일 객체의 상태 변화에 초점을 둔다.
· 객체의 동작을 구체화한다.

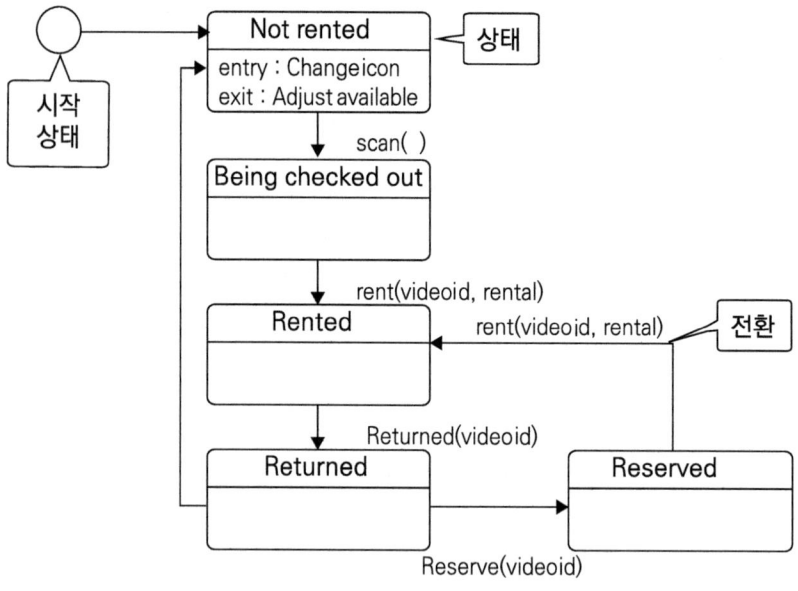

〈그림 28〉 상태 다이어그램 예

아. 액티비티 다이어그램

1) 액티비티 정의

· 시스템에서 수행되는 작업(오퍼레이션의 집합)이다.

· 클래스의 메소드이다.

2) 액티비티 다이어그램 정의

· 시스템을 액티비티로 표현한 것이다.

· 액션 상태인 상태 다이어그램이다.

· 액티비티와 전환(transition) 사이의 제어 흐름이다.

3) 액티비티 다이어그램 구성요소

· 둥근 사각형: 액티비티

· 화살표: 다른 액티비티로 전환

· 동기 막대: 제어 흐름 동기화

· 다이아몬드: 선택 분기

· 시작, 종료

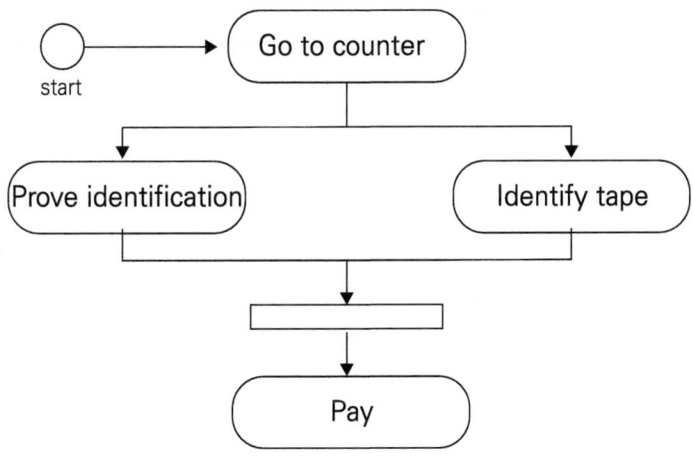

〈그림 29〉 액티비티 다이어그램 예

3절. 정보 요구 사항 확인

1. 수행 절차
· 분석 결과 도출된 산출물에 대해 재검토 기준 정의 및 계획을 수립한다.
· 완전성, 정확성, 일관성, 안정성 등 다양한 측면에서 재검토한다.
· 추가/보완 사항 발견 시 문서로 정리 후 해당 산출물에 추가반영 여부를 확인하고 미반영 시 미반영 사유의 타당성을 검토한다.

2. 수행 작업 내용

〈표 10〉 정보 요구 사항 확인 수행 작업

수행작업	수행작업 내용
재검토 계획 수립	- 재검토의 대상이 되는 분석 결과 및 정보 요구 사항 정의서 산출물 확인 - 대상 산출물별로 재검토 기준(체크 리스트) 정의
재검토 실시	- 재검토 계획서 작성 및 승인 - 재검토 대상 산출물 준비 및 배포와 재검토 담당자별 역할 분담 - 업무 영역별로 재검토 대상 산출물을 재검토
보완 결과 확인	- 재검토 결과를 토대로 업무 영역별로 산출물 보완 - 재검토 결과 반영 여부 확인 및 미반영 사유 검토 - 정보 요구 사항 정의서의 안정성 분석 - 재검토 결과를 토대로 보완 목록 수정

3. 수행 작업 지침

가. 재검토 계획 수립: 일반적인 재검토 대상은 정보 요구사항 정의서, 정보 항목 목록, 유스케이스 정의서, 클래스 다이어그램 등이 있다. 재검토 기준은 아래에 요약, 체크 리스트 형식으로 작성하면 된다.

· 완전성: 사용자의 정보 요구사항 누락 여부 확인
· 정확성: 요구사항이 정확히 표현되었는지 확인
· 일관성: 표준화 준수 여부 확인
· 안정성: 추가 정보 요구사항 변경에 따른 영향도 파악 요구사항 별로 1차 재검토 후 반영 가능할 수 있도록 일정을 계획한다. 재검토를 통해 전체 업무 영역에 영향을 미칠 수 있기 때문에 일관되게 관리할 수 있도록 별도의 인원을 배정한다.
· 재검토 계획서에 포함되어야 하는 사항
 - 정보 요구사항 재검토 개요 및 목적, 재검토 일자, 재검토 장소 및 시간 계획
 - 재검토 참석 대상 및 재검토 업무, 참석 대상별 재검토 세부 시간 계획
 - 재검토 시 준비물, 재검토 후 산출물, 지적 사항 반영 계획 수립

나. 재검토 실시

· 재검토 산출물을 준비 후 참여자에게 배포하고 장소, 시간 등 제반 준비를 수행하며, 담당자별로 수행역할 주지시킨다.
· 배포된 산출물은 반드시 예습하며 재검토 세션 전에 대상 산출물을 예습하는 것은 아주 중요한 일이다.
· 진행자는 토론이 발생하지 않도록 이슈 목록을 정리하게 하고 일정 내에 마칠 수 있도록 주의를 기울인다.
· 통합성 검증을 위해 관련 담당자 전원 참여해야 하며, 진행자는 세션별로 시간 배분 및 조정 역할을 수행하고 세션별로 결과를 정리한다.
· 결과가 정리되면 요구사항별 보완 사항을 유형에 따라 보완 목록을 작성하고 보완사항 반영 시 일관성을 유지한다.

다. 보완 결과 확인

· 반영되지 않은 사항의 사유를 검토하고 타당하지 못한 경우 보완이 되도록 한다.
· 미반영 사유가 업무 규칙이나 정책의 변경을 수반하는 경우에 프로젝트 기간 내에 해결 가능한 것은 개선 과제로 해당 부서에 의뢰한다.

· 보안 목록에 있는 사항이 모두 반영된 것을 확인하면 본 작업은 종료된다.

4. 수행 시 고려 사항
· 일관성 있는 기준 및 일정을 수립함으로써 모든 인력의 공감대 형성이 중요하고 이를 바탕으로 작업을 수행한다.
· 재검토는 한 번에 종료되지 않는 것이 많으므로 두 번 이상 진행한다.
· 세션별로 해당 기준에 초점을 맞추어 수행하며, 효율성을 고려하여 참여대상 수를 선정한다.

4절. 정보 요구 분석 방법

1. 구조적 분석 방법

가. 구조적 분석 관점
· 시스템을 기능적 관점에서 다룬다.
· 소프트웨어 시스템을 거시적 관점에서 데이터와 데이터를 처리하는 프로세스로 본다.
· 데이터보다는 처리, 즉 기능을 위주로 분석한다.
· 문제를 기능적 관점의 프로세스로 나누고 프로세스에 어떤 입력자료와 출력자료가 필요한지 나중에 고려한다.
· 프로세스는 추상적인 개념부터 점차적으로 세분화한다.

나. 구조적 분석 방법
· 전통적인 데이터 처리 시스템을 개발하는 데 적절한 기법이다.
· 개발될 시스템의 모형을 만드는 것이 중요한 목표이다.
  - 프로세스와 그들 사이의 데이터 흐름 파악이 중요하다.
  - 자료 흐름과 가공 절차를 그림 중심으로 표현한다.
  - 시스템을 구성하는 요소들의 상호 작용과 기능들을 나타낸 것이다.

다. 구조적 분석 방법의 가정
· 시스템의 기능 또는 프로세스가 무엇인지 생각한다.
 - 시스템이 무엇을 하느냐에 관심을 둔다.
 - 기능이나 프로세스는 입력 자료 흐름을 출력 자료 흐름으로 변환하는 액티비티 하향식으로 문제를 다룬다.
 - 외부 인터페이스를 먼저 분석하고 다음에 상위층 기능, 하위층 기능 순서로 문제를 분할한다.

라. 구조적 분석 방법의 작업의 순서
· 배경도 작성 → 상위 자료 흐름도 작성 → 하위 자료 흐름도 작성 → 자료 사전 작성 → 소단위 명세서 작성

마. 구성요소

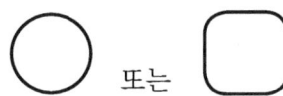

· 프로세스: 프로세스는 대부분 원이나 둥근 사각형으로 표기한다.
· 프로세스의 이름을 안에 쓴다.

· 자료 흐름: 두 프로세스 사이의 자료 경로는 화살표로 표시한다.
· 화살표 위에는 자료의 이름을 쓴다.

· 파일 또는 저장소: 정보의 저장소는 한쪽이 열린 직사각형으로 표시한다.
· 파일에 접근하는 프로세스는 선으로 연결하여 표시한다.
· 파일의 이름을 안에 표시한다.

· 자료 출처(data source)와 도착지(data sink): 직사각형 안에 이름을 기재한다.

바. 최상위 자료 흐름도(배경도)
· 작업은 시스템 경계의 입출력 식별로부터 시작한다.
 - 최상위 단계의 입출력은 시스템의 경계를 정의하는 것으로 분석의 대상이 무엇인가를 결정하는 일이다.

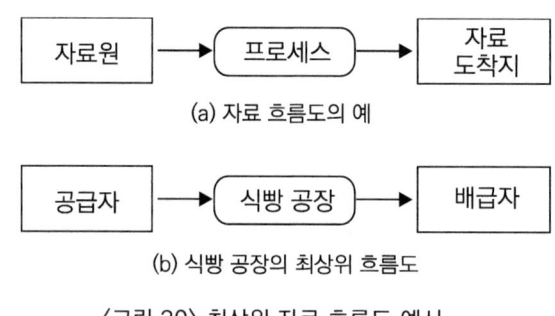

〈그림 30〉 최상위 자료 흐름도 예시

· 최상위 흐름도를 여러 부 프로세스들로 구체화한다.
· 식빵 공장 프로세스를 세 가지 부 프로세스로 구체화
· 자료원과 도착지 나타낼 필요 없음
· 각 프로세스는 고유 번호가 붙여짐

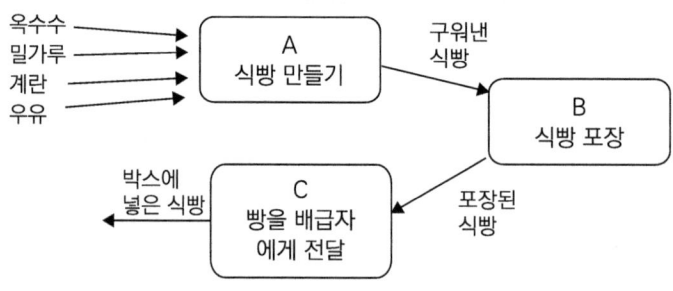

〈그림 31〉 최상위 흐름도 구체화

· 상위 자료 흐름도를 구체화한다.
 - 상위 자료 흐름도의 각 프로세스들을 구체화한다.
 - 하위 계층 자료 흐름도에서 프로세스 번호는 바로 위 계층의 프로세스 번호에 고유 번호를 덧

붙이면 된다.

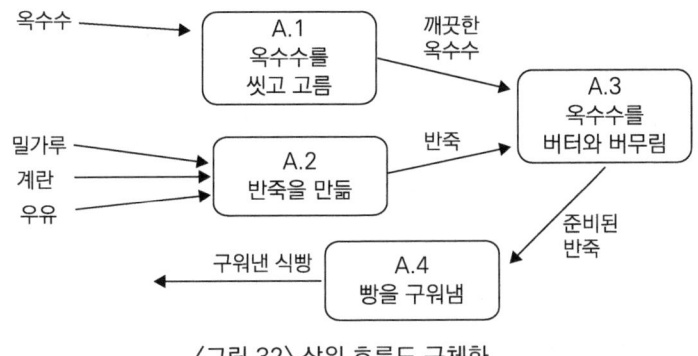

<그림 32> 상위 흐름도 구체화

사. 프로세스

· 원으로 표현하며, 입력 자료 흐름을 출력 자료 흐름으로 변환한다.

· 처리의 이름은 하는 일을 의미하는 단어나 간단한 문장으로 동사구문을 쓴다.

 - 동사형 명사와 단일 직접목적어를 쓴다.

· 레벨별로 고유번호가 주어진다.

 - 최하위 프로세스는 차후 소단위 명세의 대상이다.

<그림 33> 최하위 프로세스 예

아. 자료 흐름도의 작성 원칙

1) 자료 보존의 원칙 (Conservation Rule)

어떤 처리의 출력 자료 흐름은 반드시 입력 자료 흐름을 이용해 생성된 것이어야 한다. 가령, 사과가 주스에 들어가면 반드시 사과주스가 나와야 하지 포도주스나 오렌지주스가 나와서는 안 된다는 것이다.

2) 최소 자료 입력의 원칙 (Parsimony Rule)

어떤 처리가 출력 자료 흐름을 산출하는데 반드시 필요로 하는 최소의 자료흐름만 입력해야 한다.

3) 독립성의 원칙 (Independence Rule)
자기의 처리는 오직 자신의 입력 자료와 출력 자료 자체에 대해서만 알면 되고, 그 자료들이 어디에서 와서 어디로 가는지 알 필요가 없다.

4) 지속성의 원칙 (Persistence Rule)
처리는 항상 수행하고 있어야 하며 일시적으로 어떤 자료흐름을 기다릴 때를 제외하고는 다시 시작하거나 멈춰서는 안 된다.

5) 순차 처리의 원칙 (Ordering Rule)
입력 자료 흐름의 순서는 출력되는 자료흐름에서도 지켜야 한다.

6) 영구성의 원칙 (Permanence Rule)
자료흐름의 자료항목은 그것이 처리된 후에 제거되지만, 자료저장소의 자료는 입력으로 사용해도 제거되지 않는다.

7) 자료 변환의 원칙 (Nature of Change)
- 자료 본질의 변환 : 입력 자료흐름에 편집, 계산 등을 해 출력 자료흐름을 산출하는 것
- 자료 합성의 변환 : 여러 입력을 처리하여 하나가 출력되는 자료흐름을 산출하는 것

8) 과도하게 세분화된 프로세스

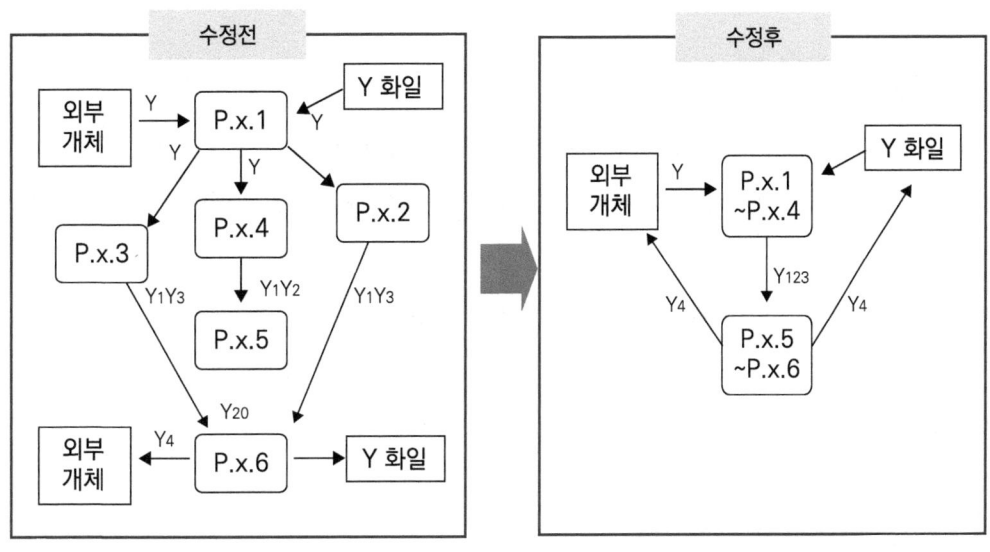

〈그림 34〉 과도한 세분화   〈그림 35〉 적당한 세분화

9) 자료 흐름의 올바른 이름 표기

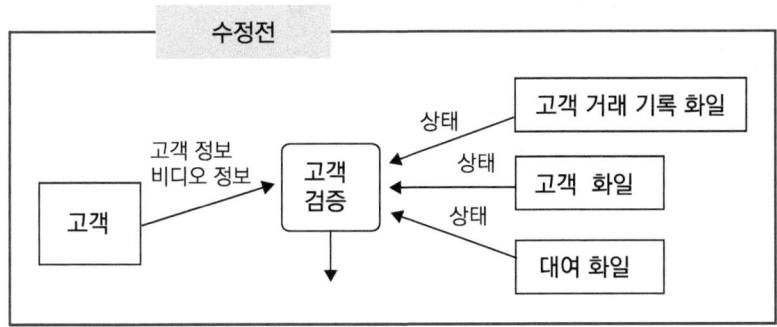

〈그림 36〉 자료 흐름의 이름이 잘못된 예

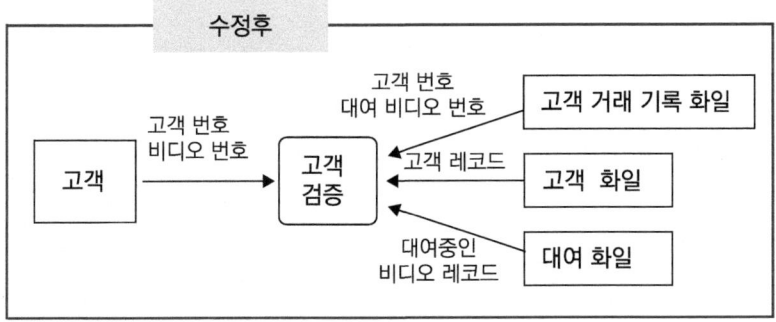

〈그림 37〉 자료 흐름의 이름이 올바른 예

2. 객체 지향 분석 방법

- 데이터와 데이터에 적용될 기능을 함께 추상화하는 방법이다.
- 시스템에 존재하는 객체를 먼저 찾아내고 객체 안에 어떤 자료와 오퍼레이션이 필요한지 알아내야 한다.
- 객체 사이에 존재하는 여러 가지 관계들의 파악이 중요하다.

3. 요구 분석 명세서

가. 요구 분석서가 갖추어야 할 사항
- 사용자 개발자가 모두 쉽게 이해해야 한다.
- 기술된 조건은 쌍방이 모두 동의한 것이어야 한다.
- 제안된 시스템에서 수행될 모든 기능을 정확히 기술하고 모든 제약 조건을 명시한다.
  (반응 시간, 목표 하드웨어, 비용한계, 사용자 특성, 언어)
- 시스템 인수를 위한 테스트 기준이 있어야 한다.
- 시스템의 품질, 품질 측정 방법이 있어야 한다.

나. 요구 분석의 문제점
- 사용자의 부정확한 요구 표명
- 잦은 요구 변경
- 커뮤니케이션상의 장애
- 시스템의 복잡도

다. 명세서의 평가
1) 평가 기준
- 무결성과 완벽성
- 일관성

· 명확성
· 기능적
· 검증 가능성
· 추적 가능성 및 변경 용이성

2) 평가 방법
· 검토 회의
· 테스트 사례 작성
· 프로토타이핑 도구나 CASE 도구 사용

4장. 정보 요구 검증

1절. 정보 요구 상관분석 기법

: 도출된 정보 요구사항을 다른 영역(기능, 프로세스, 조직 등)과 비교·분석함으로써 정보 요구사항의 도출이 효과적으로 이루어졌는지 파악할 수 있다.

1. 주체별 분류

가. 요구사항 분석가 수행: 요구를 수집/분석한 주 담당자를 기준으로 검토 기준항목을 마련 후 분석을 수행한다.
· 정보 요구사항을 도출한 분석가에 의해 수행되므로 객관성 저하의 문제점이 발생할 수 있다.
· 도출 절차 및 업무팀과의 의사소통이 원활하므로 상관분석이 원활하게 진행될 수 있다.
· 요구 사항 분석가의 업무 이해도가 높으므로 정확한 분석 가능성이 높다.

나. 품질보증 팀 수행
· 요구사항 분석가보다 업무 이해도가 낮으나 상관분석 작업의 수행을 통한 업무 이해도를 높일 수 있으며 전체적인 인터페이스의 검증에 용이하다.
· 낮은 업무의 이해도로 인해 분석을 통해 단점을 지적하여 수정하기 어렵다.

다. 외부 감리 수행
· 업무 파악에 한계가 있으나 제 3자의 시각으로 검토가 가능하다.
· 상관분석의 객관성을 극대화할 수 있다.
· 프로젝트 내부 인력 지원이 효과적이지 않을 경우 잘못된 분석 결과를 초래할 수 있다.

2. 정보 요구/어플리케이션 상관분석

· 정보 요구사항에서 도출된 항목과 어플리케이션 영역에서 도출된 항목으로 매트릭스를 작성한다.

기본프로세스 \ 정보항목	고객	제품	창고	재고항목	공급자	구매주문	구매주문항목	판매주문
신규고객등록	C							
구매주문생성		R			R	C	C	
구매주문항목추가		R				R	R	C
재고항목조사			R	U				
판매주문생성	R	R						C

셀값 정의
공백= 해당없음, C= 생성(Create), D = 삭제(Deleate), U = 수정(Update), R = 참조(Read)

〈그림 38〉 정보 요구/어플리케이션 상관분석 매트릭스 예

· 기본 프로세스의 액션(C: 생성, R: 조회, U: 수정, D: 삭제)을 빠짐없이 정의한다.
· 복수의 액션 발생 시 우선 순위 'C 〉 D 〉 U 〉 R'에 따라 하나만 기록한다.
· 모든 정보 항목이 모든 기본 프로세스에서 사용되었는지 혹은 모든 정보 항목을 사용하는지를 확인한다.
· 2가지 객체 중 하나의 누락은 분석이 가능하지만 정보 항목과 기본 프로세스가 모두 누락인 경우 분석이 불가능하다.

3. 정보 요구/업무 기능 상관분석

: 정보 요구사항과 비즈니스 아키텍처에서 도출된 업무 기능을 비교하여 분석한다. 비즈니스에서 요구하는 항목은 모델링의 근간이 되므로 업무 기능별 필요 정보 항목의 누락 여부의 확인은 매우 중요하다.

· 가치 사슬 분석 등의 기법을 통해 도출된 최하위 수준의 전사 업무 기능을 도출하고 매트릭스의 열에 배치한다.

· 정보 요구사항에서 도출한 내용은 행에 배치한다.
· 업무 기능과 정보 항목 간의 상호작용을 다음과 같이 정의한다.
· 생성, 수정, 삭제를 C로 표시(Create or Change)하고, 검색만 하는 경우는 U로 표시(Use)하며, 아무 관련 없는 것은 빈칸으로 표시한다.

업무기능 \ 정보항목	경영계획	조직단위	구매계획	공급자	공급자계약	공급자주문
전략계획수립	C	C	U		U	
프로그래밍	C	C	U		U	
예산수립	C	U	U			
공급자 제품관리			U	U		
제품분류관리				U	U	
제품개발						

셀값 정의
공백= 해당없음, C= Create/Change, U = Use

〈그림 39〉 정보 요구 대 업무 기능 매트릭스 예

2절. 추가 및 삭제 정보 요구사항 도출

1. 정보 요구/어플리케이션 상관분석

가. 어플리케이션 충족도 분석 매트릭스
· 정보 항목을 생성하는 기본 프로세스가 반드시 존재해야 한다.
· 상태를 종료시키는 기본 프로세스가 존재해야 한다.
· 생성된 항목은 조회, 수정, 삭제 액션 중 하나가 발생해야 한다.
· 하나의 정보 항목의 프로세스의 합은 7개를 보통 초과하지 않아야 한다.
· 수작업 정의나 조회 전용의 특별 정의된 기본 프로세스 외에는 반드시 생성, 수정, 삭제 액션

중 하나를 수행해야 한다.

나. 매트릭스 분석
· 기본 프로세스가 사용(CRUD)하는 정보 항목이 없을 경우, 정보 항목이 없을 경우에는 정보 항목을 도출하고, 기본 프로세스가 필요없는 경우 해당 프로세스를 삭제한다.
· 정보 항목이 7개 이상의 기본 프로세스에서 사용될 경우, 정보 항목의 세분화가 필요하다.
· 정보 항목을 생성하는 기본 프로세스가 둘 이상 존재할 경우, 기본 프로세스의 합성을 시도한다.
· 정보 항목을 삭제하는 기본 프로세스가 없으면, 기본 프로세스를 도출한다. 업무에 삭제가 존재하지 않는 경우에는 삭제가 필요한지 확인이 필요하다.
· 정보 항목을 삭제하는 기본 프로세스가 둘 이상 존재할 경우, 기본 프로세스를 합성한다.
· 정보 항목이 생성만 되고, 사용되는 곳이 없으면, 기본 프로세스를 도출한다.
· 기본 프로세스가 정보 항목을 조회만 할 경우, 이는 기본 프로세스가 아닐 경우가 크므로 해당 모듈을 검토한다.
· 기본 프로세스가 여러 액션을 수행할 경우, 프로세스를 추가 분해한다.

<표 11> 매트릭스 점검 내용

번호	점검 내용	분석 결과	조치 사항
1	기본 프로세스가 사용(CRUD)하는 정보 항목이 없음	정보 항목의 누락	정보 항목 도출
		기본 프로세스 필요없음	기본 프로세스 삭제
		기본 프로세스가 분석 대상 업무 영역에 속하지 않음	해당 업무 영역으로 이동
2	정보 항목이 7개 이상의 기본 프로세스에서 사용됨	정보 항목이 너무 큼	정보 항목의 세분화 필요
3	정보 항목을 생성하는 기본 프로세스가 없음	기본 프로세스의 누락	기본 프로세스의 도출
		정보 항목이 필요없음	정보 항목 삭제
		정보 항목이 분석 대상 업무 영역에 속하지 않음	해당 업무 영역으로 이동

번호	점검 내용	분석 결과	조치 사항
4	정보 항목을 생성하는 기본 프로세스가 둘 이상 존재	기본 프로세스의 중복	기본 프로세스의 합성
5	엔터티를 삭제하는 기본 프로세스가 없음	기본 프로세스의 누락	기본 프로세스의 도출
		업무에 삭제가 존재하지 않음	전산상의 오류인 경우에 삭제가 필요한지 확인
		기본 프로세스가 분석 대상업무 영역에 속하지 않음	해당 업무 영역으로 이동
6	정보 항목을 삭제하는 기본 프로세스가 둘 이상 존재	기본 프로세스의 중복	기본 프로세스 합성
7	정보 항목이 생성만 되고 사용되는 곳이 없음	기본 프로세스의 누락	기본 프로세스의 도출
8	기본 프로세스가 정보 항목을 조회만 함	기본 프로세스가 아님	모듈 검토
9	기본 프로세스가 여러 액션을 수행함	정의된 기본 프로세스가 너무 큼	프로세스 추가 분해

2. 정보 요구/업무 기능 상관분석

· 매트릭스 분석
 - 모든 업무 기능은 정보 항목과 연관이 있는가?
 - 각 정보 항목은 한 번 이상의 'C(Create)'를 갖는가?
 - 생성된 정보 항목은 다른 업무 기능에 의해 'U(Update)'사용 되는가? 이것은 정말 단순 조회인가?
· 정보 항목과 연관성이 없는 업무 기능은 기능 도출에 관해 다시 한번 검토가 필요하다.
· 정보 항목에 매핑이 없는 업무 기능은 협의하여 추가적인 사항이 있을 경우 신규로 추가한다.

3. 정보 요구/조직 기능 상관분석

· 매트릭스 분석

- 모든 조직은 정보 항목과 연관이 있는가?
- 각 정보 항목은 한 번 이상의 'C(Create)'를 갖는가?
- 생성된 정보 항목은 다른 업무 기능에 의해 'U(Update)' 사용 되는가?
- 이것은 정말 단순 조회인가?
· 정보 항목의 활용도를 파악할 수 있으며, 항목의 수가 많은 경우 물리 모델링 단계에서 성능/활용 측면의 모델링 기법을 적용함으로써 정보 활용의 효율성을 기해야 한다.
· 정보 항목을 생성하는 조직이 복수일 경우 관리의 복잡성 때문에 향후 문제 발생의 소지가 있으므로 데이터 관리 주체선정에 주의를 기울여야 한다.

3절. 정보 요구사항 보완 및 확정

1. 정보 요구 보완
: 분석을 통해 파악된 추가 및 삭제 요구사항에 대해 담당자와 구체적인 미팅을 통해 정보 요구 목록을 보완한다.

2. 정보 요구 확정
: 보완된 사항에 따라 재차 재검토를 하며 추가 반영사항에 대해 최종 정보요구 목록에 대해 확정한다.

III
데이터 표준화

1장. 데이터 표준화 개요
2장. 데이터 표준 수립
3장. 데이터 표준화 관리

1장. 데이터 표준화 개요

1절. 데이터 표준화 정의

1. 데이터 표준화가 필요한 이유

· 비표준화된 데이터로 인한 사용자간 '의사소통 혼란, 부정확한 정보생산, 관리비용 증가 → 신뢰할 수 있는 데이터 품질확보에 대한 인식 확산 → 데이터 표준화 필요성 대두'로 이어진다.
· 기업에서 업무 시스템(계정계)에서 분석시스템(정보계)을 구축하거나 여러 공공기관에서 개방되는 데이터를 모아서 활용하고자 할 경우 생성기준, 정보 항목, 데이터 유형 등이 제 각각이어서 어려움을 겪는 상황이 발생한다.
· 한 예로 주차장 앱을 서비스 하려는 경우, 해당기관의 관리목적과 관리수준에 따라 관리하는 정보항목, 명칭, 형식, 유효 값이 다를 수 있다.

〈표 12〉 기관별 공영주차장 데이터 제공 항목 예시

행정자치부	명칭, 주소, 연락처, 주차가능대수, 운영시간
서울시	주차장명, 최대주차대수, 잔여주차가능대수, 주소, 전화, 대표명, 기관명
성남시	주차장명, 주소, 주차장 종류, 노상/외상 여부, 총 주차면 수, 관리부서, 연락처

〈표 13〉 민간기업의 데이터 요구 항목 예시

요금정보	요금단위 시간(분), 단위 요금(원), 초기 무료시간(분), 기본 최소 사용 시간, 기본(최소)사용 금액, 일 최대 부과액, 정기권 요금(전일, 주간)
유료운영시간	운영시작/운영종료(평일, 주말, 공휴일)

2. 데이터 표준화 정의

: 동시다발적인 정보시스템 개발과 전사 데이터 표준 관리 도구의 부재, 그리고 전사 데이트 관리 마인드 및 관리 인력의 부재는 데이터 품질 저하를 야기시켰고 이는 곧 데이터의 활용 상의 문제

점을 드러냈다. 이를 해결하고, 데이터 품질을 향상하기 위해서는 일관된 데이터 형식 및 규칙을 적용하는 데이터 표준화가 필수적이다.

가. 데이터 활용 상의 문제점
· 데이터의 중복 및 조직, 업무, 시스템별 데이터 불일치 발생
· 데이터에 대한 의미 파악 지연으로 정보 제공의 적시성 결여
· 데이터 통합의 어려움
· 정보시스템 변경 및 유지 보수 곤란

나. 데이터 문제점의 원인
· 동시다발적인 정보시스템 개발
· 전사 데이터 관리 마인드 미형성
· 전사 데이터 관리 인력 부재
· 전사 데이터 표준 관리 도구 부재

다. 데이터 관리 개선 방안
· 데이터 표준화, 규격화를 위한 기본 방침 설정
· 전사적인 정보 공유를 위해 유지되어야 할 공통 데이터 요소 도출
· 전사적인 데이터 요소 등록 및 관리 체계 구축
· 정보시스템 개발 및 유지보수 시 승인된 데이터 요소를 활용해서 효율성 및 데이터 공유성 향상

3. 데이터 표준화 기대 효과
· 명칭의 통일로 인한 명확한 의사소통의 증대
· 필요한 데이터의 소재 파악에 소요되는 시간 및 노력 감소
· 일관된 데이터 형식 및 규칙의 적용으로 인한 데이터 품질 향상
· 정보시스템 간 데이터 인터페이스 시 데이터 변환, 정제 비용 감소

2절. 데이터 표준화 개념

1. 데이터 표준화 정의
: 현실 세계의 정보를 컴퓨터로 관리하기 위해 데이터베이스에 저장하는 정보 항목의 종류, 명칭, 형식, 유효 값, 관리 절차 등을 특정 기준에 따라 표준을 만드는 일이다.
· 데이터 정보 요소에 대한 명칭, 정의, 형식, 규칙에 대한 원칙을 수립하여 전사적으로 적용하는 것이다.

가. 데이터 명칭(표준용어·표준단어)
· 유일성 : 하나의 개념에 대해 사용자 모두가 통일된 용어를 사용할 수 있도록 하나의 명칭만 허용해야 한다.
· 업무적 관점의 보편성 : 업무적 관점에서 보편적으로 인지되어야 한다.
· 의미 전달의 충분성 : 데이터 명칭 이름만으로 데이터의 의미 및 범위가 파악될 수 있어야 한다.

나. 데이터 정의(용어 정의서)
: 데이터가 의미하는 범위 및 자격 요건을 규정한다. 사용자가 의미를 잘 이해할 수 있도록 업무 관점에서 범위와 자격 요건을 명시해야 하고, 기타 사항들을 전달하는 역할을 하며 데이터의 소유자를 결정하는 기준이 된다.
· 데이터의 의미를 잘 이해할 수 있도록 관련 업무를 모르는 제 3자의 입장에서 기술한다.
· 서술식 정의만으로 의미 전달이 어려울 경우 실제 발생 데이터도 같이 기술한다.
· 데이터 명칭을 그대로 쓰거나 약어 또는 전문 용어는 가급적 사용하지 말아야 한다.

다. 데이터 형식(표준 도메인)
· 데이터 타입: Numeric, Text, Date, Char, Timestamp 등
· 데이터 길이 및 소수점 자리

※데이터 형식 정의 고려 사항
- 도메인을 정의하여 데이터 표준에 적용함으로써 성격이 유사한 데이터 간의 형식을 통일화해야 한다.
- 데이터의 최댓값 또는 최대 길이가 고정되어 있지 않을 경우 충분히 여유 있게 정의해야 한다.
- 특수 타입(CLOB, Long Raw등)은 데이터 조회, 백업, 이행 등에 제약이 있는 경우가 많으므로 가급적 사용하지 말아야 한다.

라. 데이터 규칙(업무규칙)
: 발생 가능 데이터를 사전 정의해 입력 오류와 통제 위험 최소화(정합성/완전성 향상)
· 기본 값: 입력 생략 시 자동으로 입력되는 값
· 허용 값: 입력이 가능한 데이터 값을 제한(예: 코드 값을 사전에 정의하는 경우)
· 허용 범위: 입력 가능한 값을 범위로 제한(예: 1~5까지)

2. 데이터 표준화 대상

데이터 표준화에 앞서 데이터 구성요소를 ISO/IEC 11179 에서는 아래와 같이 정의하고 있다.

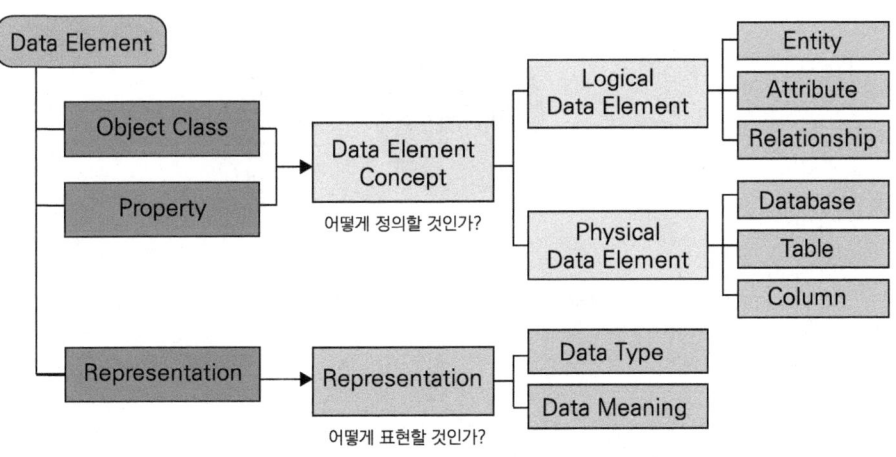

〈그림 40〉 데이터 구성요소

데이터 표준화 결과물인 데이터 표준 사전은 단어 사전, 용어사전, 도메인 사전으로 구성된다.

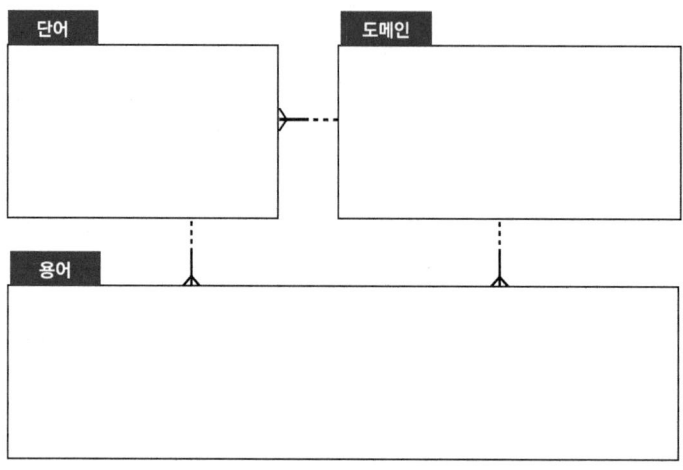

〈그림 41〉 단어, 용어, 도메인, 코드 관계도

3. 데이터 표준화 구성 요소

〈그림 42〉 데이터 표준화 구성 요소

가. 데이터 표준

: 정의할 수 있는 모든 객체를 대상으로 하는 것이 이상적이지만 그 대상이 너무 많을 때는 핵심 데이터(기업의 활동에 직접적으로 영향을 미치는 중요성이 높은 데이터로 CTQ(Critical To

Quality Data))를 선정해 주로 관리해야 할 것만 표준화하는 방안도 효율적이다.
- 표준 용어: 업무적 용어(보고서나 매뉴얼, 색인 등)와 기술적 용어(테이블명, 칼럼명 등)가 있다.
- 표준 단어: 동일한 개념을 의미하는 용어의 생성을 예방한다. 표준 단어는 영문명의 작성 기준이 된다. 즉 테이블 및 칼럼의 한글명만 작성하면 영문명은 표준단어에 의해 자동으로 결정된다. 예) 단어를 '사원'= member, '번호'= id 라고 표준단어를 정의해 놓으면 '사원번호'= member_id로 용어가 정의됨
- 표준 도메인: 칼럼에 대한 성질을 그룹화 한 개념, 데이터 타입 및 길이를 일관되게 정의할 수 있다.
- 표준 코드: 도메인의 한 유형으로서 특정 도메인 값(코드 값)이 이미 정의되어 있는 도메인이며 코드 값까지 미리 정의해야 한다.
- 기타 데이터 표준 관련 요소: 주제 영역, DB 스키마, Tablespace, INDEX 등에 대한 표준을 관리한다.

나. 데이터 표준 관리 조직
: 데이터 관리자는 하나의 기업 또는 조직 내에서 데이터에 대한 정의, 체계화, 감독 및 보안 업무를 담당한다.

1) 데이터 관리자 주요 역할
- 데이터에 대한 정책과 표준 정의, 부서 간 데이터 구조를 조율한다.
- 데이터 보안 관리, 데이터 모델 관리, 데이터의 효율적인 활용 방안 계획 등이 있다.

2) 데이터 관리자 세부 역할

〈표 14〉 데이터 관리자 세부 역할

구분	주요 활동
전사 데이터 관리자	- 데이터 표준화에 대한 정책 결정 - 검토된 데이터 표준 제안에 대한 승인

구분	주요 활동
업무 데이터 관리자 (Owenership)	- 담당 업무 기능의 데이터 요구 사항 반영을 위해 필요한 데이터 표준 정의 - 업무 관련 데이터 표준 변경 제안에 대한 합동 검토
업무 시스템 데이터 관리자 (Stewardship)	- 시스템 관리 목적의 데이터 요구 사항을 위해 필요한 데이터 표준 정의 - 업무 관련 데이터 표준 변경 제안에 대한 합동 검토 - 데이터 모델에 대한 데이터 표준 적용 및 준수 여부 체크

- Ownership: 데이터의 생성, 변경, 삭제 권한의 관리주체로 주로 해당 시스템을 사용하여 시스템 사용 목적으로 달성하고자 하는 부서나 담당자를 말한다.
- Stewardship: 데이터 오너쉽을 갖는 주체로부터 데이터에 대한 입력, 수정, 삭제 등의 권한을 위임받은 정보화 담당자 또는 담당부서를 말한다.

3) 데이터베이스 관리자와 비교

〈표 15〉 데이터 관리자/데이터베이스 관리자 역할 비교

구분	데이터 관리자(DA)	데이터베이스 관리자(DBA)
관리 대상	데이터 요구 사항을 반영한 데이터 모델 및 각종 표준	데이터 모델을 특정 데이터베이스 제품의 특성에 맞추어 구축한 데이터베이스
주업무	업무에 필요한 데이터의 메타 데이터를 정의하고 신규 또는 변경된 요구 사항을 신속하게 데이터 모델에 반영	요구되는 성능 수준을 발휘하면서 안정적으로 운영되도록 데이터베이스를 관리
품질 수준 확보	데이터 표준의 관리 및 적용을 통해 품질 수준을 확보	데이터의 정합성 관리를 통해 데이터 품질 수준을 확보
전문 기술	담당 업무 분야에 대한 업무 지식과 데이터 모델링에 대한 전문성이 필요	데이터 모델에 대한 해독 능력 및 특정 데이터베이스 제품에 대한 전문 지식이 필요

4. 데이터 표준화 절차

데이터 표준화를 해야 하는 상황은 다음과 같이 다양하다.

· 운영하는 시스템을 새롭게 재구축하는 경우
· 신생 기업이 시스템을 구축하는 경우
· 패키지를 사용하다가 SI 사업으로 시스템을 재구축하는 경우
· 기존 시스템에서 단위 시스템을 추가 구축하는 경우
· 업무 시스템(계정계)에서 분석시스템(정보계)을 구축하는 경우
· 두 기관의 시스템을 통합하는 경우
· 기존에 데이터 사전을 관리하고 있으나 고도화하는 경우
· 공공기관의 데이터 공개를 위한 공공데이터 표준 준수 등

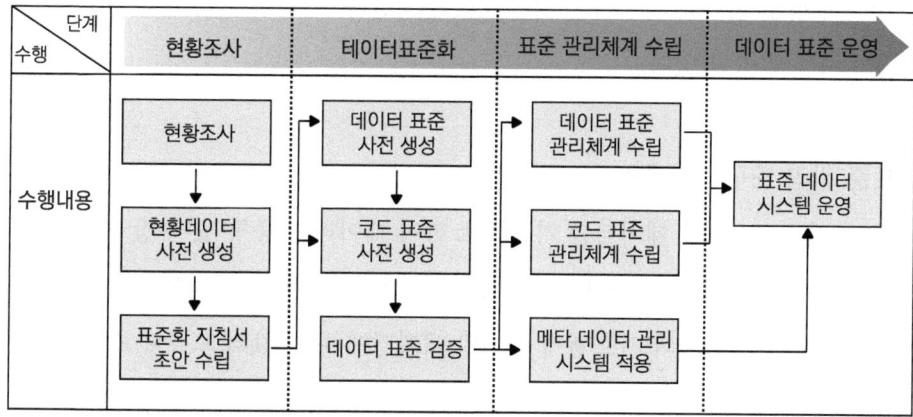

〈그림 43〉 데이터 표준화 절차

〈표 16〉 데이터 표준화 절차별 활동

구분	주요 활동
데이터 표준화 요구 사항수집	- 개별 시스템 데이터 표준 수집 - 데이터 표준화 요구 사항 수집 - 표준화 현황 진단
데이터 표준 정의	- 표준화 원칙 - 데이터 표준 정의: 표준 용어, 표준 단어, 표준 도메인, 표준코드, 기타 표준
데이터 표준 확정	- 데이터 표준 검토 및 확정 - 데이터 표준 공표

구분	주요 활동
데이터 표준 관리	- 데이터 표준 이행 - 데이터 표준 관리 절차 수립: 데이터 표준 적용, 변경, 준수 검사 절차

3절. 데이터 표준 관리 도구

: 수립된 전사 데이터 표준 정보의 관리, 데이터 표준에 의한 개발 및 유지 보수 지원, 데이터 표준 준수 및 변경 영향도 평가를 담당하는 기능으로 구성한다. 이러한 기능을 수행하기 위한 상용화된 tool 들이 시중에 많이 있다.

1. 데이터 표준 관리 도구의 종류

· 데이터 표준 관리 도구: 표준 데이터를 기본으로 하여 데이터를 등록 및 수정
· 데이터 구조 관리 도구: 논리 및 물리 데이터 모델을 생성 및 등록 등을 수행
· 데이터 품질 진단 도구: 현재의 시스템에 등록된 데이터에 대한 값의 오류나 표준화 수준을 진단
· 데이터 흐름관리 도구: 데이터베이스와 어플리케이션의 상호 영향도 분석을 수행함

2. 데이터 표준 관리 시스템

가. 데이터 표준 관리 기능

·보통 메타데이터 관리시스템(Meta Data Management System)이라고 하며, 이를 통해 단어, 용어, 도메인, 코드를 등록 및 조회할 때 사용한다.

〈표 17〉 데이터 표준 관리 기능

기능	세부 설명	주요 내용
단어 관리	전사 단어 사전 및 금칙어	- 전사 관점에서의 단어 사전 관리 - 금칙어의 사전 정의 및 관리

기능	세부 설명	주요 내용
용어 관리	용어 사전	- 업무적으로 정의된 표준 용어에 대한 관리 - 기본 단어의 조합으로 업무 용어를 생성함
도메인 관리	도메인 사전	- 대표 및 그룹 속성에 대한 데이터 타입, 길이, 소수점 이하 길이 등을 사전에 정의한 도메인 관리
표준 코드 관리	전사 표준 코드	- 수집된 코드로부터 코드 통합 과정을 거쳐 전사 표준 코드를 도출한 후 관리
	코드 변환 매핑	- 소스 코드 값과 표준 코드와의 변환 매핑 관리
멀티 표준 관리	멀티 표준	- 코드, 칼럼, 테이블, 도메인 등에 대하여 멀티 표준을 관리해서 전사에 존재하는 여러 표준을 지원하고 이후 전사 표준으로 통합 되도록 함

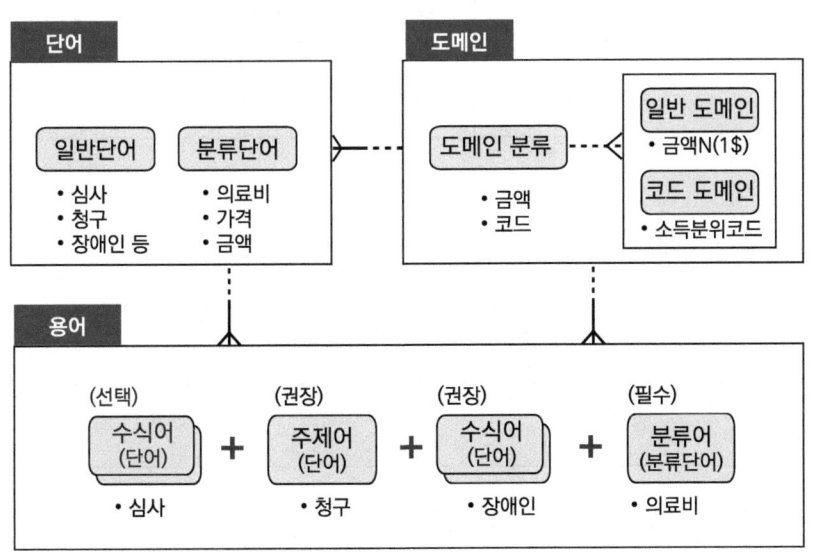

〈그림 44〉 단어, 용어, 도메인, 코드 관계도

나. 데이터 구조 관리 기능

〈표 18〉 데이터 구조 관리도구의 기능

기능	세부 설명	주요 내용
ER 모델 구조 관리	모델, 테이블의 구조 정보	- ER 모델 관리 - 리포지터리로부터 데이터 구조 정보를 추출 및 로드
DB 스키마 관리	다양한 DBMS 지원 및 DB 스키마 로드	- 다양한 DBMS 로부터 DB 카탈로그를 추출 및 로드
가변 속성 관리	모델의 사용자 속성을 자동 생성	- 모델 기본 속성 외에 설계 속성을 쉽게 추가
이력 관리	이력 관리	- 데이터 모델 변경 이력 - 형상 관리 지원
모델 비교 관리	충실도 및 준수도 검사	- 데이터 구조 정보에서 표준화 자동 검사 - 표준에 대한 준수도 자동 검사 - 데이터 구조 정보 간 비교

다. 데이터 품질 진단 도구

〈표 19〉 데이터 품질 진단 도구의 기능

기능	방법	주요 내용
프로파일링	값 진단	- 데이터 값의 유효성, 정확성 등 데이터 값 자체의 오류를 분석(컬럼분석, 날짜분석, 패턴분석, 코드분석 등)
	구조 진단	- 논리적 데이터 구조의 오류로 인한 일관성, 정합성 등을 확보하지 못하는 결함을 분석하고 진단(표준화 수준, 테이블 구조, 정규화수준, 컬럼 및 관계 정의 등)

기능	방법	주요 내용
	업무규칙(BR; Business Rule) 진단	- 법, 규정에 정의된 업무기준에 근거하여 데이터가 관리되고 있는지를 진단하는 방법

3. 데이터 표준 관리 도구 도입 시 고려 사항

· 확장성: 다양한 시스템 및 DBMS의 정보 수집과 OLAP 툴 등의 다양한 데이터 구조 정보를 추출할 수 있는지 검토한다.
· 유연성: 표준을 전사적으로 일시에 적용하기 어려우므로 여러 개의 통합 표준을 사용할 수 있는 복수 표준 관리가 가능한지와 한글명/영문명의 표현 방식 등을 검토한다.
· 편의성: 한글명의 영문명 자동 변환, 표준 검증 주기적인 작업 수행 기능, 메타 정보 수집 시 Import 수작업 최소화 등 사용자 편의성을 검토한다.

2장. 데이터 표준 수립

1절. 데이터 표준화 원칙 정의

1. 데이터 표준화 요구사항 수집

: 현업 및 개발자로부터 표준 관련 요구 사항을 인터뷰 및 설문 조사로 자료 마련하되, 반드시 전체적인 관점 및 제3자의 관점에서 기술할 수 있어야 한다.

· 자신이 맡은 영역과 다른 영역 간의 인터페이스 부분에서 발생하는 불편사항 및 개선사항을 파악하는 것이 좋다.

· 특정 영역에 대해 조사할 때 해당 영역에 익숙지 않은 관리자의 관점이 더 유용하다.

표준화 요구 사항 정의서

부서명		담당영역		담당자	
작성일		참조 표준 지침서			
범주		세부 요구 사항			비고

〈그림 45〉 표준화 요구 사항 정의서 예

2. 현행 데이터 표준 원칙 분석

가. 현행 데이터 표준 원칙 수집

· 현 정보시스템 개발 지침 문서 및 데이터 표준을 확보한다.

· 현행 정보시스템 모델의 분석: 유추해 낼 수 있는 항목은 제한적이다.

나. 데이터 표준 원칙 사용 현황 분석

: 현행 시스템에서 적용하고 있는 항목을 도출한다.

현행 데이터 표준 사용 현황 명세서

정보시스템 데이터표준							비고

〈그림 46〉 현행 데이터 표준 원칙 사용 현황명세서 예

3. 데이터 표준 개선 방안 정의

· 문제점 및 개선 방안 도출 시 반드시 전사적인 관점에서 접근하며 전사적 필요성을 검토하여 신규로 정의하거나 정의 대상에서 제외한다. 또한 최종적으로 기존에 수립된 데이터 관리정책에 부합해야 한다.

데이터 표준 개선 방안 정의서

범주	문제점	개선 방안

〈그림 47〉 데이터 표준 개선 방안 정의서 예

4. 데이터 표준 원칙 수립

가. 데이터 표준 기본 원칙 정의: 전체적으로 적용할 기본 원칙을 수립한다.

표준화 원칙	예시
당사에서 사용되고 있는 관용화된 용어는 우선하여 사용한다.	
영문명(물리명) 전환 시, 발음식은 최대한 지양하며 정상적인 영어를 사용한다.	관리 KWNR(Kwanri) : X 관리 MGT(Management) : O
한글명, 영문명 부여 시 특수문자 사용과 띄어쓰기는 하지 않는다.	
기간명은 해당 기관에서 사용하고 있는 약어(영문)를 따른다.	
한글명에 대해서는 복수의 영문명을 허용하지 않는다.(동음이의어 불가)	
영문명에 대해서는 복수의 한글명을 허용한다.(이음동의어 허용)	

〈그림 48〉 표준화 원칙 정의서 예

나. 데이터 표준 지침 작성

1) 데이터 표준 지침의 기본 구성

· 개요: 목적 기술
· 데이터 표준화 관련자의 역할과 책임: 일반적인 관련자로는 전사데이터 관리자, 데이터관리자, 모델러 등이 있다.
· 데이터 표준 관리 절차: 작업 프로세스를 규정하고 프로세스별 표준화 관련자들의 역할을 기술하고, 일반적인 관리 절차로는 데이터 표준 정의, 데이터 표준 변경, 데이터 표준 준수 프로세스가 있다.
· 데이터 표준 기본 원칙: 대상 모두에 대한 기본 원칙을 기술한다.
· 데이터 표준 대상별 명명 규칙은 다음과 같다.

〈표 20〉 데이터 표준 대상별 명명 규칙

기술 내용	설명
사용 문자	알파벳, 한글, 숫자, 특수문자, 전각/반각 등의 허용 여부 또는 사용 조건을 규정한다.
영문 대소문자	알파벳을 사용할 경우 대소문자 사용과 관련한 규칙을 규정한다.

기술 내용	설명
한글명과 영문명 동시 정의 여부	DBMS에 반영되는 객체들은 대부분 알파벳으로 정의하도록 되어 있는 경우가 있기 때문에 이와 관련된 데이터 표준 정의 대상에 대해서는 한글명과 영문명의 정의가 필요하다. 일반적으로 표준 단어, 표준 용어가 이에 해당한다.
명칭의 구조	표준 용어를 사용하는 테이블명 및 칼럼명의 경우 명칭을 통하여 그 특성 또는 부가 정보를 표시할 수 있도록 명칭에 대한 단어 표준 조합 구조를 명시한다. 예) 수식어 + [수식어] + 속성 유형(금액, 건수, 코드 등)
명칭에 대한 허용 길이	표준 용어를 사용하는 테이블명 및 칼럼명의 경우 DBMS의 물리적 특성으로 길이의 제약을 받기 때문에 표준 용어의 허용 길이를 명시해야 한다.
명칭 표준화에 대한 기준	유사한 개념의 단어/용어가 복수 개 존재할 경우 어떤 기준으로 표준 단어/표준 용어로 선택할 것인가를 결정하는 기준을 정의한다. 예) 일련번호, ID, SEQ → ID로 표준화한다.
명칭에 대한 예	명칭에 대한 허용 길이, 명칭 구조 체계, 명칭 표준화 기준 등을 준수하여 작성된 샘플을 몇 가지 명시한다.

· 데이터 형식 정의에 대한 기준: 일반적으로 표준 용어를 칼럼으로 사용하는 경우나 표준 도메인, 표준 코드에 대하여 데이터 형식 정의에 대한 기준을 정의한다. 표준화 기존 정의 시 데이터 형식도 같이 정의함으로써 명칭의 결정과 동시에 데이터 형식도 자동으로 결정된다.
· 기타: 고유한 특성에 대해 원칙을 구체적으로 기술한다.

2) 주요 데이터 표준 대상별 지침의 일반적인 구성
· 표준 단어
 - 한글명 및 영문명에 대한 알파벳, 한글, 숫자, 특수 문자 등의 허용 여부 또는 사용조건
 - 대소문자 사용 규칙, 한글/영문명 허용 길이, 합성어 정의에 대한 지침
 - 접두사 처리 방안, 동음이의어/이음동의어 허용 여부 및 처리 방안
· 표준 용어
 - 데이터 명칭에 대한 구조 체계, 한글/영문명 허용 길이

- 용어를 테이블이나 칼럼명으로 사용 시 준수할 특이한 명명 규칙
  - 용어를 칼럼명으로 사용 시 데이터 형식 표준화에 대한 기준 및 표준 도메인 적용 여부
· 표준 도메인
  - 데이터 형식 표준화에 대한 기준
· 표준 코드
  - 데이터 명칭에 대한 구조 체계 및 명명에 대한 기준
  - 데이터 형식 표준화에 대한 기준, 코드 번호 체계 정의에 대한 규칙

3) 데이터 표준 개발 지침 작성 시 유의 사항
· 데이터 표준 지침은 다른 정보시스템에서도 적용할 수 있도록 가능하도록 범용성을 고려하여 정의한다.
· 대상 DBMS에 모두 적용 가능하도록 고려해야 하며 어려우면 영문 약어명을 추가로 정의하거나 뷰를 사용하는 등의 대안을 마련한다.
· 표준 용어/도메인에 서로 다른 DBMS에 따라 어떻게 적용할 것인가에 대한 방안을 고려한다. (변환 Map 정의)

2절. 데이터 표준 정의

1. 표준 단어 사전 정의
· 데이터 표준화의 출발은 단어를 정의하는 것으로 해당 기관에서 사용하는 모든 단어를 추출한 후 종류와 유형을 분류하고 업무정의 및 용도를 고려하여 표준단어를 정의한다.
· 이음동의어, 동음이의어 처리에 주의한다.
· 정의된 표준 단어는 원칙을 참고하여 영문명과 영문 약어명을 정의한다.

가. 표준 단어 사전
· 업무상 사용하며 일정한 의미를 갖는 최소 단위의 단어를 정의한 사전이다.
· 정의된 단어는 궁극적으로 속성에 사용된다.
· 단어 정의시 이음동의어에 주의해야 한다.
  예) 사원과 직원이 동일할 경우, 사원 → 표준어, 직원 → 유사어 또는 금지어로 관리
· 이음동의어를 사용하려면 논리적으로 사용하는 것이 좋다.
· 이음동의어로 묶인 단어 중에서 시스템에서 사용할 이음동의어를 지정해 대표로 사용하여 다른 단어들이 참조할 수 있도록 한다.
· 이음동의어는 컬럼명과도 관련이 있어 단어를 정의할 때는 단어의 영문명을 함께 정의하고 컬럼명에 최종적으로 사용될 영문약어명도 정의한다.
  예) 사원: 회사에서 근무하는 사람.
  영문: employee, 영문약어명: EMP
· 동일한 단어를 사용하지만 의미가 다른 동음이의어도 사용하지 않는 것이 바람직하다.
  예) 이전(Before): 바로 전 vs 이전(Transfer): 옮기다
· 이전일자: BF_DT / 이전일자: TRN_DT 등으로 달라져 속성의 의미에 맞는 컬럼명을 사용했는지 판단하기가 어렵다.
· 표준화의 핵심은 동일한 의미의 속성명을 통일시키는 것이다.

1) 표준 단어 관리 기준
- 표준성: 일반적 업무에서 사용하는 단어 가운데 추출하며, 지나치게 업무적인(전문적인) 용어는 최소화해야 한다.
- 일반성: 일반적인 사전적 의미와 크게 다르지 않아 일반인도 의미를 이해할 수 있어야 한다.
- 대표성: 비슷한 의미의 동의어들을 대표할 수 있어야 한다.

2) 표준 단어 작성 형식
- 전사적으로 관리는 엔터티와 속성을 개별 단위로 추출하며 동음이의어, 이음동의어를 정비한

후 논리명(한글명)을 기준으로 물리명(영문/영문약어), 유사 용어까지 정리한다.
- 개별 단어 외에도 동의어, 유의어, 반의어 등과 같은 단어 간의 구조도 함께 정의한다.

표준 단어 사전

번호	한글명	정의	영문명	영문 약어명	단어 유형	단어 유형	비고
					단일어 합성어 접두사 접미사	금칙어 유사어	

〈그림 49〉 표준 단어 사전 예

나. 표준 단어 정의

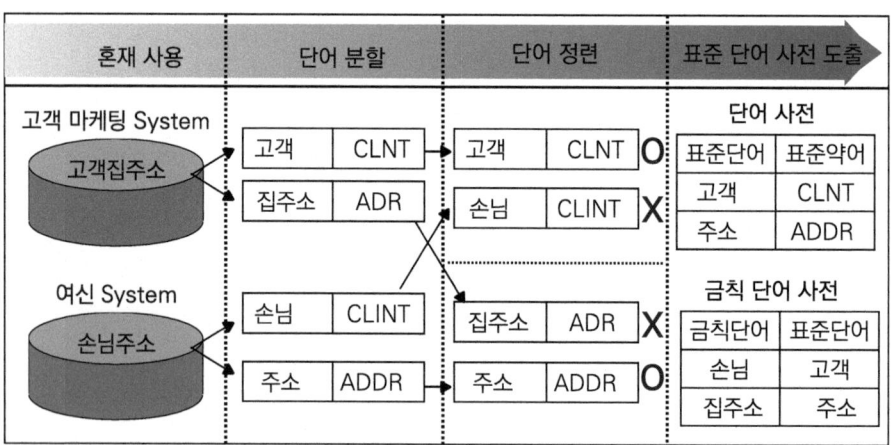

1) 현행 용어 수집: 기업 내 모든 데이터 모델 또는 정의서에서 현행 용어에 대한 한글/영문명을 수집하며, 현행 용어를 통해 영문 약어명을 도출하려는 것이 목적이므로 한글명이 존재하지 않는 모델은 수집 대상에서 제외한다.

2) 단어 분할: 최소 단위의 단어로 분할하며, 분할 시 한글명을 비롯하여 영문명도 같이 분할 되는가를 고려하고 단독으로 분할되는 숫자는 표준화 대상 단어에서 제외한다.

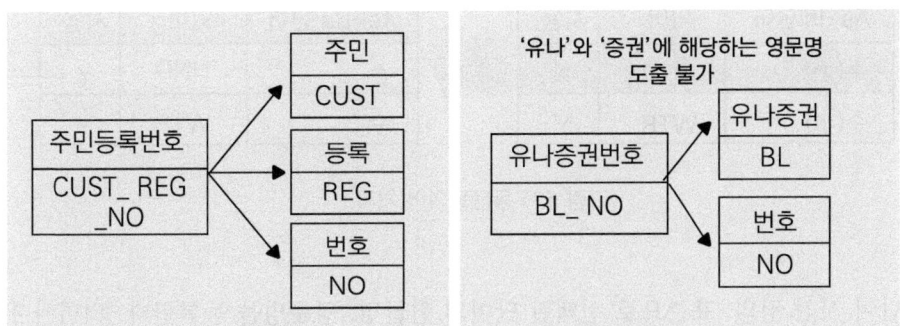

〈그림 50〉 단어 분할의 예

3) 단어 정련: 분할하여 취합된 단어 중 의미가 동일한 단어에 대해 대표 단어를 표준으로 선정하고 영문 약어명을 선택하며 최종적으로 한글명과 영문명이 모두 유일해야 한다.

· 단어 정련 시 이용 가능한 기법
 - 한글명이 동일한 단어와 의미가 동일한 단어들을 취합 후 활용 빈도가 가장 높은 한글명을 표준 단어로 채택하며, 이음동의어는 영문 약어명이 동일한 단어들에 대한 검색으로 찾을 수 있다.
 - 한글명이 동일한 단어와 이음동의어를 모두 통틀어 가장 많이 나타나는 영문 약어명을 선택한다.
 - 동음이의어의 경우 상대적으로 활용빈도가 적은 단어에 대해서는 동일한 의미의 다른 한글명을 선택한다.

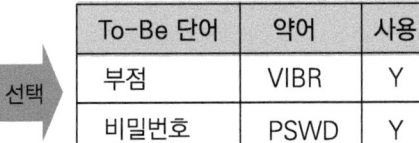

1. 브랜치와 부점이 동일한 의미를 가질 경우 부점만 사용
2. 비밀번호, 암호, 패스워드가 동일한 의미를 가질 경우 비밀번호만 사용

〈그림 51〉 이음동의어 처리

As-Is 단어	약어	사용
수(手)	HND	N
수(水)	WTR	Y

→ 변경

To-Be 단어	약어	사용
손	HND	Y
수	WTR	Y

〈그림 52〉 동음동의어 처리

4) 표준 단어 사전 정의: 표준으로 선택한 단어의 한글명, 영문명을 등록한다. 의미가 유사한 것은 유사어로 나머지 이음동의어들은 금칙어로 등록하고, 향후 적절한 표준 단어의 검색을 위해 관련 표준 용어를 같이 기술한다.

다. 표준 단어 정의 시 고려 사항
· 표준 단어의 단위는 최소 단위를 기준으로 하되, 사용 빈도가 높은 단어의 조합 또는 단어의 조합이 하나의 고유한 의미를 가지는 경우 하나의 표준 단어로 정의하는 것이 유리하다. (예: 신용카드, 유가증권)
· 대부분의 DBMS는 첫 글자를 알파벳으로 정의하도록 하므로 영문명도 알파벳으로 시작하도록 한다.
· 단어는 특히 동음이의어가 많기 때문에 사용 빈도가 높은 것을 표준 단어로 낮은 것은 다른 단어와 조합하여 표준 단어로 정의한다.
· 접두어, 접미어와 같이 한 자리로 구성된 단어들은 가급적 표준에서 배제하는 대신 앞뒤에 나오는 단어와 조합하여 표준 단어로 정의하는 것이 바람직하다.

2. 표준 도메인 사전 정의

가. 표준 도메인 사전: 표준 도메인 사전은 논리/물리적으로 유사한 데이터를 그룹화하여 유형과 길이를 정의한 것이다. 도메인은 여러 개의 하위 도메인으로 구성되거나 하나의 도메인이 여러 개의 도메인에 중복적으로 사용될 수 있다.
· 표준화 수행 시 중요한 요소는 도메인은 데이터 타입과 길이, 포맷 등이 같은 값의 집합이다.

· 하나의 속성에는 허용된 유효한 값의 형태가 같아야 하므로 도메인은 하나만 사용해야 한다.

1) 표준 도메인 관리 기준
· 표준성(공통적 사용 속성을 대상으로 정의), 유일성, 업무 지향성(업무 특성을 충분히 반영)
2) 표준 도메인 작성 형식
· 모든 데이터 속성 혹은 대표 속성 가운데에 DBMS에 동일한 형태로 구현되는 속성을 추출하여 그룹화한다.
· 모든 속성은 하나 이상의 도메인이 복수로 할당되지 않아야 하며, 속성과 도메인은 상호 매핑하여 관리해야 한다.
· 새로운 속성 추가 시 해당 속성의 도메인을 선정, 등록할 것을 권장하고 삭제는 해당 도메인을 사용하고 있는 속성이 없을 때만 가능하도록 해야 한다.

표준 도메인 사전

번호	도메인명	정의	데이터타입	비고

〈그림 53〉 표준 도메인 사전 예

나. 표준 도메인 정의: 혼재되어 사용되는 칼럼명, 데이터 타입, 길이 등을 정리하여 표준 도메인을 정립한다.

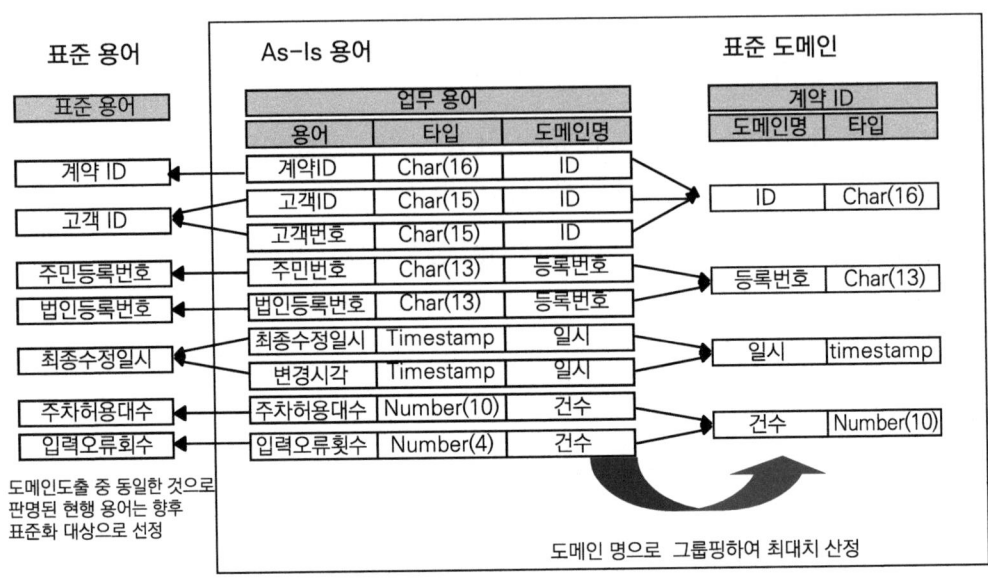

〈그림 54〉 표준 도메인의 도출

1) 현행 용어 정보 분석

· 기업에 존재하는 시스템의 모델, 정의서를 이용해 정보를 수집 후 물리적으로 유사한 유형의 용어들을 그룹화한다.
  - 동일한 정보시스템에 대한 데이터 모델에서 추출된 현행 용어들을 유일하게 추출한다.
  - 한글명, 영문명, 데이터 타입 및 길이 모두 일치하는지 확인한다.
  - 데이터 타입과 길이가 동일한 용어들을 검색하여 유사한 속성의 용어들을 그룹핑한다.
  - 용어명 중에서 끝쪽 단어(금액, 번호 여부 등등)를 기준으로 유사한 속성의 용어들을 그룹핑한다.

2) 표준 도메인 정의

· 가급적이면 업무적으로 의미가 있는 도메인명을 부여한다. (예: ID, 증권번호, 일자, 일시 등)
· 기존 데이터와 호환성, 범용성을 위해 그룹화된 용어들에 부여된 것 중 가장 큰 데이터 길이를 표준으로 한다.

다. 표준 도메인 정의 시 고려 사항

· 현실적으로 어느 도메인에도 속하지 않는 칼럼이 있을 수 있기 때문에 모든 용어를 포괄하는 표준도메인은 필요 없다.
· 표준 도메인에 정의할 형식을 어떻게 하고 각기 다른 DBMS에 어떻게 물리적 적용할지 방안을 고려해야 한다.
· 동일한 용어로 판명된 현행 용어들을 별도로 기록하여 향후 동일한 데이터 표준 용어로 통일할 때 참고한다.

3. 표준 코드 사전 정의

: 현 코드를 바탕으로 통합 필요성에 따라 통합 대상 파악하고 표준 코드를 정의하고 현 코드와 매핑 설계한다. 정의된 표준 코드 별로 오너십을 정의하여 향후 해당 코드에 대한 수정, 삭제에 대한 권한을 관리한다.

가. 표준 코드 사전

1) 표준 코드 관리 기준
· 재사용성: 표준화 기구, 정부 등에서 정의한 코드 재사용이 더 효과적이다.
· 일관성: 업무 범위 내에서 가능한 한 유일하게 정의되어야 한다.
· 정보 분석성: 가능한 범위의 데이터는 모두 코드화해 관리한다.

2) 표준 코드 작성 형식
· 전사적으로 사용하는 코드를 추출해 부여된 코드와 동일한지 확인하고 동일한 값을 가지는 것은 통합작업을 통해 단일화 작업을 수행한다. 코드는 표준화 팀의 엄격한 관리를 받아야 한다. 도메인 값이 명확한 경우(예: Y/N)는 코드화하지 않아도 된다.

나. 표준 코드 정의

1) 현행 코드 수집
· 단독(개별) 코드 테이블: 고객번호, 사원번호화 같이 하나의 코드를 하나의 테이블에서 관리하

는 형태이다. 이런 형태로 관리하는 코드는 대부분 필수적으로 가지고 있어야 할 코드 번호, 코드 값 외에 부가 정보들을 관리할 경우가 많으므로, 이런 형태로 관리하는 데이터가 코드인지, 정보성 데이터인지를 명확히 구분한 뒤 추출 여부를 판단해야 한다.

· 통합(공통) 코드 테이블: 직원 유형, 고객 유형 등 복수 개의 코드를 하나의 테이블에서 관리하는 형태로 공통으로 관리하는 코드는 모두 수집한다.

· 어플리케이션 관리 코드: DB에 저장하지 않고 어플리케이션에서 관리하는 형태, 확보가 어렵기 때문에 사용자 인터페이스를 조회하거나 해당 코드 정보를 SQL등으로 컬럼 데이터를 추출하는 간접적인 방법을 사용한다.

** 코드 정보 누락을 방지하기 위한 방법
- 코드 데이터값 수집: 테이블, 통합 코드 테이블, 어플리케이션 사용자 인터페이스를 통해 수집한다.
- 코드성 칼럼 파악: 이 경우 해당 칼럼이 코드를 저장하는 칼럼인지 참조 데이터를 저장하는 칼럼인지 구분한다.
- 수집된 코드에 대한 사용처 파악: 어떤 코드를 저장하는지 파악함으로써 누락된 코드를 확인한다.

2) 현행 코드 상세 분석

· 코드 값이 일치하는 동일한 코드 인스턴스를 가지는 코드를 찾은 뒤 해당 코드의 모든 코드 인스턴스를 확인하고 비교함으로써 통합 가능한 코드를 식별한다.

· 분석할 코드가 너무 많은 경우 사용하는 업무 기능별로 코드를 분류한 후 분류된 단위로 코드를 분석한다.

3) 표준 코드 정의

· 통합 대상이 없는 코드는 현행 코드 인스턴스를 그대로 유지한다.
· 통합 대상이 존재하고 통합 대상 코드의 코드 번호가 서로 상이할 경우 새로운 코드를 부여한다.

다. 표준 코드 활용
· 향후 모든 정보시스템은 표준 코드를 사용해야 한다.
· 모든 코드를 사용하지 않고 일부 코드 값만을 사용할 경우 표준 코드부터 파생된 코드를 사용한다.
· 이 경우 표준 코드로부터 파생된 코드도 반드시 표준 코드에 정의되어 있어야 하며, 파생 코드에 코드 인스턴스를 추가해야 할 경우 표준 코드에 먼저 정의해야 한다.

라. 표준 코드 정의 시 고려 사항
· 향후 확장성을 고려하여 정의해야 하며 여러 업무에서 사용하도록 통합된 코드로서의 일관성을 유지해야 한다.
· 시스템 운영 중 변경되는 경우 해당 코드 사용한 기존 데이터를 위해 삭제하지 말고 중지 상태로 관리하고 새로운 코드 값을 신규로 정의한다.
· 표준 코드를 도출하며 파악한 표준 코드
 - 현행 코드 간의 변환 매칭 정보를 별도로 기록하여 향후 신규 정보시스템으로의 이행 시 참고한다.

4. 표준 용어 사전 정의
: 단어, 도메인, 코드 표준이 정의되면 이를 바탕으로 표준 용어를 구성하고, 단어의 조합, 도메인 분류, 데이터 타입 길이, 코드 값 등을 기준으로 표준 적용이 무리 없는지 검토한다.

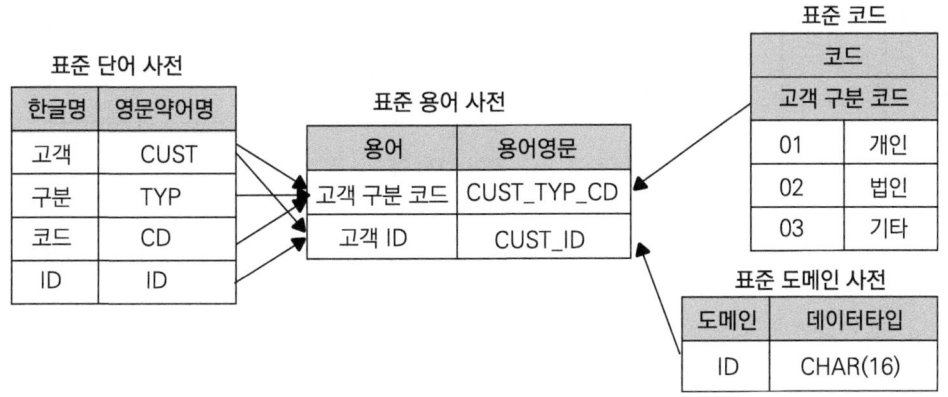

〈그림 55〉 표준 용어와 기타 표준과의 관계

가. 표준 용어 사전

: 용어는 업무에서 자주 사용하는 단어의 조합을 의미하며 전사적으로 사용하는 엔터티와 속성을 대상으로 표준 단어 사전에 정의된 단어를 조합하여 정의한다.

1) 표준 용어 관리 기준
· 표준성: 동일한 의미를 서로 다른 용어로 사용하는 경우가 많다. 표준화를 통해 전사 차원의 혼란을 막을 수 있다.
· 일반성: 지나치게 업무 관점에서 정의되면 안 된다.
· 업무 지향성: 기업의 업무 범위 내에서 약어나 별도의 정의해서 사용할 수 있다.
  (단, 지나친 약어 사용은 주의)

2) 표준 용어 작성 형식
· 용어사전은 엔터티 용어사전과 속성 용어사전을 구분하여 정의·관리하며, 논리명(한글명)과 물리명(영문명)을 각각 가지며, 용어 범위 및 자격 형식 등이 설명되어야 한다.

표준 용어 사전

번호	용어유형	표준 한글명	표준 영문명	설명	데이터타입	표준 도메인	비고
	테이블						
	칼럼						

〈그림 56〉 표준 용어 사전 예

나. 표준 용어 정의

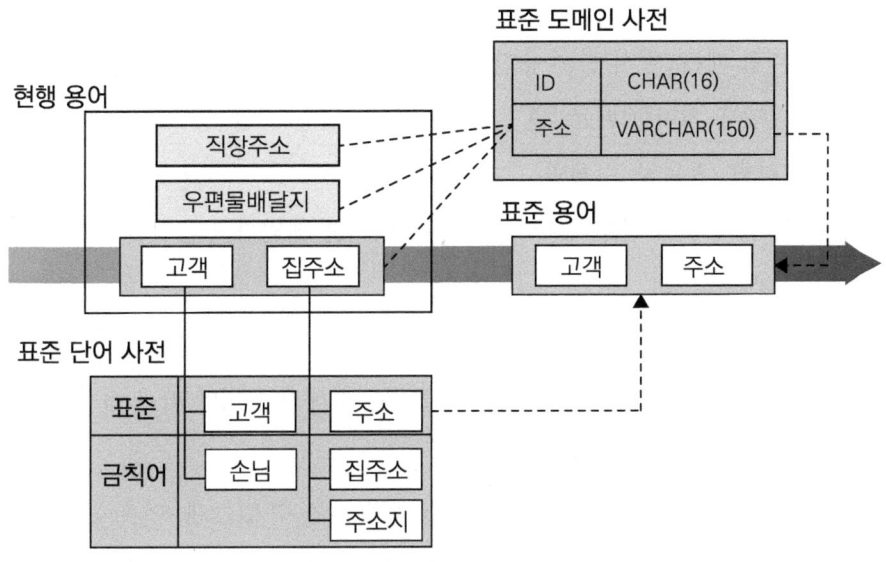

〈그림 57〉 표준 용어 도출

1) 현행 용어에 대한 표준 단어 및 표준 용어 정의
· 현행 용어로부터 도출은 단어 수준에서의 표준화를 통해 이루어진다. 현행 용어를 분할하여 구성 단어 도출 후 해당 단어와 유사 단어를 검색한다. 유사 단어 중 표준 단어를 찾아낸 뒤 각각의 현행 구성 단어에 대한 표준 단어를 조합하면 표준 용어가 도출된다.

2) 표준 단어에 대한 도메인/코드 정의
· 현행 용어가 어떤 표준 도메인 도출에 관련되었는지를 찾고 해당 표준 도메인을 위의 과정에서 도출된 표준 용어에 적용한다.

다. 표준 용어 정의 시 고려 사항
· 데이터 표준 원칙에서 정의한 한글명 및 영문명의 허용 길이를 넘지 않도록 한다.
· 영문명의 허용 길이가 문제가 된다면 한글명을 변경하거나 표준 단어들 중 일부를 조합하여 새로 등록한다.
· 생성된 표준 용어가 너무 길다면 두 개의 표준 용어를 복합하여 생성하는 방법도 고려한다.

5. 표준화 원칙의 예

· 특정한 날짜를 의미할 때는 '일자'를 사용한다. 예) 입금일자
· '시분초'까지 의미할 때는 '일시'를 사용한다. 예) 방문일시
· 년, 월, 일 중 일부만을 의미할 때는 '년', '년월', '월', '월일', '일' 등으로 사용한다.
  예) 회계년, 기준년월, 적용월, 이체일
· 가격, 좌수, 단가, 잔액 등의 관행적으로 사용하는 단어를 제외하고 금전을 의미할 때는 '금액'을 사용한다. 예) 계약 금액
· 비율을 의미할 때는 '율'을 사용한다. 예) 이율
· 구체적인 원칙들이 빠짐없이 제시돼야 하고 모델러가 정해진 원칙에 따라 속성을 표준화해야 한다.
· 모델러가 다수이면 표준을 일관되게 적용하기가 쉽지 않을 수 있는데, 이 때는 표준화 원칙을 숙지하고 있는 담당자를 두어 속성명이 한결같이 사용될 수 있도록 제어하는 것이 좋다.
· 최근 표준화 작업은 메타관리 시스템과 연동하여 수행한다.
· 표준화 시스템에서 지원하는 기능 중에 핵심은 속성을 등록해 관리하는 것이며, 엔터티에 어떤 속성이 존재하며 특정 속성이 어떤 엔터티에서 사용됐는지를 보여주는 기능이 표준화 시스템의 핵심이다.

3절. 데이터 표준 확정

1. 데이터 표준 확정

가. 데이터 표준 검토 계획 수립
· 데이터 표준에 대한 검증 기준: 유일성, 완전성, 정확성, 범용성

나. 데이터 표준 검토
· 검토 기준 및 대상 산출물을 준비하고 검토 참여 대상자에게 배포한다.

- 검토 관련 장소, 시간, 준비 장비 등 검토를 하기 위한 제반 사항을 점검하고 담당자별 역할을 주지시킨다.
- 진행자는 이슈에 대해 결론 도출을 위한 토론이 발생하지 않게 이슈 목록을 정리하고 일정 내에 마칠수 있도록 한다.
- 검토 세션이 종료되면 세션별로 그 결과를 정리한다.
- 검토 결과가 정리되면 데이터 표준 대상별로 보완 사항을 작성한다.

다. 데이터 표준 보완 및 승인
- 보완 결과에 대한 확인 준비를 한다. 검토 결과, 보완 목록, 보완 사항이 반영된 데이터 표준을 준비하고 배포한다.
- 보완 목록에 준하여 데이터 표준 반영 여부를 확인한다. 미반영 사유가 있을 시 타당성을 검토한다.
- 보완 사항이 모델에 모두 반영된 것을 확인하고 전사 데이터 관리자의 승인을 얻는다.

2. 데이터 표준 공표

확정된 데이터 표준을 배포하여 전사 시스템에 적용할 수 있도록 하며 관련 내역에 대한 교육을 수행한다.

가. 데이터 표준 배포
검토가 종료되고 전사 데이터 관리자의 승인을 득한 데이터 표준은 데이터 표준 관리 도구에 등록하여 전사의 모든 사용자가 데이터 표준을 조회할 수 있도록 조치하고, 정보시스템 개발 관련자들이 데이터 표준을 준수하여 개발할 것을 공지한다.

나. 데이터 표준 교육
데이터 표준에 대한 이해 및 효과적인 적용을 위해 사용자 및 운영자에 대한 교육 훈련 계획을 수립하고, 데이터 표준 지침 및 기타 데이터 표준 관련 교육 교재를 작성하고 교육을 수행한다.

3장. 데이터 표준 관리

1절. 데이터 표준 관리

1. 데이터 표준 관리 개요
표준화 작업절차 이후 수립된 표준에 근거하여 관리 프로세스를 정립하여 데이터 표준이 관리되도록 한다.

2. 데이터 표준 관리 프로세스 유형
· 개발/운영 과정에서 데이터 표준의 신규 요건이 발생하는 경우 이를 처리하기 위한 프로세스
· 표준이 변경/삭제될 경우 영향도를 분석할 수 있는 절차와 이를 처리하기 위한 프로세스
· 표준을 준수하는지 체크하는 프로세스

2절. 데이터 표준 관리 프로세스

1. 데이터 표준 관리 프로세스 구성 요소
: 프로세스, 태스크, 역할과 담당 업무가 명확하게 정의되어야 한다.

2. 구성 요소별 설명

가. 프로세스

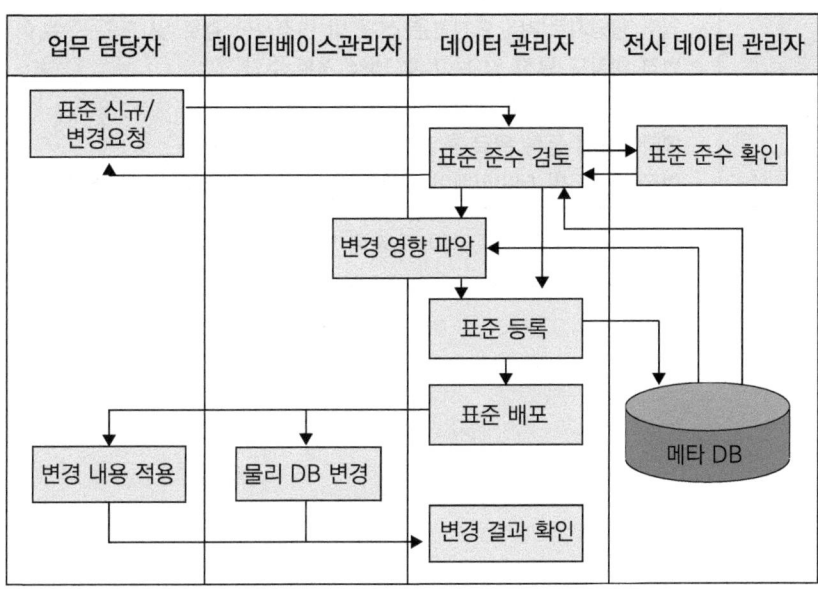

〈그림 58〉 데이터 변경 관리 프로세스 예시

나. 태스크
· 표준 신규/변경 요청: 업무 담당자는 데이터 관리자에서 신규/변경을 요청한다.
· 표준 준수 검토: 요청된 사항에 대해 표준 준수 여부를 검토하고 업무 담당자에게 피드백을 제공한다.

다. 역할과 담당 업무

〈표 21〉 역할별 담당 업무

역할	담당 업무
업무 담당자	- 표준 신규 및 변경 요청 - 데이터 관리자로부터 지시받은 변경 내용 적용

역할	담당 업무
데이터베이스 관리자	- 데이터 관리자로부터 변경 표준 사항에 대한 변경 영향 파악 협조 및 평가서 작성 - 데이터 관리자로부터 지시받은 변경 내용 적용 - 테스트 및 검증 - 사용자 반영 결과 통보
데이터 관리자	- 업무 담당자로부터 요청받은 신규 및 변경사항 검토 및 표준 준수 여부 체크 - 변경 영향도 분석 및 보고 후 변경 계획 수립 - 준수 여부 체크 후 메타 DB에 표준 등록 - 메타 DB에 등록 완료 후 신규 및 변경 표준 배포 - 업무담당자 및 데이터베이스 관리자에게 변경작업 지시 후 변경작업 수행결과 확인
전사 데이터 관리자	- 전사 관점에서의 표준 가이드 자문 및 제시

IV
데이터 모델링

1장. 데이터 모델링 이해
2장. 개념 데이터 모델링
3장. 논리 데이터 모델링
4장. 물리 데이터 모델링

1장. 데이터 모델링 이해

1절. 데이터 모델링 개요

1. 데이터 모델링 탄생 배경

: 초창기 정보 시스템은 데이터의 저장 매체가 존재하지 않았으며, Batch 프로그램 위주의 정보 시스템이었다. 하지만, 정보 기술이 발전함에 따라, Batch 위주의 정보시스템은 한계가 있었으며, 데이터 중심의 관리 기법이 발전하게 되었다. 정보 시스템의 핵심은 바로 데이터(정보)를 어떻게 하면 중복없이 정확하게 유지·관리할 수 있을까에 대한 근본적인 고민을 하게 되면서, 개체 관계 모델링 기법이 발전하게 되었다. 따라서 데이터 모델링이란 기초적인 업무 조사 초기부터 인간이 결정해야 할 대부분의 사항을 모두 정의하는 시스템 설계의 전 과정을 지원하는 도구라고 할 수 있다.

2. 모델 정의

: 어떤 대상을 의미하는 포괄적 의미가 있으며, 특히 데이터 모델은 현실 세계에 대한 우리가 관심 있는 대상을 데이터베이스화하기 위한 개념적 도구라고 정의할 수 있다.

3. 모델링이 필요한 이유

: 정보 시스템 개발에서 프로세스 모델링과 데이터 모델링은 중요한 두 개의 축이다. 설계를 프로세스 위주로 진행하면, 다음에 업무 변화에 대한 대응이 쉽지 않아 데이터 중심의 설계가 대두되고 있다. (물론 프로세스 모델링과 데이터 모델링은 상호 보완적인 관점에서 이해되어야 한다.) 데이터 모델링이 중요한 이유를 아래와 같이 정리할 수 있다.

· 파급효과 : 시스템 구축이 완성되어 가는 시점에서 데이터 모델을 불가피하게 변경해야 한다면,

큰 위험 요소가 아닐 수 없다. 그만큼 데이터 설계가 중요하다고 할 수 있다.
- 정보 시스템의 간결한 표현 : 데이터 모델은 시스템을 구축하는 많은 이해관계자 간 훌륭한 의사소통의 도구가 될 수 있다. 즉, 데이터 모델은 정보 요구사항을 정확하고 간결하게 표현할 수 있기 때문이다.
- 데이터 품질 : 잘못 설계된 모델링은 데이터의 정확성이 떨어질 수 있다. 오늘날 데이터가 기업의 큰 자산임을 고려할 때, 잘못된 데이터는 기업 측면에서 크나큰 손실이 아닐 수 없다. 따라서, 데이터 품질 향상을 위해 well-formed 한 데이터 모델이 필수라고 할 수 있다.

4. 데이터 모델링의 필요성

- 애플리케이션과 데이터의 통합 : 보통 기업(주로 대기업)에서는 통합된 애플리케이션을 좋아한다. 하지만 많은 애플리케이션을 하나로 묶어 종합 포털격인 애플리케이션을 구축하려 하면, 그 노력은 실로 어마어마하다고 할 수 있다. 이러한 이유로 애플리케이션의 통합은 반드시 데이터 통합이 선행되어야 한다. 그만큼 데이터 모델링이 중요하다고 할 수 있다.
- 개발자들의 시스템 이해 : 애플리케이션을 개발하는데에 데이터 모델만큼 훌륭한 설계 문서가 있을까? 물론 기본적인 데이터 모델을 이해 못 하는 중급 이상의 개발자들도 많다는 것이 우리의 현실이다.

5. 데이터 모델링 시 주의할 점

- 중복(Duplication): 같은 데이터를 이용하는 사람, 시간, 장소를 파악하는 데 도움을 줌으로써 DB의 여러 장소에 같은 정보를 저장하는 잘못을 막아준다.
- 비유연성(Inflexibility): 데이터정의를 사용 프로세스와 분리함으로써 데이터 혹은 프로세스의 변화에 유연하게 대처할 수 있다.
- 비일관성(Inconsistency): 데이터 간 상호연관 관계에 대한 명확한 정의는 이러한 위험을 방지한다.

6. 데이터 모델링 단계

가. 개념 데이터 모델링
- 사용자의 요구 사항을 찾고 분석하고 핵심 엔터티와 그들 간의 관계를 발견하고 ERD를 작성한다.
- 개념 모델은 추상적이므로 상위의 문제를 쉽게 구조화하며 사용자와 개발자가 논의할 수 있는 기반을 마련한다.
- 현재 시스템이 어떻게 변형되어야 하는가를 이해하는 데 유용하다.
- 추상화 수준이 높고, 업무 중심적이고 포괄적인 수준의 모델링 진행, 전사적 데이터 모델링, EA 수립 시 많이 이용한다.

나. 논리 데이터 모델링
- 비즈니스 정보의 논리적인 구조와 규칙을 명확하게 표현하는 기법 또는 과정이다.
- 데이터 모델링의 최종 완료 단계로 모델링 과정 중 가장 핵심이 되는 단계이다.
- 가장 중요한 활동으로는 정규화가 있고 식별자 확정, M:M 관계해소, 참조 무결성 등의 작업을 실시한다.
- 시스템으로 구축하고자 하는 업무에 대해 Key, 속성, 관계 등을 정확하게 표현하고, 재사용성이 높다.

다. 물리 데이터 모델링
- 목표하는 DBMS의 특성 등을 고려한 스키마를 만들고 칼럼, 데이터 타입, 크기 등을 정의한다.
- 실제로 데이터베이스에 이식할 수 있도록 성능, 저장 등 물리적인 성격을 고려하여 설계한다.

7. 모델링 기본원칙
- 커뮤니케이션 원칙 : 데이터 모델링의 주목적은 최종 사용자 및 이해 당사자들에게 시스템의 지향점을 분명하게 설명하기 위함이다. 데이터 모델만큼 훌륭한 의사소통의 도구는 없다.

- 모델링 상세화 원칙 : 데이터의 상세화 정도를 제시하고 조직이 사용하는 정보 구조의 '최소 공통분모'를 제시해야 한다. 데이터는 데이터의 본질과 잠재적 사용을 이해할 수 있을 만큼 상세화되어야 한다.
- 논리적 표현 원칙 : 데이터에 대한 논리적 측면을 최대한 표현해야 한다.

8. 좋은 데이터 모델의 요소

- 완전성 : 업무에 필요한 모든 데이터가 모델에 정의되어 있어야 한다.
- 중복 배제 : 동일한 사실이 데이터에 한 번만 있어야 한다. 데이터가 중복으로 관리될 경우, 데이터 일관성에 심각한 영향을 끼친다.
- 비즈니스 룰 : 업무 규칙을 애플리케이션 레이어에서도 구현이 가능하지만, 먼저 데이터 모델에서 구현할 수 있다면 구현하는게 맞다.
- 데이터 재사용 : 난로 연통 시스템을 상기해보자. 데이터는 애플리케이션에 대해 독립적으로 설계되어야 데이터 재사용성을 향상할 수 있다. 애플리케이션에 종속적으로 설계하면, 여러 시스템에 데이터가 중복으로 생성되어 있어, 데이터 재사용성이 떨어진다.
- 안전성 및 확장성 : 데이터 모델은 안정성 뿐만 아니라, 추후 데이터가 쉽게 변경 설계 가능하도록 확장성을 고려해서 설계해야 한다.
- 간결성 : 테이블 수가 많다고 절대 좋은 것이 아니다. 통합할 수 있다면 통합하여 모델을 간결함을 유지시켜야 한다.
- 의사소통 : 요구사항에서 도출되는 많은 업무규칙을 데이터 모델의 엔터티, 서브타입, 속성, 관계 등의 형태로 최대한 자세하게 표현되어 데이터 모델은 의사소통 도구로서의 역할을 하게 된다.
- 통합성 : 전체가 한 몸처럼 연결되어 움직여야 한다.

2절. 데이터 모델링 기법 이해

1. 데이터 모델 목적
: 설계에 대한 계획이자 청사진이 곧 데이터 모델의 목적이다. 이는 구축 시스템을 이해하고 원활한 의사소통을 도모하게 해주며 조기에 오류 발견 시 많은 비용과 시간을 절약할 수 있게 된다.

2. 개체-관계 모델 기법
: 데이터에 대해 관리자, 사용자, 개발자들이 서로 다르게 인식하고 있는 뷰들을 하나로 통합하고 단일화된 설계안을 만들 수 있고 서로 다른 뷰를 충족시킬 수 있는 데이터 처리와 제약 조건 등의 요구사항을 정의할 수 있다. 개체-관계 다이어그램(ERD)은 '개체, 관계, 속성' 세 개의 기본 요소를 사용하여 도형으로 표시한 것이다.

3. 개체-관계 모델 구성 요소
: 일반적으로 논리/물리 모델링으로 나누어지며 잘 설계된 논리 모델은 업무수행방식이 바뀌어도 설계 변경이 거의 발생하지 않는다. 논리 데이터 모델에서의 하나의 엔터티는 반드시 물리적으로 하나의 테이블이나 세그먼트가 되지 않는다.

· '논리 모델링' → '물리 모델링' 단계로 넘어오면서 고려해야 할 사항
 - Super/Sub 관계의 엔터티를 몇 개의 테이블로 만들 것인가
 - 배타적(arc) 관계 엔터티의 외래키(foreign key)를 몇 개로 할 것인가
 - 성능 향상을 위해 테이블을 추가할 것인가 통합할 것인가
 - 통계 작업을 위해 합계 테이블 같은 임시 테이블을 몇 개로 할 것이며 유일키를 무엇으로 할 것인가
 - 칼럼을 다른 테이블에 중복할지 중복하면 어플리케이션이 관련되어 있는가, 인덱스설정, 스냅샷, 뷰 등의 객체가 필요한가
 - 분산 환경에서 테이블을 중복할 것인가, 중앙에 필요 테이블을 따로 가져갈 것인가
 - 데이터가 분산 환경에서 이동 시 문제를 어떻게 처리할 것인가

가. 엔터티

: 초기 모델 설계 시, 먼저 엔터티를 도출한다. 엔터티 종류 중, 키 엔터티가 될만한 것들을 우선 도출하여, 메인, 액션 엔터티를 도출한다. 엔터티는 우리가 지속해서 관리를 해야 하는 대상이다. 또한, 엔터티는 동질성을 가지는 개체 집합이며 또는 행위의 집합으로 정의할 수 있다. 하지만, 집합을 어떤 범위까지 정의하느냐에 따라 동질성이 달라질 수 있다.

나. 속성

: 엔터티에 저장되는 개체 집합의 특성을 설명하는 항목이다. 일반적으로 서로 다른 집합에 정의된 속성은 같은 도메인을 공유할 수 있다. (예: 주소, 전화번호)

다. 식별자

: 개체를 식별할 수 있는 속성이다. 식별자는 하나 또는 그 이상의 속성으로 구성된다. 식별자는 논리적인 관점에서 사용되고 키는 물리적인 관점에서 사용된다. 따라서, 엔터티는 식별자를 가지며, 테이블은 키를 가진다. 식별자와 키를 구별하는 이유는 식별자와 키가 서로 일치하지 않을 수 있기 때문이다.

· 본질 식별자 : 집합의 본질을 명확하게 설명할 수 있는 의미상의 주어를 말한다.
· 후보 식별자 : 인스턴스를 유일하게 식별할 수 있는 속성 또는 속성들의 조합이며, 후보 식별자로 속성 집합을 선택하는 경우에는 개념적으로 유일해야 한다.
· 대체(보조) 식별자 : 원래의 식별자를 대신할 수 있는 또 다른 속성을 얘기한다. 사원 엔터티의 공식 식별자는 사원번호지만, 주민번호 속성이 유일성을 보장하고 필수적으로 정의되었다면, 주민번호도 식별자로서의 역할을 할 수 있다.
· 인조 식별자 : 기존 본질 식별자를 쓸 수 없는 상황이 발생했을 때, 인조 식별자를 사용한다. 예를 들어, 부모 엔터티로 물려받은 식별 속성이 많은 경우, 편리함을 위해 사용한다.
· 실질 식별자 : 인스턴스를 식별하기 위해 공식적으로 부여된 식별자를 말하며, 본질 식별자나 인조 식별자 모두 실질 식별자가 될 수 있다.

라. 관계

: 엔터티 간의 연관성을 표현하는 것으로 엔터티의 정의, 속성 정의, 관계 정의에 의해서 다양하게 변할수 있다.

· 관계 연결

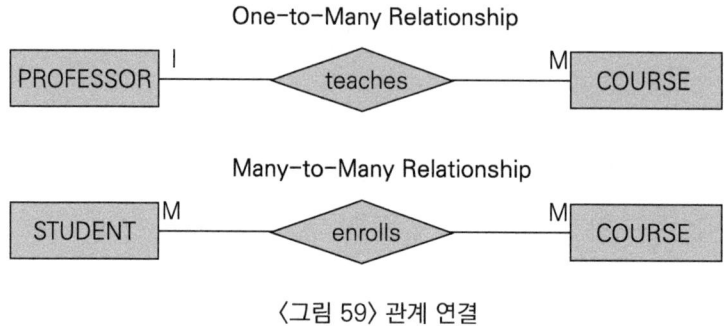

〈그림 59〉 관계 연결

- 일대일(One To One, 1:1): X, Y에 속하는 개체는 각각 하나씩만 연결된다.
- 일대다(One To Many, 1:M): X에 속하는 한 개체는 Y에 속하는 한 개체에만 연결되며, Y에 속하는 한 개체는 X에 속하는 여러 개체와 연결된다.
- 다대다(Many To Many, M:M): X, Y에 속하는 한 개체는 각각 여러 개체와 연결된다.

마. 카디날리티

: 관계에 참여하는 하나의 개체에 대해 다른 엔터티에서 몇 개의 개체가 참여하는지를 나타낸다. 예를 들면, 한 명의 학생이 1개 이상 6개 이하의 과목에 등록할 수 있다면 카디날리티는 (1, 6)이 된다.

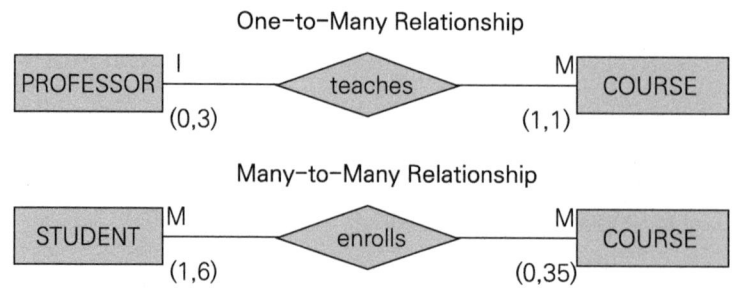

〈그림 60〉 개체-관계 다이어그램에서의 카디날리티 예

- PROFESSOR-COURSE는 1:M 관계
- PROFESSOR의 카디날리티는 (0, 3)이다. 즉 각 교수는 3개 이하의 과목을 가르칠 수 있다.
- COURSE의 카디날리티는 (1, 1)이다. 즉 각 과목을 가르치는 교수는 반드시 1명이어야 한다.

바. 존재 종속

· 한 엔터티의 존재가 다른 엔터티(들)의 존재에 영향을 받는다면 이를 존재 종속이라 한다.
  예) 아래 E_NUM 21234의 관계

TABLE : EMPOLYEE	
E_NUM	E_NAME
21234	SH.Kendy
21358	AJ. Goldman
12491	BY.Anne

TABLE : DEPENDENT		
E_NUM	DEP_NAME	E_NAME
21234	1	Liam
21234	2	Logan
21234	3	Jewel
12491	1	Jacob

〈그림 61〉 존재 종속 예

사. 서브타입

· 전체 집합인 슈퍼타입의 부분 집합이며, 배타적(1개만 관련)/포괄적(1개 이상 관련)으로 구분한다.
· 슈퍼 타입은 공통적인 모든 속성을 포함하고 있고 서브타입은 각 서브타입에 적절한 속성만 포함한다.

3절. 데이터 모델링 표기법 이해

1. 바커 표기법(Barker Notation)

가. 엔터티: 반드시 두 개 이상의 속성을 가져야 한다.

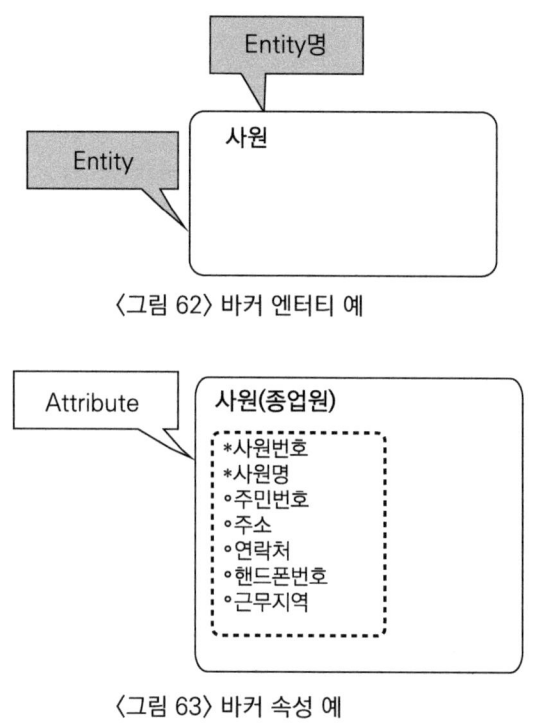

〈그림 62〉 바커 엔터티 예

〈그림 63〉 바커 속성 예

다. 관계

1) 엔터티와 엔터티 간의 관계
· 1:1 관계: A 엔터티에 존재하는 데이터 1개와 B 엔터티에 존재하는 1개의 데이터와의 관계이다.
· 1:M 관계: A 엔터티에 존재하는 데이터 1개와 B 엔터티에 존재하는 여러 개의 데이터와의 관계이다. (M은 까마귀발로 표시)
· M:M 관계: A 엔터티에 존재하는 데이터와 B 엔터티에 존재하는 여러 개의 데이터와 관계가 있

고 B 엔터티도 역시 A 엔터티의 여러 개의 데이터와 관계가 있다.

2) 엔터티와 엔터티 간 상관 관계의 조건
· 필수 조건(실선): 실선으로 표시하고 상대 엔터티에 조건에 만족하는 엔터티가 반드시 존재할 경우 표시
· 선택 조건(점선): 점선으로 표시하고 상대 엔터티에 존재할 수도 있고 없을 수도 있을 때 표시

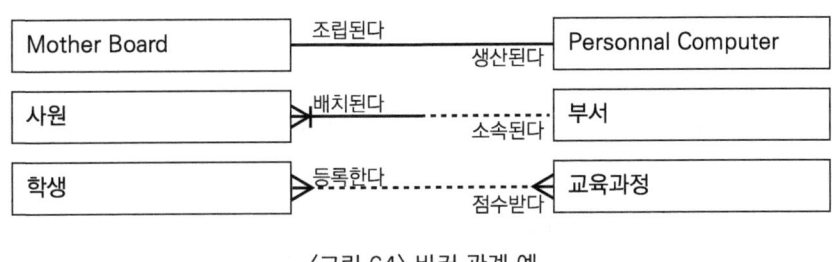

〈그림 64〉 바커 관계 예

라. 식별자: 엔터티를 대표할 수 있는 속성을 의미하며 하나의 엔터티에는 반드시 하나의 식별자가 존재한다.

1) 식별자의 유형
· 본질 식별자: 집합의 본질을 명확하게 설명하는 의미상의 주어이다. 상품번호처럼 인조 식별자나 자신의 고유 속성이나 부모로부터 물려받은 속성(관계)들로 이루어진 것일 수도 있다.
· 후보 식별자: 각 인스턴스를 유일하게 식별할 수 있는 속성 또는 속성들의 조합이다. 주키(Primary key, PK)라고 한다.
· 대체(보조) 식별자: 원래의 식별자를 대신할 수 있는 속성이나 관계이다. (예: 사원번호가 식별자라면 주민번호가 대체 식별자). 보조키(Foreign key, FK)라고 한다.
· 인조 식별자: 기존의 본질 식별자를 사용하기 어려울 때 임의의 값을 가진 속성을 만들어 사용하는 것이다. (예: 주민번호가 길다고 판단되면 사원번호를 식별자로 사용)
· 실질 식별자: 인스턴스를 식별하기 위해 공식적으로 부여된 식별자이다. (본질이나 인조 식별자가 해당)

2) 작성 방법

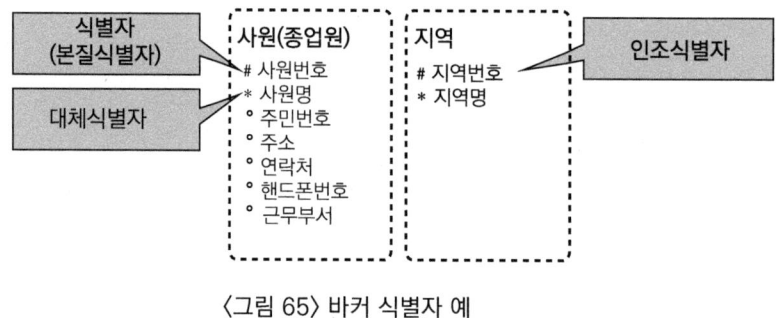

〈그림 65〉 바커 식별자 예

마. 서브타입: 슈퍼 타입 안에 상자로 표시하고, 중복을 허용하지 않으며 상호 배타적 관계이다.

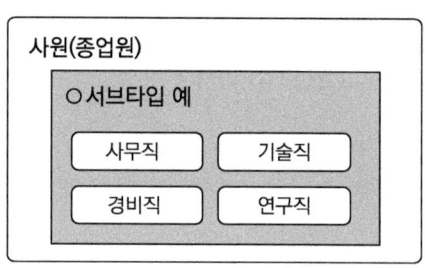

〈그림 66〉 바커 서브타입 예

바. 관계의 표현 비교

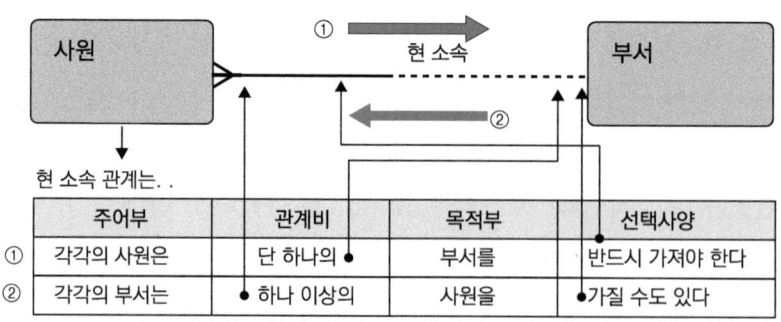

〈그림 67〉 바커 표기법의 관계의 표현 예

2. I/E 표기법

가. 엔터티

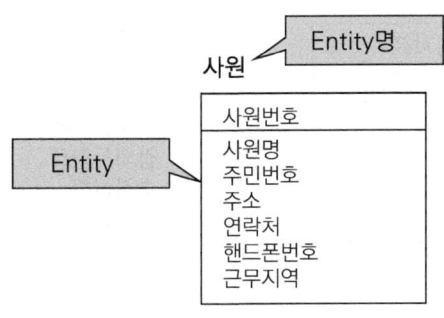

〈그림 68〉 I/E 속성의 예

나. 속성: 위 그림에서 엔터티 안에 위치

다. 관계

ER win의 부호 사용	Identifying	Non-Identifying	의미
타원, 해쉬 마크 및 까마귀 발	┼────⋇	─┼────⋇	0,1 또는 그 이상의 개체 허용
까마귀 발이 있는 해쉬 마크	┼────K	─┼────K	1또는 그 이상의 개체 허용
해쉬 마크가 있는 타원	┼────⊖	─┼────⊖	0 또는 1 개체 허용
해쉬 마크만 있음	┼────	─┼────	정확히 1 개체 허용

〈그림 69〉 I/E 식별자 예

라. 식별자: 엔터티 중 상단의 박스 안에 표시 (예: 사원번호)

마. 서브타입: 배타적/포괄적일 경우가 있고 배타적일 경우는 관계에 X 표시를 한다.

4절. 데이터 모델링 사례

1. 엔터티 후보 목록 도출

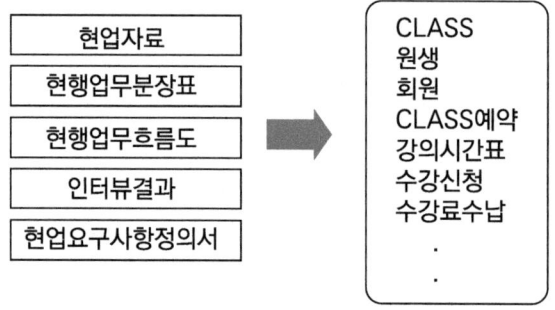

· 현업자료와 현황평가 및 요구사항 정의
· 액티비티 산출물 검토

2. 엔터티 정의
· 다른 엔터티와 명확한 구분 가능하며, 주키(PK)에 의해 식별 가능
· 속성 존재
· 데이터로서의 중요성과 효용성

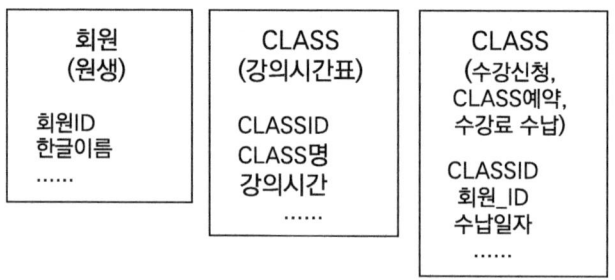

3. 엔터티 간 관계 정의
· 업무상 연관관계를 갖는 의미 있는 관계 부여
· M:N 관계는 두 개의 1:N 관계로 대체

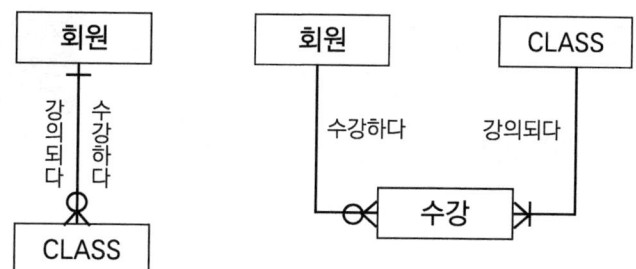

2장. 개념 데이터 모델링

1절. 개념 데이터 모델링 이해

1. 개념 데이터 모델 정의

: 건물로 비유하자면, 건물의 골격을 세워 놓는 형태로서 모델링 단계 중 정말 중요한 단계이다. 주제별로 분류 가능한 업무를 분석해서, 핵심 엔터티를 추출하고 그들 간의 관계를 정의하여 데이터의 골격을 생성하는 것이 개념 데이터 모델의 정의라고 할 수 있다. 나중에 논리 모델링, 물리 모델링 단계로 진행된다고 하더라도 개념데이터 모델의 골격에서 크게 벗어나지 않기 때문에 개념 데이터 모델의 중요성은 더욱더 크다.

2절. 주제 영역 정의

1. 주제 영역 개념

: 주제 영역은 기업이 사용하는 데이터의 최상위 집합이다. 하나의 주제 영역 내의 데이터 간 관계는 밀접해야 하고, 다른 주제 영역에 포함되는 데이터 간의 상호작용은 최소화할 수 있도록 정의해야 한다. 계획 수립 단계는 하향식 분석을 원칙으로 하고, 검증을 위해서 부분적으로 상향식 분석을 사용한다. 데이터를 하향식으로 분석하기 위한 개념으로 유용한 것이 주제 영역이다. 주제 영역은 계층적으로 표현될 수 있으며, 주제영역을 분해하면 하위 수준의 주제영역이나 엔터티가 나타난다.

2. 주제 영역 분류 원칙 및 기준

가. 주제 영역 분류 원칙

: 동일 기능을 하는 자원이 중복으로 정의되지 않도록 데이터 중복이 최소화되어야 한다. 그리고

가까운 미래에 추가될지 모르는 기능을 고려할 때, 데이터 확장성이 보장되어야 한다. 또한 데이터 관련성 및 편의성이 확보되어야 한다.

나. 주제 영역 명명
· 실 업무에서 보편적으로 사용하는 업무 용어를 부여한다.
· 유일한 단수형 명사를 사용한다.
· 데이터 그룹을 의미하는 이름을 부여한다.

다. 주제 영역 정의 절차
: 데이터 현황 분석, DA 원칙 및 방향성 분석, 선진 모델 분석 → 데이터 분류 지침 정의 → 주제 영역 분류 및 정의 → 주제 영역 도식화

라. 주제 영역 분류 방법
· 1차 분류 : 주요 데이터 집합의 유형을 정의한다. 기존 시스템별 데이터의 성격 및 특성을 고려해서 영역을 분류한다. 또한 업무의 변화에 민감하지 않도록 폭넓게 정의한다.
 예) 데이터를 발생시키는 주체, 데이터 발생 주체 간의 상호작용으로 발생하는 대상, 공통/관리 성격의 상위 개념으로서의 분류
· 2차 분류 : Biz 활동에 필요한 분석 주제와 현황 등의 영역으로 분류한다. 1차 분류를 세분화한다.
 예) 관계자 기본, 관계자 상세 등
· 3차 분류 : 2차 영역의 분류를 좀 더 세분화해서 분류한다.
 예) 관계자 : 고객, 법인, 조직, 직원 등.
   계약 : 수신계약, 예금계약, 신탁계약 등.
· 업무 활동(Activity)을 의미하는 이름을 배제하고 데이터 그룹을 의미하는 이름을 사용하도록 한다.

3. 주제 영역 활용
: 주제 영역은 데이터의 계층 구조를 파악하는 데 도움을 주며, 품질 확보에도 기여한다. 또한 효율적 데이터 관리를 위한 기준을 제공하며, 데이터 구성 및 통합에 대한 방향도 제시한다. 그 뿐만 아니라, 주제영역은 기업의 전사 업무를 위한 전체 데이터 구성에 대한 청사진을 제공한다.

4. 주제 영역 정의 내용도출
- 업무에서 사용하는 데이터의 명사형 도출
- 업무 기능의 이름으로부터 도출
- 하향식(Top-down) 접근 방법: 주제 영역에서 출발하여 엔터티 타입으로 전개
- 상향식(Bottom-up) 접근 방법: 엔터티 타입을 그룹화하여 주제 영역 도출
- 분석 단계에서의 도출: 아키텍처 모델을 정련하는 과정에서 도출, 데이터 모델 상세화에서 도출

3절. 후보 엔터티 선정

1. 후보 엔터티 선정
: 엔터티를 선정할 때, 먼저 후보가 될만한 엔터티를 수집한다. 후보 엔터티의 수집 방법은 기존 시스템 도큐먼트와 현업에서 사용하는 각종 장표, 또는 현업 사용자와의 인터뷰를 통해서 찾을 수도 있고, 관련 서적을 통해서도 가능하다. 이외에 데이터 흐름도라든지, 타 시스템 자료, 현장 조사를 통해서도 후보 엔터티를 수집할 수 있다.

2. 엔터티 후보 수집
- 기존 시스템 도큐먼트
- 현업 장표/보고서: 자료에 기술된 항목을 속성이라 가정하고 본질적인 집합(원재료)을 도출해 낸다.
- 현업 인터뷰: 엔터티 도출부터 현업과 같이 시작하는 것이 최상의 모델링 방법이다.
- 관련 전문 서적
- 데이터 흐름도(DFD): 데이터 저장소, 데이터 사전에서 엔터티 후보를 도출할 수 있다.

· 타 시스템 자료
· 현장 조사

3. 엔터티 후보 식별
· 후보 엔터티의 개념을 명확히 정립한다.
· 우리가 관리하고자 하는 것인지를 따져 본다.
· 가로와 세로를 가진 면접(집합)인지를 확인한다.

가. 엔터티 후보의 개념 정립: 단어가 의미하는 진정한 집합이 무엇인지 정의한다. (사원: 근무자 or 사단법인, 관계사, 협력사)
나. 관리 대상 판정: 현재 관리하느냐와 앞으로 관리해야 하는지를 모두 판단한다.
다. 집합 여부 확인: 가로(속성) * 세로(개체) = 면적 = 집합

4. 엔터티 후보 선정 시 유의 사항
· 엔터티 가능성이 있다고 예상되면 일단 검토 대상에 올린다.
· 너무 깊게 들어가지 말 것. 후보 자격의 여부만 따지면 된다.
· 동의어처럼 보이더라도 함부로 버리지 않는다. 모델링 뒷부분에서 동의어로 보이는 후보를 집합의 정의에 따라 통합하면 된다.
· 개념이 모호한 대상은 일차로 그 개념을 상식화하여 이해한다.
· 프로세스에 너무 연연해하지 말아야 한다.
· 예외 경우에 너무 집착하지 말아야 한다.
· 단어 하나하나에 집중해서 판단해야 한다.

5. 엔터티 분류
· 키 엔터티 : 자신의 부모를 가지지 않는 엔터티라고 할 수 있다. 모델 내에서 주어 역할을 하며, 하위 엔터티들의 탄생을 유도한다. 주로 사원, 부서, 고객, 상품, 자재 등이 키 엔터티로 분류될 수 있다. 시스템의 기본정보라고 할 수 있다.
· 메인 엔터티 : 키 엔터티를 제외한 나머지 엔터티 중에서 업무의 중심에 해당하는 엔터티를 메

인 엔터티라 정의한다. 주로 보험계약, 사고, 구매의뢰, 주문, 매출 등이 메인 엔터티로 분류될 수 있다. 주로 키 엔터티의 관계(고객과 상품이 관계에서 주문이 만들어지는 것처럼)에 의해서 만들어진다.
· 액션 엔터티 : 키, 메인 엔터티를 제외한 나머지를 통상 액션 엔터티로 부른다. 액션 엔터티는 당연히 부모 없이 절대 존재할 수 없다. 즉, 존재종속으로 태어난 아이들이라고 보면 된다. 모델링이 좀 더 구체적으로 진행되더라도 키 엔터티와 메인 엔터티는 집합의 본질이 크게 달라지지 않는 데 반해, 액션 엔터티는 상위 엔터티들이 어떻게 결정되느냐에 따라서 크게 영향을 받기 때문에 모델링 후반에 사라질 수도 또는 크게 변경될 수도 있다. 주로 상태 이력, 차량 수리 내역 등이 액션 엔터티로 분류된다.

4절. 핵심 엔터티 정의

1. 엔터티 정의의 요건

가. 엔터티 정의
· 관리하고자 하는 것인지 확인한다.
· 가로와 세로를 가진 면적인지 확인한다.
· 대상 개체 간의 동질성이 있는지 확인한다.
· 다른 개체와 확연히 구분되는 독립성을 가지는지 확인한다.
· 순수한 개체이거나 행위를 하는 행위 집합인지 확인한다.

엔터티명
주키 속성 1 주키 속성 2 - -
일반 속성 1 일반 속성 2 - -

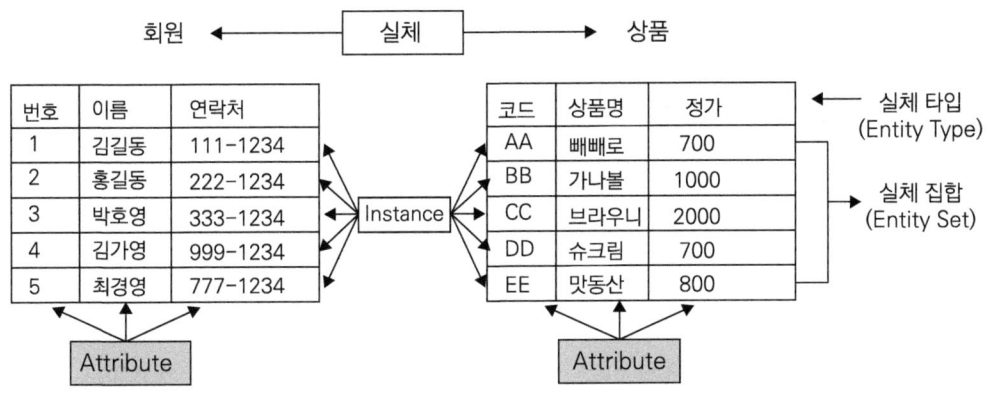

〈그림 70〉 엔터티 종류

나. 엔터티 정의 시 고려사항
· 관리하고자 하는 것인지 확인한다.
· 가로, 세로를 가진(회원, 상품 등의) 집합인지 확인한다.
· 대상 개체 간 동질성이 있는지 확인한다.
· 다른 개체와 확연히 구분되는 독립성을 가지는지 확인한다.
· 순수한 개체이거나 개체가 행위를 하는 행위 집합인지 확인한다.
· 특정 업무를 수행하는 과정에서 파생되는 엔터티는 데이터로서 안정성을 고려한다.
· 의미있고 직관적으로 이해할 수 있는 간단명료한 이름을 부여한다.
· 현업사용자와 공동작업을 통한 반복적인 검토 및 수정이 필요하다.

다. 엔터티(Entity) 파악 요령
· 업무와 관련해서 설명한 업무 기술서를 이용한다.
· 현업 담당자와의 인터뷰를 활용한다.
· 기존시스템이 이미 구축되어 있다면 기존 시스템의 산출물을 검토한다.
· DFD(Data Flow Diagram)를 통해 업무 분석을 진행하였다면 DFD의 Data Store를 활용한다.
· 현업의 업무를 직접 견학하고 인터뷰와 업무 기술서에서 누락된 정보가 있는지 검토한다.

· 현재 업무에 나타나지 않았지만 BPR(Business Process Reengineering)에 의해 업무를 재정의한 경우 관련 엔터티를 찾아내야 한다.

라. 엔터티(Entity) 작성 예

1) 업무 시나리오 작성

인터넷 도서구매 쇼핑몰을 구축하려 한다. 업무 담당자와 인터뷰 후 다음과 같은 업무 시나리오가 작성되었다.

> 인터넷에서 도서를 구입하기 위해서는 반드시 우리 회사에 회원으로 등록해야 구매가 가능하다. 인터넷에 회원 등록하는 정보로는 회원번호, 주민번호, 주소, 전화번호, 전자메일, 휴대폰번호, 결재방법이 있다. 인터넷을 통해 등록된 회원은 구매하기 위한 도서목록을 선택하고 인터넷 주문서양식에 주문내용을 입력하여 주문한다. 주문서양식에는 주문목록에 대한 상세 정보와 주문일자, 배송지주소, 배송지전화번호, 배송방법, 결재방법이 있다. 주문목록에 대한 상세 정보로는 구매가격, 개수가 있다. 한번 등록된 회원에 대해서는 도서를 구매하는 실적에 따라 구매 포인트를 부여하여 다음 구매 시 혜택을 보게 한다.

2) 엔터티 정의서 작성

엔터티명	엔터티 설명	동의어/유의어	관련 속성	비고
도서	인터넷을 통해 판매하고자 하는 책의 정보	책	도서번호 도서명	
회원	인터넷을 통해 등록한 회원의 정보	일반회원	주민번호 주소 전화번호 전자메일 핸드폰번호 결재방법 구매포인트	

엔터티명	엔터티 설명	동의어/유의어	관련 속성	비고
주문	도서를 구매하기 위해 회원이 입력한 배송지, 결재방법에 관한 정보	주문서 주문내역	주문번호 주문일자 배송지주소 배송지전화번호 배송방법 결재방법	
주문목록	회원이 주문한 도서목록에 대한 수량 및 가격	구매도서목록	수량 단가	

마. 엔터티 특징

· 업무에 필요한 정보이다.
· 의미 있는 식별자에 의해 인스턴스는 1개씩만 존재한다. (중복배제)
· 2개 이상의 인스턴스 집합으로 구성한다.
· 업무 프로세스에 의해 이용되어야 한다.
· 속성을 포함해야 한다. (식별자만 있으면 의미 없음)
· 관계가 존재해야 한다.

바. 엔터티 분류

· 유무(有無)형에 따른 분류

명칭	설명
유형 엔터티 Tangible Entity	· 물리적 형태가 있음 　예) 사원, 물품, 강사
개념 엔터티 Conceptual Entity	· 물리적 형태가 없음 　예) 조직, 보험상품
사건 엔터티 Event Entity	· 업무 수행에 따라 발생 　예) 주문, 청구, 미납

· 발생 시점에 따른 분류

명칭	설명
기본 엔터티	· 원래 존재하는 정보 　예) 사원, 부서, 고객, 상품
중심 엔터티	· 기본 엔터티로부터 발생하고 다른 엔터티와의 관계를 통해 많은 행위엔터티를 발생 · 업무에 있어 중심역할 　예) 계약, 사고, 청구, 주문
행위 엔터티	· 두 개 이상 부모 엔터티로부터 발생 · 내용이 자주 바뀌거나 데이터량이 증가 　예) 주문목록, 로그인이력

사. 엔터티 도출 관련 산출물
· 현행업무분장표
· 현행업무흐름도
· 현행시스템분석서
· 현행요구사항정의서

2. 의미상 주어 정의(본질 식별자)
: 인조 식별자가 가주어라고 한다면, 진주어는 해당 엔터티의 의미상의 주어를 말한다. 이를 우리는 본질 식별자라고 칭한다. 본질 식별자는 집합의 인스턴스가 생성되는 정확한 단위라고 할 수 있다. 즉, 집합의 의미가 명확하게 정의되지 않은 모호한 집합에 인위적인 유일한 이름만 가져다 붙인다고 해서 갑자기 집합의 정의가 명확해지지는 않는다.

3. 코드성 키 엔터티 모델링
: 코드성 엔터티를 개념 모델링 단계에서 모두 도출하게 되면, 추후 모델의 복잡성의 함정에 빠질 수 있다. 따라서, 다음과 같은 기준에 따라 도출하는 것이 좋다.
　- 자식 엔터티를 가지는가?

- 자신만의 다양한 속성을 가질 것인가?
- 여러 엔터티에 관계를 맺을 것인가?
- 다양한 종류의 관계를 맺을 것인가?

· 해당 엔터티가 다른 엔터티의 본질 식별자가 되고 있는지를 판단한다. 해당 엔터티로 인해 다른 엔터티의 존재종속의 문제가 발생한다면, 정말 볼품없는 엔터티라 하더라도 도출해야 한다.
· 해당 엔터티에 단순한 코드명이나 코드의 의미에 대한 설명 외에 또 다른 속성을 가지는지 확인해야 한다. 엔터티가 이러한 속성을 가지고 있다는 것은 자기만의 확실한 사유재산이 있다는 것을 의미하므로 독립적인 개체 집합으로서 의의가 있다.
· 관계 존재 여부를 확인해야 한다. 엔터티가 다양한 관계를 맺고 있다는 것은 활동성이 왕성하다는 것을 의미한다. 이러한 엔터티를 누락시킨다면 앞으로 정의해야 할 많은 관계도 같이 누락될 것이다.

4. 집합 순수성

가. 집합 순수성의 의미
: 순수한 본질 집합이 되어야 한다는 것은 사람, 상품 등과 같이 단위 사물을 정의한 개체 집합이 되든지, 입금, 계약 등과 같은 행위 집합이 되든지 간에 둘 중의 어느 하나가 되어야 한다는 것이다. 서로 결합된 형태면 관계에 해당한다.

나. 집합 순수성
예: 납입자 같은 단어는 순수 본질 집합인 고객과 납입이 결합된 릴레이션이다.

다. 집합 순수성 적용 예외 사항

1) 관계의 엔터티화
· 릴레이션이 M:M이 되면 더 이상 관계로만 존재할 수 없기 때문에 엔터티로 바꾸게 된다. 이를 릴레이션 엔터티, 제휴 엔터티, 교차 엔터티 등으로 부른다.

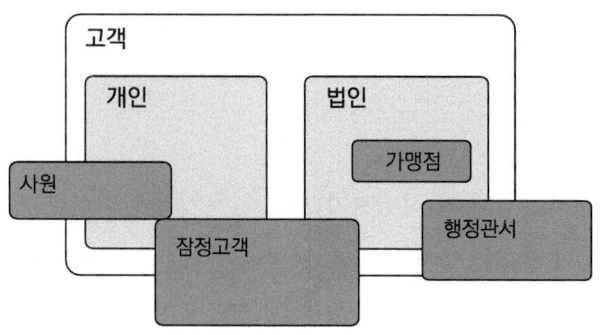

〈그림 71〉 집합 독립성 예

2) 일부 집합 정의
· 전체 집합 중 일부의 집합만 엔터티로 정의하고자 할 때
· 금융기관은 기관의 부분으로서 엔터티이고 수납기관은 관계일 뿐이다.

3) 배타적 관계 대체
· 여러 엔터티와 동일한 내용의 관계를 갖는 배타적 관계를 맺을 때 만약 배타적 관계의 변화 가능성이 높다면 별도의 엔터티를 구성한다.

5. 집합 동질성

가. 집합 동질성 의미
: 집합에 들어갈 개체들의 동일한 성질을 어디까지로 한정할 것인가를 결정하는 것이다.

나. 집합 동질성 부여의 예 (고객)
1) 사람의 집합이라고 규정한 경우: 사람만이 집합이고 우리 상품과 구체적인 관계를 맺은 사람들만 존재하는 집합으로 정의했다는 특수성이 분명히 나타나야만 한다.
2) 사람 또는 법인이라고 규정한 경우: 위의 이러한 집합들을 분명하게 포함시켰다는 것을 내포한다.

6. 엔터티 명칭

가. 적절한 엔터티 명칭

: 엔터티의 명칭을 정하는 것은 생각보다 매우 중요한 일임. 함축적인 의미를 담고 있어 설명하지 않아도 오해를 최소화할 수 있어야 한다. 따라서 엔터티의 명칭을 정할 때는 실무자와 해당 분야 전문가의 의견을 종합하고 이를 구성원 간에 합의하는 것이 필요하다.

나. 엔터티 명칭 부여하기 예제

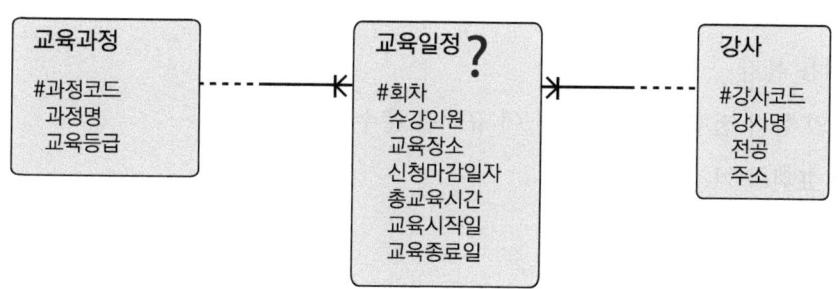

〈그림 72〉 적절한 엔터티명 부여 예

· 교육일정을 보면 수강인원, 교육장소 등이 있어 엔터티 명칭인 교육 일정만 있는 것이 아니다. 따라서 '개설된 강좌'로 보는 것이 더 어울린다.

7. 서브타입

가. 서브타입 지정 의의
· 구체적인 부분 집합의 종류(서브타입)를 명시하는 것이다.
· 개체-관계 도표(ERD)를 입체적이고 구체적으로 작성하기 위해서는 집합의 부분집합을 표현 해 주어야 한다.
· 실세계에서 동일한 것이다.
· 약간 다른 (추가적인) 속성이다.

· 서브타입(의사, 간호사, 기술직, 사무직)은 수퍼타입(직원)의 부분집합이다.
· 서브타입에서 상호배타적인 다수의 부류(카테고리)가 형성될 수 있다.

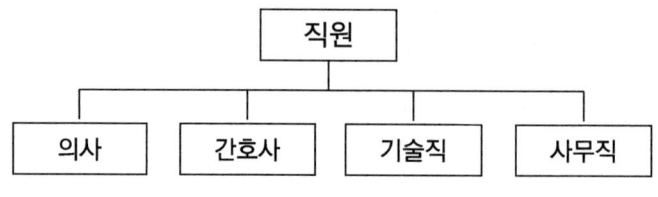

〈그림 73〉 수퍼타입과 서브타입 예시

나. 서브타입 지정 시 고려 사항

1) 교집합 허용 불가

2) 서브타입의 합이 전체 집합: 반드시 이 규칙을 준수해야 한다.

3) 서브타입 표현의 기준:

- 개별 속성을 가질 때

- 개별 관계를 가질 때

- 가독성을 증진시키고자 할 때

다. 서브타입 도출

1) 분류 속성: 엔터티의 정보가 차별화되는 경우

2) 다수의 선택적 속성

3) 선택적 관계가 존재하는 경우: 분할함으로써 관계가 필수적으로 변하는지 확인한다.

4) 도출 절차

- 분류 속성을 확인한다. (엔터티의 발생이 차별화되는 경우)

- 분류 속성값에 의해 분류되는 서브타입을 파악한다.

- 분류 속성에 따라 필수적/선택적 분할을 정의한다.

- 서브타입별 속성을 할당한다.

- 슈퍼타입의 관계를 해당 서브타입에 정의한다.

라. 서브타입의 활용

1) 데이터 모델에 업무 규칙을 명확히 표현하여 업무를 정확히 이해하고, 속성 및 관계의 선택성을 제거한다.

2) 서브타입의 표현은 업무 규칙의 명확성과 표현의 복합성이라는 트레이드 오프(Trade Off) 관계가 적절히 조화를 이루어야 한다.

마. 서브타입의 이해

· 서브타입은 인스턴스들의 집합인 엔터티라는 전체집합에서 일부의 인스턴스들만 모아놓은 부분집합이다.

· 하나의 엔터티에 무수히 많은 부분집합을 만들 수 있는데, 이렇게 만들어진 부분 집합들을 가리키는 용어가 서브타입에 해당한다.

고객엔터티

고객번호	고객명	고객유형	고객형태	고객등급
10897	주진아	P	잠정	일반
100010	조정석	P	가입	우대
10897	유영석	P	가입	일반
10235	박영규	B	가입	우대
777	김길동	B	가입	VIP

고객유형 기준 부분집합 생성

개인고객

10897	주진아	P	잠정	일반
100010	조정석	P	가입	우대
10897	유영석	P	가입	일반

법인고객

10235	박영규	B	가입	우대
777	김길동	B	가입	VIP

고객등급 기준 부분집합 생성

일반고객

10897	주진아	P	잠정	일반
10897	유영석	P	가입	일반

우대고객

100010	조정석	P	가입	우대
10235	박영규	B	가입	우대

VIP 고객

777	김길동	B	가입	VIP

바. 서브타입명: 하나의 엔터티에서 만들어진 서브타입 각각에 부여한 이름을 말한다. 각각의 서브타입에 부여한 이름은 그 서브타입이 어떤 인스턴스들의 집합인지를 잘 나타낼 수 있는 용어로 붙인다. 가령, 고객 엔터티에서 개인고객 인스턴스만 모아 놓은 서브타입에는 '개인'이라는

서브타입명을 부여하고, 법인고객 인스턴스만을 표현하기 위해 '법인'이라는 서브타입명을 부여할 수 있다.

사. 서브타입세트: 서브타입세트를 설명하기 전에 서브타입, 즉 엔터티의 부분집합을 표현하는 기준을 먼저 설명해야 한다.

고객엔터티를 개인고객과 법인고객의 2개의 부분집합으로 나누어 표현했는데, 이 때 사용된 기준은 '고객유형'이라는 고객의 특성으로 구분한 것이며 고객엔터티를 '고객등급'이라는 기준으로 '일반고객', '우대고객', 'VIP고객'이라는 서브타입을 도출할 수도 있다.

이렇게 하나의 기준으로 도출된 서브타입의 모임, 예를 들어 고객유형기준으로 구분한 개인고객과 법인고객이라는 2개의 서브타입을 합쳐서 표현하는 용어가 서브타입세트이다.

따라서 고객등급을 기준으로 구분한 일반고객, 우대고객, VIP고객 서브타입들도 하나의 서브타입세트가 된다.

아. 서브타입세트명: 서브타입을 도출하기 위해 사용된 기준이 되는 속성이다. 3번의 설명에서 나오는 '고객유형'이나 '고객등급'이 서브타입세트명의 예에 해당한다. 다만, 서브타입을 표현하기 위한 속성이 반드시 물리적으로 존재할 필요는 없다는 점도 기억해야 한다.

서브타입은 업무 규칙의 표현을 위해 사용하는 개념으로 반드시 물리모델에 칼럼으로 만들어야 한다는 제한사항은 없으므로 칼럼은 만들지 않으면서 서브타입을 표현해야 한다면 아래 그림의 ①과 같이 표현할 수도 있다. ERwin(모델링도구)에서는 속성의 특성을 Logical only를 선택하면 된다.

아래 그림은 위 표에 나타난 서브타입들을 대표적인 모델링 툴인 DataWare DA와 ERwin을 사용해 나타낸 것이다. 그림에서 '고객'이라는 단어가 이 엔터티의 명칭인 것과 같이 '개인', '법인', '일반', '우대', 'VIP'는 서브타입의 명칭이 된다. 또, 음영처리된 박스에 들어있는 '고객유형'이라는 단어는 개인 서브타입과 법인 서브타입으로 구성된 서브타입셋의 명칭이고, 그 아래 음영처리된 박스에 들어있는 '고객등급'은 일반, 우대 및 VIP 서브타입으로 구성된 서브타입셋의 명칭이 된다. 아래 두 개의 모델에는 각각 1개의 엔터티와 5개의 서브타입, 2개의 서브타입세트가 표현되어 있다.

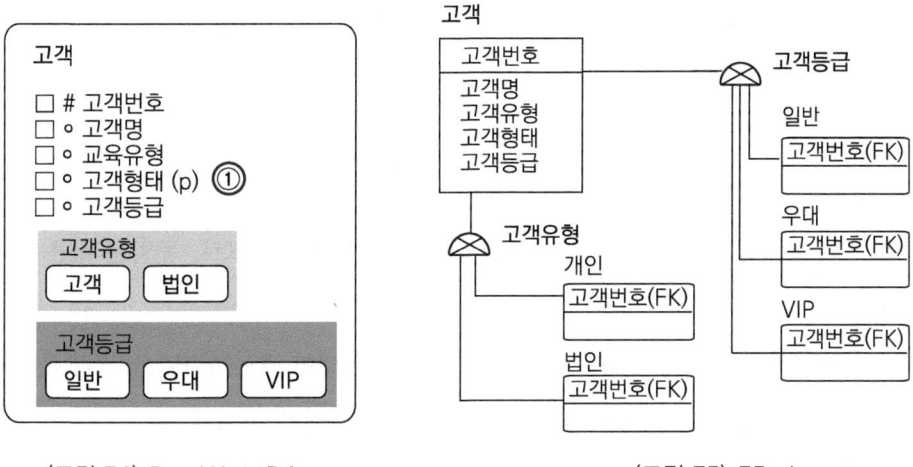

<그림 74> DataWare DA　　　　　　<그림 75> ERwin

위의 설명에서 주의할 점은 서브타입의 전체집합이 반드시 엔터티일 필요는 없다는 것이다. 하나의 서브타입을 전체집합으로 하는 하위 서브타입도 정의할 수 있으며, 이때 전체집합을 가리키기 위해 '슈퍼타입'이라는 용어를 사용한다. 즉, 엔터티에 서브타입을 생성하면 엔터티가 슈퍼타입이 되고, 하나의 서브타입에 하위 서브타입을 정의하면 상위 서브타입은 슈퍼타입이 된다.

자. 서브타입 표현의 비교

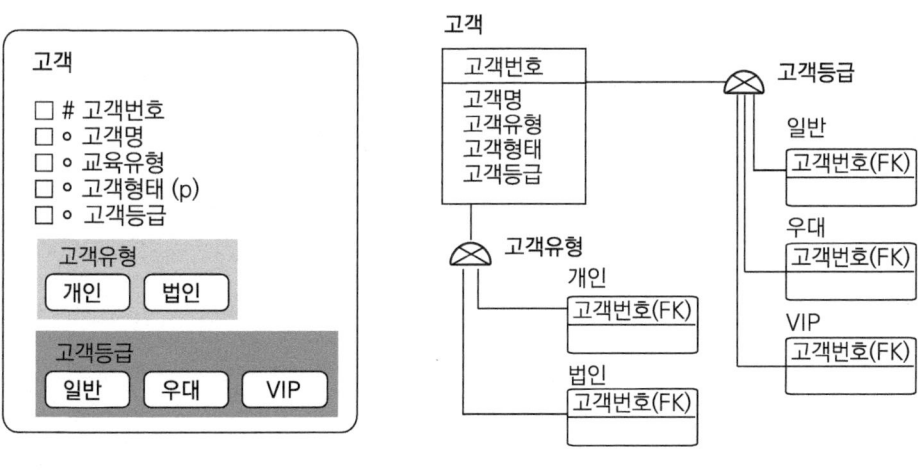

<그림 76> DataWare DA　　　　　　<그림 77> ERwin

Ⅳ. 데이터 모델링

가장 눈에 띠는 특징이 DataWare DA는 서브타입을 엔터티의 안쪽에 표현한 것이고 ERwin은 엔터티의 외부에 별도의 엔터티처럼 표현한 것이다.

※ DataWare DA의 상대적 장점
1. 서브타입의 크기가 작고, 엔터티와 서브타입 간의 관계선이 없으므로, 동일한 내용을 더 작은 영역에 간단하게 표시할 수 있다.
2. 서브타입이 엔터티에 내부에 표현되므로 업무 규칙을 상세히 표현하더라도 그리 복잡해 보이지 않는 반면에 ERwin으로 작성하게 되면 모델이 커지고 복잡해 보이게 된다.
3. DataWare DA는 물리 모델 전환 시에 서브타입과 테이블의 관계를 확정하더라도 논리 모델에서는 기존의 서브타입으로 표현되어 있으나, ERwin에서는 일단 rolling up 또는 rolling down을 하게 되면 이전 상태로 되돌릴 수 없다.

※ ERwin의 상대적 장점
1. 전체집합에서 상속받은 식별자 이외에 별도의 식별자를 추가 지정할 수 있다.
2. ERwin은 속성이 없더라도 서브타입을 표현할 수 있지만, DataWare DA는 논리적 속성
   (pseudo 또는 drop으로 지정)이라도 만들어야 서브타입을 만들 수 있다.

어느 한 쪽의 약점이 커 보이지는 않으나, 업무 규칙을 상세하게 표현하려고 하면 ERwin이 매우 복잡하게 되는 부분은 문제가 될만한 소지가 있는데 그 이유는 아래 그림과 같이 동일한 내용의 서브타입이라도 ERwin은 상당히 복잡해 보일 수 있기 때문이다.

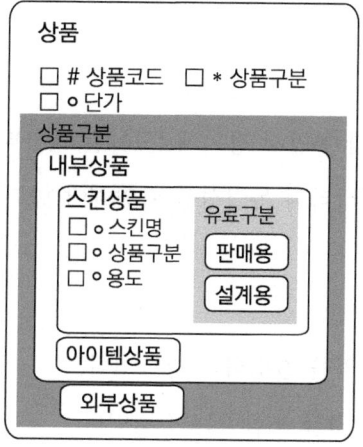

〈그림 78〉 DataWare DA

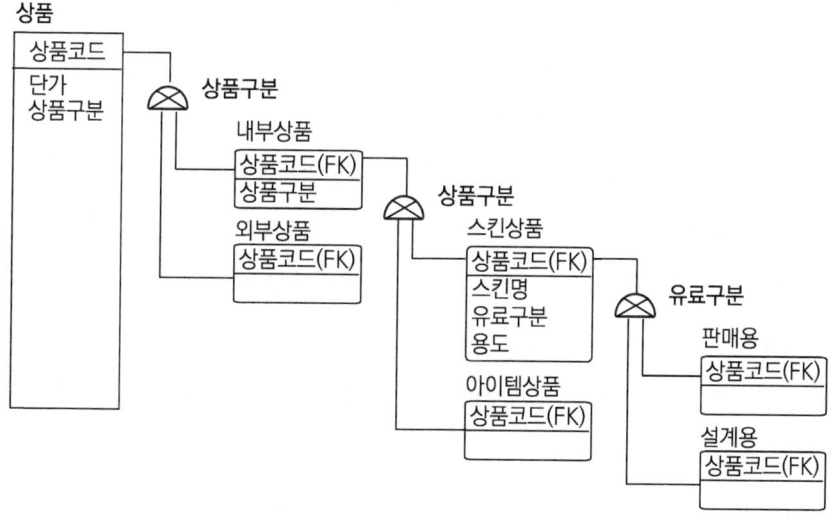

〈그림 79〉 ERwin

반면 ERwin의 장점으로 지정된 상속받은 식별자 이외의 식별자를 추가할 있는 부분은 거의 이렇게 사용되는 경우가 없으므로 큰 장점이라 할 수 없으므로 서브타입의 표현에서만큼은 DataWare가 더 우수하다고 볼 수 있다.

8. 엔터티 통합과 분할

가. 엔터티의 독립성
: 새롭게 정의하고자 하는 엔터티가 앞서 정의해 둔 어떤 엔터티에도 포함되지 않는 독립적인 집합인지를 확인해야 한다. 즉, 엔터티의 독립성을 확인해야 한다.

나. 엔터티 분할/통합
: 집합의 일부가 겹쳐있을 때 모양을 결정하는 방법이다.
- 어느 한 집합을 확장하여 나머지를 포함하는 방법이다.
- 교차된 부분을 어느 한쪽 집합에서만 가지도록 해 분리하는 방법이다.
- 교차되는 부분이 있더라도 두 집합을 별개의 집합으로 간주하고 필요 시 관계를 맺는 방법이다.

다. 집합 동질성 확대를 통한 집합 통합 사례
1) 보험회사의 대리점 사례: 보험회사에서 대리점은 조직과 유사한 집합으로 볼 수도 있고, 사원과 유사한 집합으로 볼 수 있다. 보험회사라면 보험모집, 고객관리 등의 주체가 되는 개체는 사람인 사원이나 설계사뿐만 아니라 대리점이 될 수도 있으므로 이러한 집합은 많은 행위를 공통으로 한다는 입장에서 보면 매우 유사성이 강한 집합이다. 또한 개인도 자격 조건에 따라서 대리점이 될 수 있어 조직의 의미보다는 설계사나 사원의 역할을 하는 경우가 많기 때문에 사원 집합을 확장하여 여기에 포함시키고 있다.
2) 통신회사의 대리점 사례: 통신회사의 대리점은 회사의 조직처럼 실적 관리의 단위가 되거나 일반 부서와 유사한 업무 처리를 하므로 조직으로 보는 것이 일반적이라 할 수 있다.
3) 대리점 사원: 대리점 사원을 사원이라는 의미에서 동질성을 찾았다면 사원 엔터티에 포함시켜야 옳다. 그러나 행위의 주체로서 사원과 동격의 의미를 가지는 것은 대리점이고, 대리점 사원은 단지 참조 정보로서 관리하고자 한다면 대리점은 사원 집합에 포함시키고 대리점 사원은 별도의 엔터티로 분리하여 불필요하게 사원의 의미를 희석하지 않는 것이 좋은 방법이다.

라. 유연성 향상을 위한 통합

: 동질성을 확장해 중첩된 집합을 포함시키면 이들 간의 집합적 관계는 명확해진다. 유연성과 단순성을 향상할 순 있지만 지나친 확장은 집합의 의미를 희석한다.

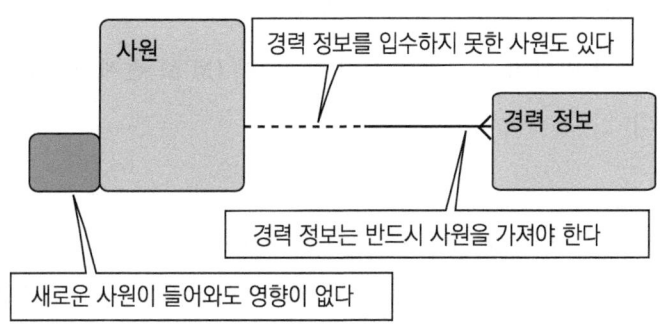

〈그림 80〉 유연성 향상을 위한 통합 예

· 키 엔터티(사원)는 최대한 통합되어 집합이 늘어나도 하위에 거의 영향이 없으므로 통합 시도하는 것이 바람직하다.

5절. 관계 정의

1. 관계 정의

· 개체 간의 관계 또는 속성 간의 관계(Relationship)
· 일대일(1:1): 개체 집합 A의 각 원소가 객체 집합 B의 원소 한 개와 대응하는 관계
· 일대다(1:n): 개체 집합 A의 각 원소는 개체 집합 B의 원소 여러 개와 대응하고 있지만, 개체 집합 B의 각 원소는 개체 집합 A의 원소 한 개와 대응하는 관계
· 다대다(n:m): 개체 집합 A의 각 원소는 개체 집합 B의 원소 여러 개와 대응하고, 개체 집합 B의 각 원소도 개체 집합 A의 원소 여러 개와 대응하는 관계

2. 관계 이해

가. 관계도 집합에 해당한다.
나. 직접 관계를 관계라고 함: 직접 종속인 것만 관계로 본다.
다. 두 엔터티 간에는 하나 이상의 관계가 존재할 수 있다. (M:M 관계 존재)
라. 외래키(FK)로 정의
마. 관계의 관점
· 항상 두 엔터티 간에 존재, 항상 두 개의 관점을 가진다.
· 데이터의 양방향 업무 규칙을 표현, 관계를 통해 정보로서의 활용 가치가 상승한다.
· 관계는 외래키로 구현되어 참조 무결성(RI, Referential Integrity)으로 데이터 정합성 유지의 역할을 하게 된다.

3. 관계 표현

가. 관계 형태(Degree/Cardinality)
1) 하나 이상(Many): 1:M 관계는 1:1 관계가 포함되어 있다는 것이다.
2) 단 하나(Only One)

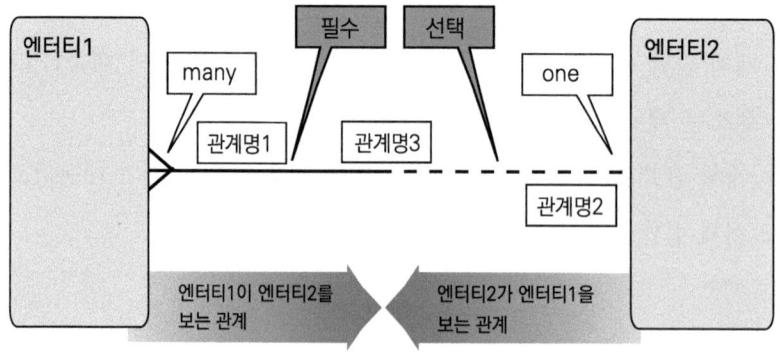

〈그림 81〉 관계 형태 예

나. 선택 사양(Optionality): 점선은 존재하지 않을 수 있으며, 직선은 반드시 존재한다.

1) 일반적인 형태: 주로 참조하는 엔터티(M쪽)는 참조되는 엔터티(1쪽)가 반드시 존재, 반대는 옵션 관계가 많다.

2) 바람직한 형태: 가능한 직선 관계를 가져야 한다. (특히 자식 쪽에서)

다. 두 엔터티 간 연관성 및 관계의 연관도

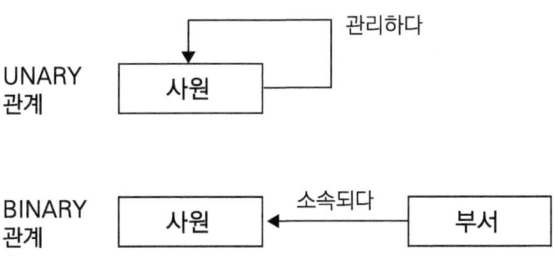

라. 관계명의 부여

1) 두 개의 관계 멤버십에 각각 부여: 각자 상대방 입장에서 기술한다.

2) 현업에서 사용하는 간결한 동사형으로 표현한다.

· 두 엔터티 타입 간의 업무적 연관성을 나타내는 이름을 부여한다.

· 현재 시제를 사용, 다른 관계명과의 유일성은 확보되지 못한다.

· 능동/수동형은 가급적 배제한다.

3) 업무적 의미가 없거나 애매모호한 용어는 배제한다.

  예) ~(관계가) 있다, ~(관련이) 있다, ~이다 등

4) 관계명은 관계명 부여의 중심이 되는 엔터티에서 보았을 때 관계의 시계방향에 위치시킨다. 양방향으로 관계명을 생각할 수 있으나 의미가 더욱 명확한 관계명을 선택하여 한쪽 방향의 관계명만을 나타낸다.

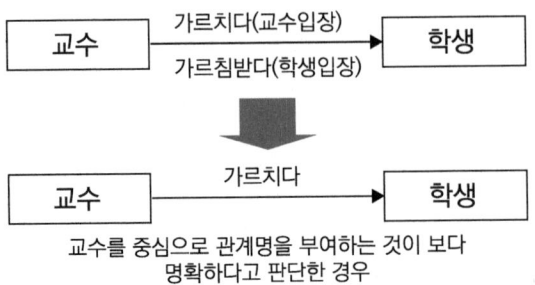

〈그림 82〉 관계명 부여 예시

마. 관계 수

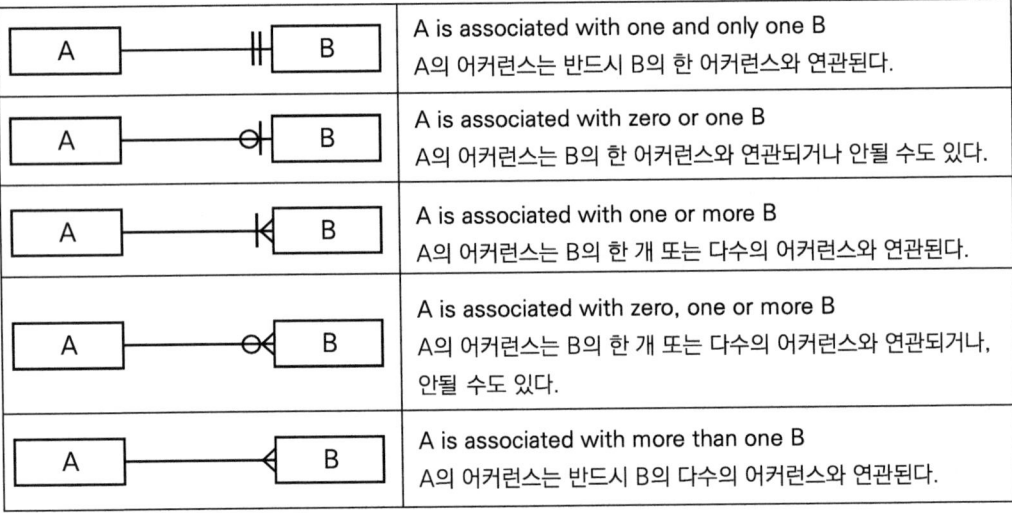

4. 관계 정의 방법

가. 관계 구문 이해

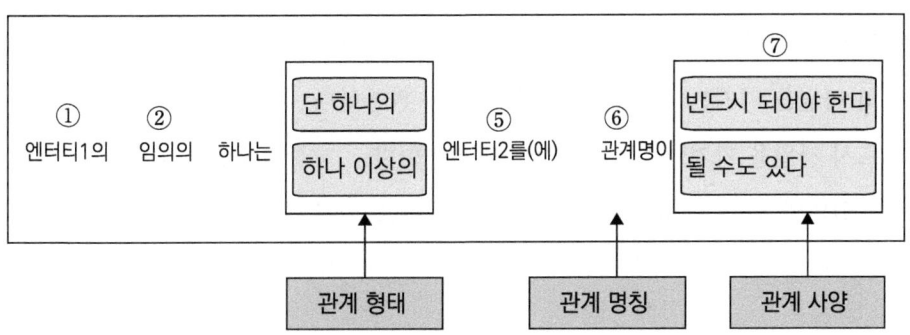

〈그림 83〉 관계 구문 예

나. 관계 정의 절차

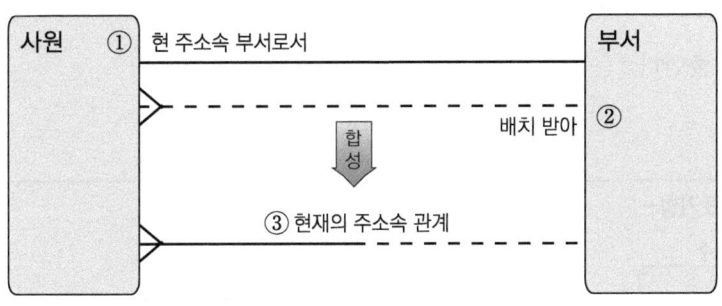

〈그림 84〉 관계 정의 예

1) 사원을 주어로 부서를 보는 관계에서 판단해야 할 사항 예제
· 사원 엔터티의 임의의 한 개체가 부서 엔터티에 단 하나의 개체에만 소속될지 하나 이상일지 판단한다.
· 지금까지 소속되었던 모든 부서를 찾고자 하는 것인지, 현재 부서만 찾고자 하는지 판단한다.
· 겸임하는 사원에 대한 처리 방안을 판단한다.

- 현재 소속을 가지지 않은 사원이 단 한 명이라도 있는지 판단한다.
- 사원 엔터티가 우리 회사뿐만 아니라 관계사 등에서 파견돼서 근무하는 사람까지 포함인지 판단한다.

2) 부서를 주어로 사원을 보는 관계에서 판단해야 할 사항 예제
- 하나 이상의 사원을 가지는 부서가 있을 수 있는지 판단한다.
- 부서가 반드시 사원을 가져야 하는지, 아닌지 판단한다.
- 최종적으로 임의의 부서는 하나 이상의 사원을 현 주소속 부서로 배치 받을 수 있다로 결정한다.

5. 관계의 패어링(Pairing)

- 엔터티 안에 인스턴스가 개별적으로 관계를 가지는 것이다.
- 패어링의 집합 → 관계
- 아래 그림에서 인스턴스 각각은 자신의 연관성을 가지고 있을 수 있으며, 이것을 집합하여 '강의'라는 관계를 도출한다.

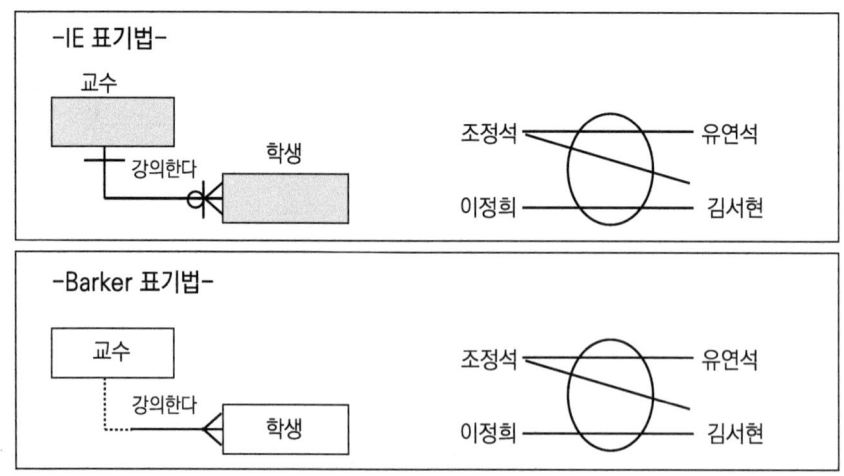

〈그림 85〉 관계의 패어링

6. 관계의 표기법

· 관계명(Membership): 관계의 이름
· 관계차수(Cardinality): 1:1, 1:M, M:N
· 관계선택사양(Optionality): 필수관계(not null), 선택관계(nullable, O를 표시)

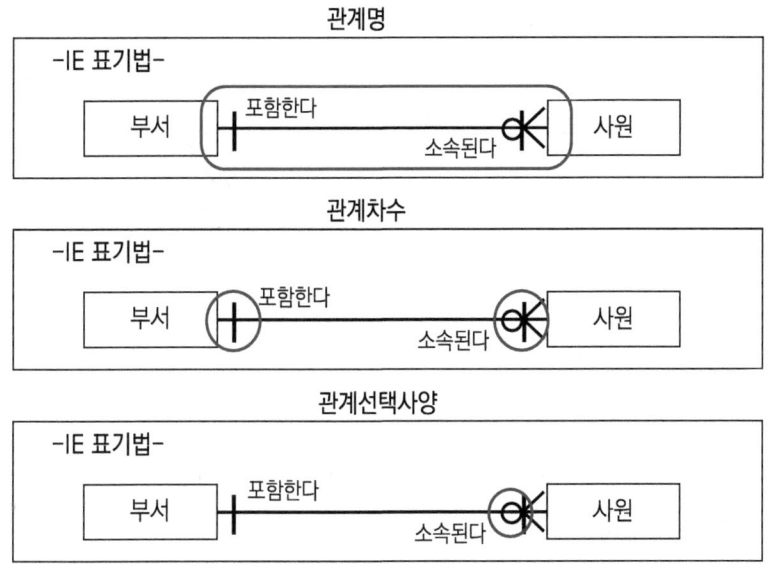

〈그림 86〉 관계의 표기법

7. 관계 형태

가. 1:1 관계(Relationship)
: 어느 쪽에서든 반드시 단 하나씩과 관계를 가지는 것이다.

1) 특징: 현실에서 드물며 업무의 흐름에 따라 데이터가 설계된 경우 많이 발생하고, 엔터티 수직 분할 시 많이 발생한다.

2) 필수-선택 관계: 한쪽은 실선이고 한쪽은 점선이 되는 모습

3) 필수-필수 관계: 양쪽 모두 실선, 서로 필요충분조건을 만족하면 서로 동치라는 것을 의미, 수직 분할 시 발생한다.

4) 선택-선택 관계: 양쪽 모두 점선, 자주 발생하지 않음, 나중에 테이블로 설계해야 한다면 합집합을 만들어야 한다.

나. M:1 관계

1) 특징: 가장 흔한 형태로, 내가 참조할(부모쪽) 정보는 나에 대해 반드시 하나만 존재해야 참조할 때 내 집합에 변화가 생기지 않으므로 내가 참조하는 엔터티는 반드시 1쪽이 될수밖에 없다.

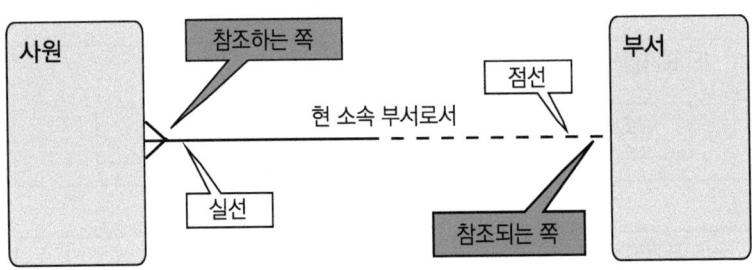

〈그림 87〉 M:1 관계의 일반적인 형태 예

2) One to many relationship (Both Side Mandatory)
· 현실 세계에서 가끔 발생하는데, 주문 아이템이 없는 주문은 업무적 의미가 없고, 주문이 없는 주문 아이템도 의미가 없다.

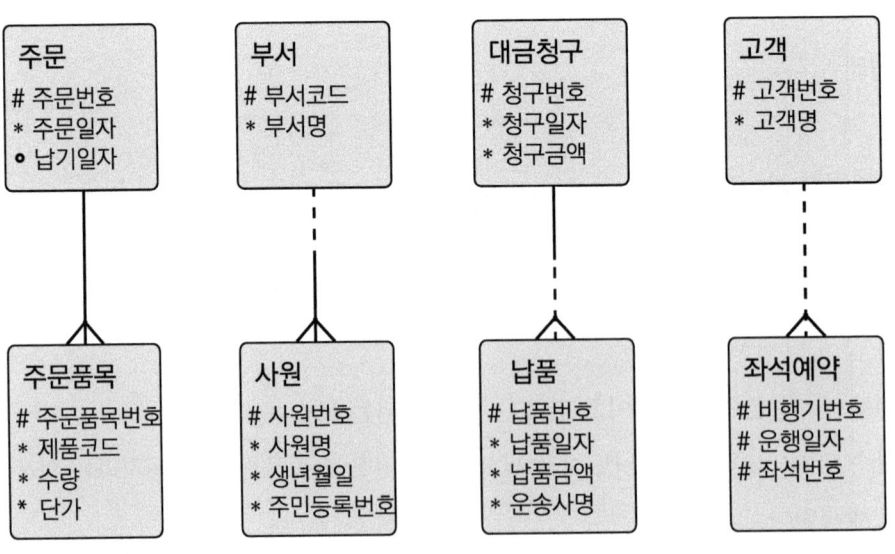

〈그림 88〉 M:1 관계의 종류 예

3) One to many relationship (One Optional)
· 현실 세계에 가장 많은 형태로, 모든 사원은 반드시 하나의 부서에 소속되어야 하며 사원이 없는 부서는 존재 가능하다.
4) One to many relationship (Many Optional)
· 현실적으로 드문 형태로, 여러 번의 납품 건에 대해 한 번에 청구를 하는 경우가 있다. (선 납품)
5) One to many relationship (Both Side Optional)
· 현실 세계에 흔한 형태로, 선택성이 증가할수록 모델의 모호성도 증가하므로 될 수 있으면 선택성을 해소해야 한다.

다. M:M 관계
· 양쪽에서 모두 1:M 관계가 존재할 때, 양쪽 모두 점선인 것이 기본형이다.
· 아주 빈번히 발생하는 형태지만 모델링이 완료된 후에는 M:M은 존재하지 않으며, 새로운 관계를 도출하여 해소해야 한다.
· 꼭 M:M 을 분해했을 시 1:M 으로 되는 것은 아니며 완전 해소까지 분해해야 한다.

라. 다중 관계 처리
1) 특징: 두 엔터티 간에 하나 이상의 관계를 가지고 있는 형태로, 통합/분할과는 다른 개념이다.

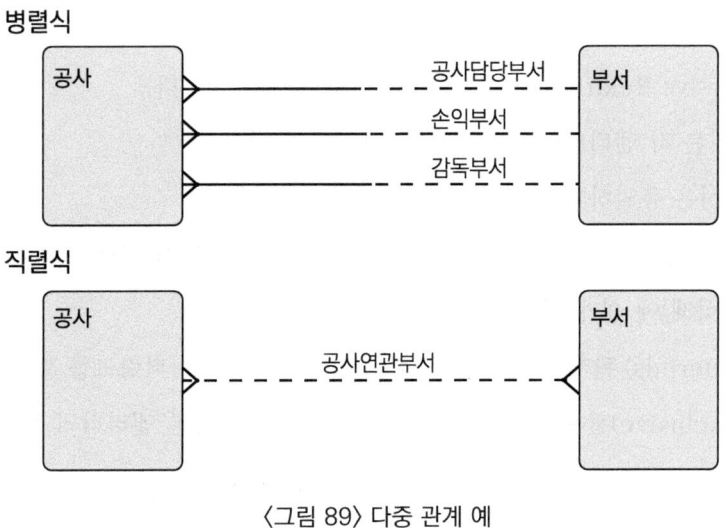

〈그림 89〉 다중 관계 예

2) 병렬식 관계: 말 그대로 관계들을 별도의 관계로 간주함으로써 여러 개의 관계 선분으로 나타난다.

3) 병렬식 관계 특징

 가) 테이블이 될 때 여러 개의 칼럼으로 나열된다.

 나) 하나의 로우(row)에서 관리되므로 새로운 테이블을 추가할 필요 없다.

 다) 인덱스 수가 증가하고 SQL이 복잡해진다.

 라) 새로운 관계의 추가, 관계 형태의 변경 등에 매우 취약한 형태이다. (직렬식보다 훨씬 유연성 부족)

 마) 관계 내용별로 상세 정보를 관리할 수 없으며, 관리하려면 새로운 엔터티를 추가해야 한다.

4) 직렬식 관계: 몇 개의 관계를 모아 상위 개념으로 통합함으로써 하나의 관계로 관리한다.

5) 직렬식 관계 특징

 가) 관계들을 관리하는 새로운 엔터티가 추가되어야 한다.

 나) 관계들이 로우(row) 형태로 나타난다.

 다) 인덱스 수가 감소하고 SQL이 단순해진다.

 라) 새로운 관계의 추가, 관계 형태의 변경 등에 매우 유연한 형태이다.

 마) 관계 내용별로 상세 정보를 관리할 수 있다. (자식 엔터티를 거느릴 수 있음)

마. 특수한 형태 관계

1) 순환 관계 (Recursive Relationship): 자기 자신과 관계를 맺는다.

· 하나의 순환 엔터티는 각 엔터티의 모든 속성을 포함해야 한다.

· 각 계층에 있는 속성은 동일하게 하는 것이 좋다.

· 순한 모델은 필수(직선) 관계로 할 수 없고(무한 Loop 발생), 반드시 선택 관계이다.

· 조직의 변경(추가/삭제)에 쉽게 대응할 수 있다.

2) BOM (Bill of Materials) 관계: 네트워크 구조(전철노선이나 하이퍼링크를 갖는 웹 도큐먼트)

3) Arc(Mutually Exclusive)관계: 어떤 엔터티가 두 개 이상의 다른 엔터티의 합집합과 릴레이션을 갖는다.

· 아크 내에 있는 관계는 보통 동일하다.
· 릴레에션십은 항상 필수이거나 선택 사양이어야 한다.
· 아크는 반드시 하나의 엔터티에만 속해야 한다. (하나의 아크가 여러 엔터티를 가질 수 없음)
· 어떤 엔터티는 다수의 아크를 가질 수 있으나 지정된 관계는 단 하나의 아크에만 사용되어야 한다.

6절. 관계 데이터 모델

1. 관계 데이터 모델 개념
· 개념적 구조를 논리적 구조로 표현하는 논리적 데이터 모델이다.
· 하나의 개체에 대한 데이터를 하나의 릴레이션에 저장한다.

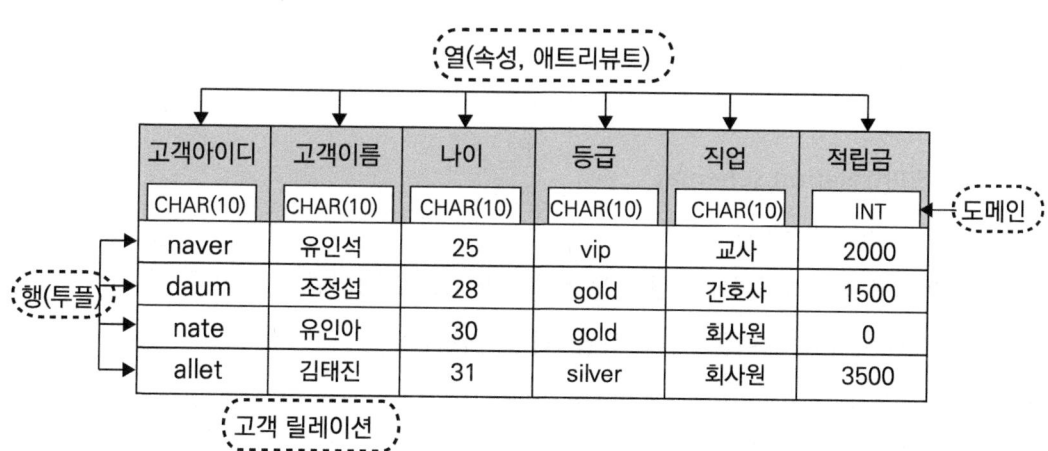

〈그림 90〉 릴레이션의 예: 고객 릴레이션

2. 관계 데이터 모델 기본 용어

- 릴레이션(relation): 하나의 개체에 관한 데이터를 2차원 테이블의 구조로 저장한 것으로, 파일 관리 시스템 관점에서 파일(file)에 대응한다.
- 속성(attribute): 릴레이션의 '열, 어트리뷰트'라고 하며, 파일 관리시스템 관점에서 필드(field)에 대응한다.
- 투플(tuple): 릴레이션의 행에 해당하며, 파일관리시스템 관점에서 레코드(record)에 대응한다.
- 도메인(domain): 하나의 속성이 가질 수 있는 모든 값의 집합으로, 속성 값을 입력 및 수정할 때 적합성의 판단기준이 되며, 일반적으로 속성의 특성을 고려한 데이터타입으로 정의한다.
- 널(null): 속성 값을 아직 모르거나 해당되는 값이 없음을 표현한다.
- 차수(degree): 하나의 릴레이션에서 속성의 전체 개수에 해당한다.
- 카디널리티(cardicality): 하나의 릴레이션에서 투플의 전체 개수에 해당한다.

3. 릴레이션의 구성

- 릴레이션 스키마(relation schema)
  - 릴레이션의 논리적 구조이다.
  - 릴레이션의 이름과 릴레이션에 포함된 모든 속성 이름으로 정의한다.
    예) 고객(고객아이디, 고객이름, 나이, 등급, 직업, 적립금)
  - 릴레이션 내포(relation intension)라고도 한다.
  - 정적인 특징이 있다.
- 릴레이션 인스턴스(relation instance)
  - 어느 한 시점에 릴레이션에 존재하는 투플들의 집합이다.
  - 릴레이션 외연(relation extension)이라고도 한다.
  - 동적인 특징이 있다.

고객아이디	고객이름	나이	등급	직업	적립금
naver	유인석	25	vip	교사	2000
daum	조정섭	28	gold	간호사	1500
nate	유인아	30	gold	회사원	0
allet	김태진	31	silver	회사원	3500

첫 번째 행(고객아이디 ~ 적립금): 릴레이션 스키마
나머지 행: 릴레이션 인스턴스

〈그림 91〉 릴레이션 구성의 예: 고객 릴레이션

4. 릴레이션의 특성

· 투플의 유일성: 하나의 릴레이션에는 동일한 투플이 존재할 수 없다.
· 투플의 무순서: 하나의 릴레이션에서 투플 사이의 순서는 무의미하다.
· 속성의 무순서: 하나의 릴레이션에서 속성 사이의 순서는 무의미하다.
· 속성의 원자성: 속성값으로 원자값만 사용 가능하다.
※관계 데이터 모델에서 4가지의 특성을 만족해야 릴레이션으로 인정받는다.

5. 데이터베이스의 구성

· 데이터베이스 스키마(database schema)
 - 데이터베이스의 전체 구조
 - 데이터베이스를 구성하는 릴레이션 스키마의 모음
· 데이터베이스 인스턴스(database instance)
 - 데이터베이스를 구성하는 릴레이션 인스턴스의 모음

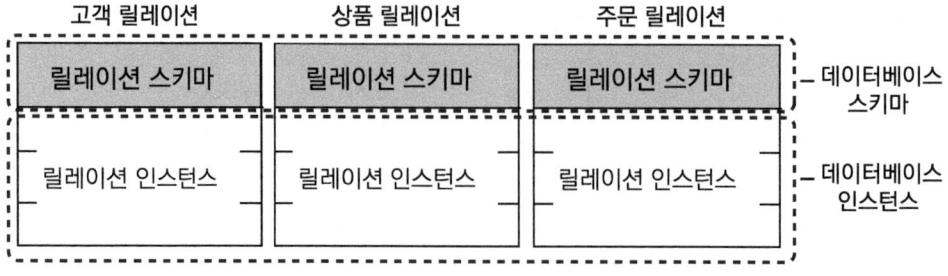

<그림 92> 데이터베이스 구성의 예: 쇼핑몰 데이터베이스

6. 키(key)

가. 키의 정의

: 릴레이션에서 투플들을 유일하게 구별하는 속성 또는 속성들의 집합이며, 중복 여부를 효과적으로 알 수 있도록 하는 수단이다.

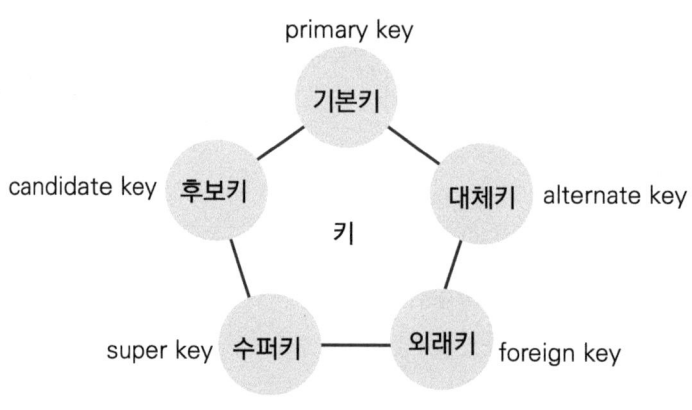

<그림 93> 키의 종류

나. 키의 특성

· 유일성(uniqueness): 하나의 릴레이션에서 모든 투플은 서로 다른 키 값을 가져야 한다.
· 최소성(minimality): 꼭 필요한 최소한의 속성들로만 키를 구성한다.

다. 키의 종류

· 슈퍼키(super key): 유일성을 만족하는 속성 또는 속성들의 집합
  예) 고객 릴레이션의 슈퍼키: 고객아이디, (고객아이디, 고객이름), (고객이름, 주소) 등
· 후보키(candidate key): 유일성과 최소성을 만족하는 속성 또는 속성들의 집합
  예) 고객 릴레이션의 후보키: 고객아이디, (고객이름, 주소) 등
· 기본키(primary key): 후보키 중 튜플을 식별하는데 기준으로 사용할 키
  예) 고객 릴레이션의 기본키: 고객아이디
· 대체키(alternate key): 후보키 중 기본키로 선택되지 못한 나머지 키
  예) 고객 릴레이션의 대체키: (고객이름, 주소)

고객아이디	고객이름	나이	등급	직업	적립금	주 소
naver	유인석	25	vip	교사	2000	서울시 마포구 마포대로 127
daum	조정섭	28	gold	간호사	1500	경기도 용인시 당산로 21
nate	유인아	30	gold	회사원	0	서울시 양천구 목동로 32
allet	김태진	31	silver	회사원	3500	경기도 안산시 단원구 안성로

(고객아이디 위에 「기본키」 표시)

〈그림 94〉 주소 속성이 추가된 릴레이션의 예: 고객 릴레이션

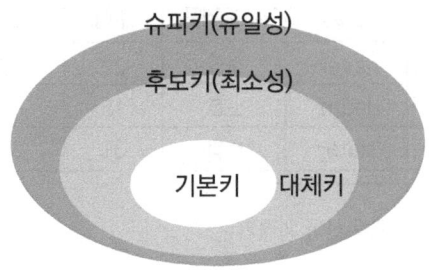

〈그림 95〉 키의 관계

- 외래키(foreign key): 다른 릴레이션의 기본키를 참조하는 속성 또는 속성들의 집합
- 릴레이션들 간의 관계를 표현
  - 참조하는 릴레이션: 외래키를 가진 릴레이션
  - 참조되는 릴레이션: 외래키가 참조하는 기본키를 가진 릴레이션

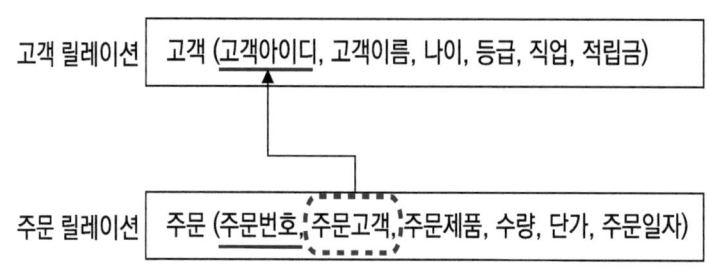

〈그림 96〉 고객 릴레이션과 주문 릴레이션의 스키마

고객 릴레이션

고객아이디	고객이름	나이	등급	직업	적립금
naver	유인석	25	vip	교사	2000
daum	조정섭	28	gold	간호사	1500
nate	유인아	30	gold	회사원	0
allet	김태진	31	silver	회사원	3500

고객 릴레이션의 기본키

주문 릴레이션

주문번호	주문고객	주문제품	수량	단가	주문일자
0110	naver	화일	20	2000	2019-01-01
0111	daum	노트	15	500	2019-01-05
0112	nate	수첩	31	3500	2019-01-10

주문 릴레이션의 기본키

주문 릴레이션의 외래키

〈그림 97〉 외래키의 예: 고객 릴레이션과 주문 릴레이션

※외래키 속성과 그것이 참조하는 기본키 속성의 이름은 달라도 되지만 도메인은 같아야 한다.

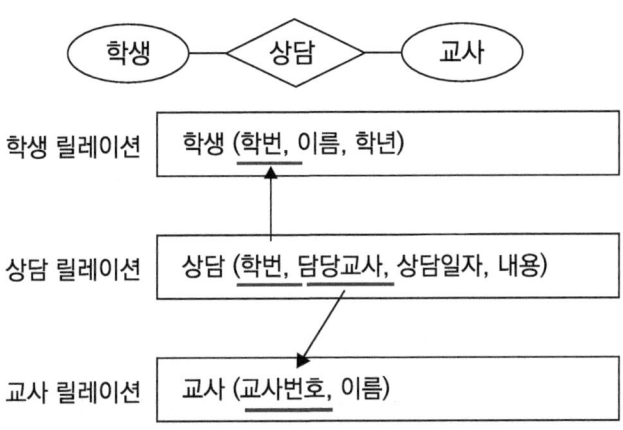

〈그림 98〉 학생상담 데이터베이스 스키마

※하나의 릴레이션에는 외래키가 여러 개 존재할 수도 있고 외래키를 기본키로 사용할 수도 있다.

고객아이디	고객이름	나이	등급	직업	적립금	추천고객
naver	유인석	25	vip	교사	2000	giga
daum	조정섭	28	gold	간호사	1500	allet
nate	유인아	30	gold	회사원	0	naver
allet	김태진	31	silver	회사원	3500	NULL

(고객아이디: 고객 릴레이션의 기본키, 추천고객: 고객 릴레이션의 외래키)

〈그림 99〉 기본키와 외래키의 관계가 함께 정의된 고객 릴레이션

※같은 릴레이션의 기본키를 참조하는 외래키도 정의할 수 있으며, 외래키 속성은 널(NULL) 값을 가질 수도 있다.

7. 관계 데이터 모델의 제약

가. 무결성 제약조건(integrity constraint)
· 데이터의 무결성을 보장하고 일관된 상태로 유지하기 위한 규칙이다.
· 무결성: 데이터를 결함이 없는 상태, 즉 정확하고 유효하게 유지하는 것이다.

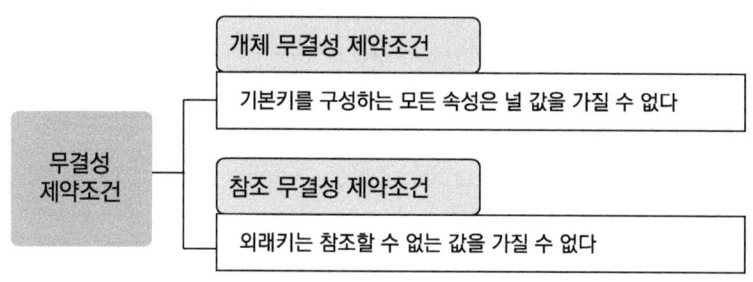

〈그림 100〉 관계 데이터 모델의 무결성 제약조건

나. 개체 무결성 제약조건(entity integrity constraint)
· 기본키를 구성하는 모든 속성은 널(Null) 값을 가질 수 없다는 규칙이다.

고객아이디	고객이름	나이	등급	직업	적립금
naver	유인섭	25	vip	교사	2000
NULL	조정섭	28	gold	간호사	1500
nate	유인아	30	gold	회사원	0
NULL	김태진	31	silver	회사원	3500

〈그림 101〉 개체 무결성 제약조건을 위반한 릴레이션의 예: 고객 릴레이션

다. 참조 무결성 제약조건(referential integrity constraint)
· 외래키는 참조할 수 없는 값을 가질 수 없다는 규칙이다.

고객 릴레이션

고객아이디	고객이름	나이	등급	직업	적립금
naver	유인석	25	vip	교사	2000
daum	조정섭	28	gold	간호사	1500
nate	유인아	30	gold	회사원	0
allet	김태진	31	silver	회사원	3500

고객 릴레이션의 기본키: 고객아이디

주문 릴레이션

주문번호	주문고객	주문제품	수량	단가	주문일자
0110	cyber	화일	20	2000	2019-01-01
0111	daum	노트	15	500	2019-01-05
0112	nate	수첩	31	3500	2019-01-10

주문 릴레이션의 기본키: 주문번호
주문 릴레이션의 외래키: 주문고객

〈그림 102〉 참조 무결성 제약조건을 위반한 릴레이션의 예: 주문 릴레이션

고객 릴레이션

고객아이디	고객이름	나이	등급	직업	적립금
naver	유인석	25	vip	교사	2000
daum	조정섭	28	gold	간호사	1500
nate	유인아	30	gold	회사원	0
allet	김태진	31	silver	회사원	3500

주문 릴레이션

주문번호	주문고객	주문제품	수량	단가	주문일자
0110	naver	화일	20	2000	2019-01-01
0111	daum	노트	15	500	2019-01-05
0112	NULL	수첩	31	3500	2019-01-10

〈그림 103〉 외래키가 널 값인 릴레이션의 예: 주문 릴레이션

※외래키 속성이 널 값을 가진다고 해서 참조 무결성 제약조건을 위반한 것은 아니다.

3장. 논리 데이터 모델링

1절. 논리 데이터 모델링 이해

1. 논리 데이터 모델링 정의
· 데이터베이스 설계 프로세스의 기초 설계 단계로써 비즈니스 정보의 구조와 규칙을 명확하게 표현할 수 있는 기법이다.
· ER다이어그램으로 표현된 개념적 구조를 데이터베이스에 저장할 형태로 표현한 논리적 구조이다.
· 물리적인 스키마(Schema) 설계를 하기 전 단계의 데이터 모델 상태이다.

2. 논리 데이터 모델의 구성요소
· 엔터티
· 관계(연관도 및 관계수)
· 수퍼타입 및 서브타입
· 속성 및 도메인
· 주키, 후보키, 대체키, 외래키
· 업무 규칙

3. 논리 데이터 모델링 이해

- 논리 데이터 모델링은 개념 데이터 모델링에서 정의한 핵심 엔터티와 관계를 바탕으로 속성을 정의하고 식별자를 확정하는 과정이다.
- 논리 데이터 모델링에서는 정규화를 통하여 새로운 엔터티가 생성되거나 또는 새로운 관계들이 생성된다.
- 논리 데이터 모델링은 많은 M:M 관계들이 해소되면서 새로운 행위 엔터티들이 생성되는 과정이다.
- 논리 데이터 모델링 작업은 비즈니스 관점이 아닌 비즈니스 및 관리에 필요한 모든 데이터 관점에서 모델링이 진행되어야 하므로 사용자 IP 주소나 ViewCount 같은 사용자와 관련 없는 시스템 관리 관점에서 필요한 데이터 속성들까지도 모델링에 반영해야 한다.
- 논리 데이터 모델링 작업은 개념 데이터 모델 정의에서 파악된 실체들의 세부 특성을 데이터 관점에서 파악하여 '데이터 정규화' 과정을 통해 진행한다.

가. 정규화 과정

- 관계형 데이터베이스(RDBMS)에서 데이터의 보존성을 높이고, 중복성은 줄여 저장공간의 최소화를 꾀하고 조회속도 등을 향상하기 위한 테이블을 구성하는 일련의 과정이다.
- 정규화는 1~5단계의 정규화 과정과 반정규화 과정이 있으며 보통 특수하고 복잡한 자료구조가 아니라면 제 3정규화 과정까지 진행하면 정규화 모델링이 완료된다.
- 정규화 과정을 통해 도출된 엔터티의 속성들의 기본 데이터 유형들을 지정한다.
- 기본적인 속성들의 데이터 유형에는 문자형, 숫자형, 날짜형 등이 있다.
- 논리 데이터 모델링 단계에서는 실제 사용할 DBMS 시스템 유형은 고려하지 않는다.

단계	내용
1NF(제1정규형)	릴레이션에 속한 모든 도메인이 원자 값(Atomic Value)만으로 되어 있는 릴레이션, 릴레이션의 모든 속성이 단순 영역에서 정의한다.
2NF(제2정규형)	릴레이션 R이 1NF이고, 키가 아닌 모든 속성이 기본키에 대하여 완전 함수적 종속관계 만족한다.
3NF(제3정규형)	릴레이션 R이 2NF이고, 키가 아닌 모든 속성이 기본키에 대해 이행적 종속 관계를 이루지 않도록 제한한다.
BCNF (Boyce-Codd 정규형)	릴레이션 R에서 결정자가 모두 후보키인 관계형이다.
4NF(제4정규형)	릴레이션 R이 2NF이고, 키가 아닌 모든 속성이 기본키에 대해 이행적 종속 관계를 이루지 않도록 제한한다.
5NF(제5정규형)	릴레이션 R의 모든 조인 종속성의 만족이 R의 후보키를 통해서만 만족한다.

(NF: Normal Form)

나. 정규화된 설계의 이점

· 기억장소 크기의 최소화

· 데이터 불일치 위험의 최소화

· 수정 및 삭제로 인한 이상 가능성 최소화

· 데이터 구조의 안정성 최대화

다. 제 1정규화

· 속성 원자 값 원칙 및 중복성 제거 원칙 및 PK 설정 원칙을 준수한다.

· 모든 엔터티는 유일키(Unique Key)이자 데이터 간 구분자 값인 PK(기본키=Primary Key)가 존재해야 한다.

· 모든 속성 값은 원자성, 즉 단일값 형태로 데이터 형태가 표현되어야 하며 중복되면 안 된다.

· 값이 중복되는 2개 이상 속성들은 별도의 엔터티로 분리해야 한다.

Case 1: 원자 값 위배

글번호	글 제목	글 내용	고객아이디	메일 주소	분류코드	분류설명
1	제목입니다.	내용입니다.	test	test@test.co.kr	Notice, Blog	공지사항,블로그
2	카페입니다.	카페 내용	blog	blog@test.co.kr	Café	카페

Case 1: 중복성 위배

글번호	글 제목	글 내용	고객아이디	메일 주소	분류코드	분류설명
1	제목입니다.	내용입니다.	test	test@test.co.kr	Notice	공지사항
1	제목입니다.	내용입니다.	test	test@test.co.kr	Blog	블로그
2	카페입니다.	카페 내용	café	blog@test.co.kr	Café	카페

Result: 속성 원자 값 준수 및 중복성 제거

글번호	글 제목	글 내용	고객아이디	메일 주소
1	제목입니다.	내용입니다.	test	test@test.co.kr
2	카페입니다.	카페 내용	café	cafe@test.co.kr

글번호	분류코드	분류설명
1	Notice	공지사항
1	Blog	블로그
2	Café	카페

· 위 Caste 1, Case 2 및 Result는 제 1정규화 예시에 해당한다.
· 하나의 게시글이 두 개의 분류를 가진다면 Case1의 분류코드와 분류설명 속성정보는 단일속성 단일값 원칙인 원자값 규치에 위배된다.
· Case 2의 경우 Case 1의 문제는 해결되었지만 다중속성의 값이 중복되어 나타나 중복성 원칙에 위배되어 중복되는 속성들을 별도의 게시글 엔터티와 분류코드 정보 엔터티로 분리하였다.
· 제 1정규형은 아래와 같이 표현할 수 있다.

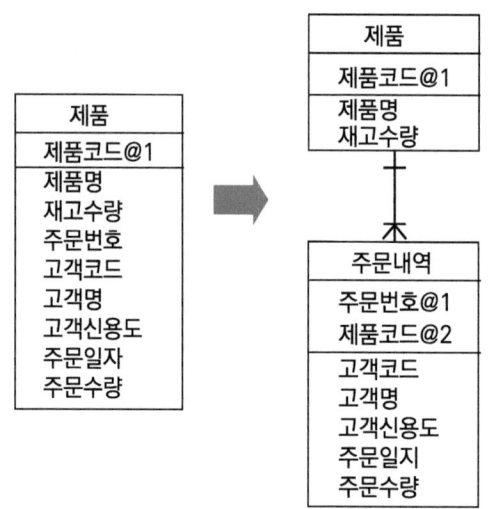

- 제 1정규형: 반복 또는 복수의 속성값을 갖는 속성을 제거한 모습이다.

제품코드	제품명	재고수량	주문번호	고객코드	고객명	고객신용도	주문일자	주문수량
175	전화기	35,000	96071	A001	신영물산	상	19961201	5,000
175	전화기	32,000	96110	C024	정명물산	중	19961203	3,000
329	냉장고	20,000	96000	E001	미래정보	상	19961210	1,000
329	냉장고	18,000	96000	A001	신영물산	상	19961201	2,000
329	냉장고	15,000	96000	C024	정명물산	중	19961203	3,000
854	컴퓨터	15,000	96000	E001	미래정보	상	19961210	200
854	컴퓨터	12,000	96000	C024	정명물산	중	19961203	300
854	컴퓨터	8,000	96000	E001	미래정보	상	19961210	400

← 반복그룹 →

라. 제 2정규화

- 부분적 함수의 종속성 속성 제거원칙을 준수한다.
- 기본키가 2개 이상으로 구성된 엔터티에서 일반속성이 PK속성들 중 일부 속성에 대해서만 부분적 종속성이 있는 속성일 경우 해당 속성을 제거한다.

글번호	글 제목	글 내용	고객아이디	메일 주소
1	제목입니다.	내용입니다.	test	test@test.co.kr
2	카페입니다.	카페 내용	café	cafe@test.co.kr

글번호	분류코드	분류설명
1	Notice	공지사항
1	Blog	블로그
2	Café	카페

글번호	글 제목	글 내용	고객아이디	메일 주소
1	테스트입니다.	내용입니다.	test	test@test.co.kr
2	Café	카페제목입니다.	내용입니다.	test

글번호	분류코드	분류일시
1	Notice	2020-01-01 00:01
1	Blog	2020-01-01 00:02
2	Café	2020-01-01 00:03

분류코드	분류설명
Notice	공지사항
Blog	블로그
Café	카페

· 위 표들은 제 2정규화 예시이다.
· 게시글 분류정보 엔터티에서 분류설명 속성은 PK인 글번호 및 분류코드 모두에 대해서 종속성이 있지 않고 분류코드에만 부분적 종속성이 있으므로 별도 테이블로 분리한다.
· PK(기본키)가 1개인 엔터티는 제 2정규화 대상에서 제외된다.
· 제 2정규형은 아래와 같이 표현할 수 있다.

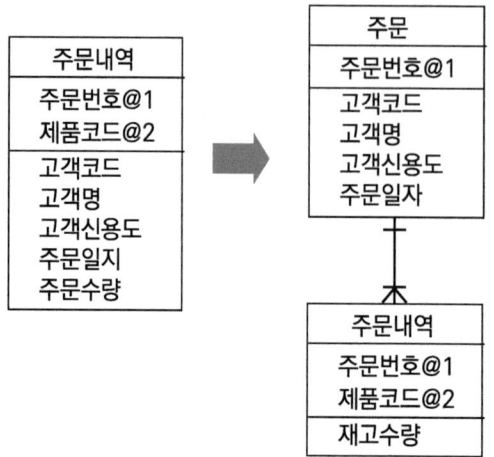

· 제 2정규형에서 주키의 일부에 종속되는 속성을 제거한 모습이다.

마. 제 3정규화
· 이행적 함수의 종속성 제거원칙을 준수한다.
· 기본적으로 엔터티내 모든 속성들은 기본키에 의존성을 가져야 한다.
· 기본키에 의존하지 않고 일반속성에 의존하는 속성을 제거 또는 분리한다.
· 메일주소는 글번호에 의존하지 않고 고객아이디에 의존하기 때문에 분리한다.

글번호	글 제목	글 내용	고객아이디	메일 주소
1	테스트입니다.	내용입니다.	test	test@test.co.kr
2	Café	카페제목입니다	ace	ace@daum.com

글번호	글 제목	글 내용	고객아이디
1	테스트입니다.	내용입니다.	test
2	Café	카페제목입니다	ace

글번호	분류코드	분류일시
1	Notice	2020-01-01 00:01
1	Blog	2020-01-01 00:02
2	Café	2020-01-01 00:03

분류코드	분류설명
Notice	공지사항
Blog	블로그
Café	카페

고객아이디	고객명	메일주소	전화번호
test	테스트입니다.	test@test.co.kr	010-1111-2222
ace	홍길동	test	010-2222-3333

· 위 표들은 제 3정규화 예시이다.
· 반정규화는 진행된 정규화 과정을 무시하고 특수 목적에 의해 의도적으로 정규화 과정을 되돌리는 정규화를 말한다.
· 제 3정규형은 아래와 같이 표현할 수 있다.

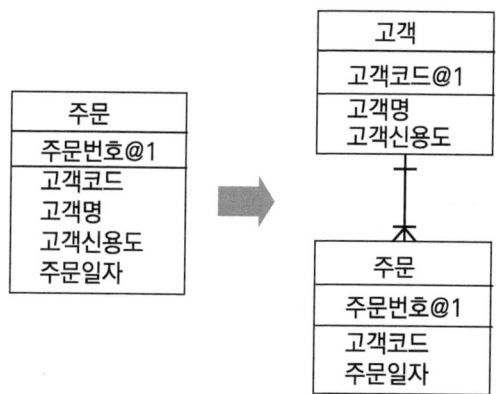

· 제 3정규형에서 주키가 아닌 속성에 종속적인 속성을 제거한 모습이다.

아래는 회원제 기반 게시글 관리 시스템을 위한 데이터 모델링 과정 중 논리 데이터 모델 단계에서 데이터 정규화 기법을 통해 도출된 최종 논리 ERD(Entity Relation Diagram)이다.

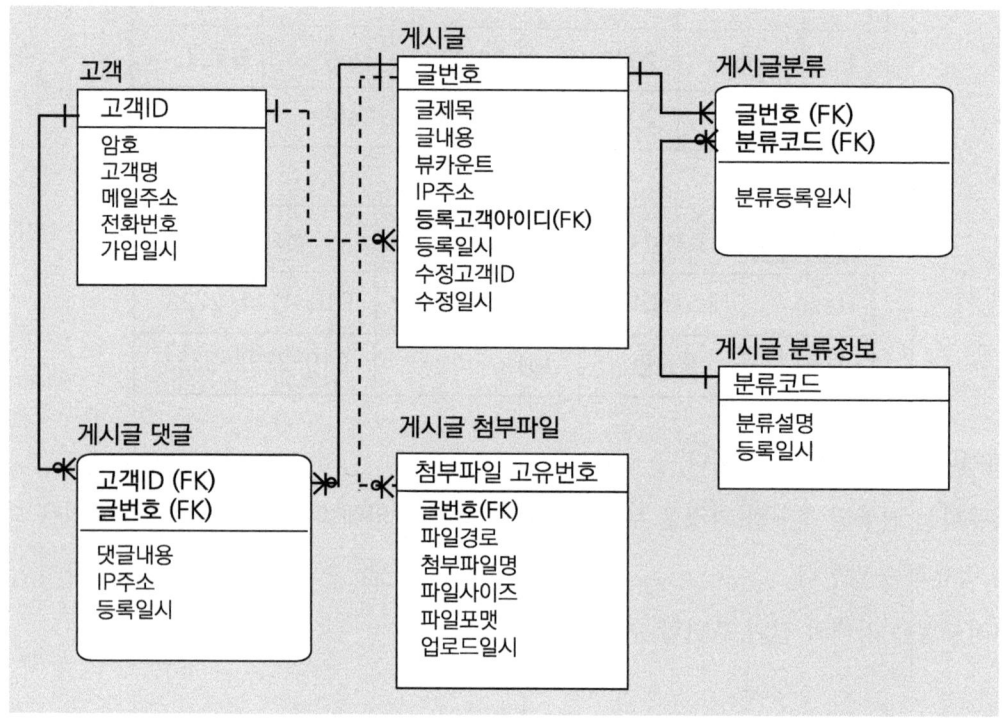

〈그림 104〉 게시글 관련 논리 ERD 모델

4. 논리 데이터 모델링 목적 및 효과
· 해당 비즈니스에 대한 데이터 관점에서의 명확한 이해를 돕는다.
· 전사적인 통합 데이터 체계를 확립한다.
· 데이터의 일관성 및 정확성 유지를 위한 규칙을 도출한다.
· 안정적인 데이터베이스 설계의 토대를 마련한다.
· 사용자와의 명확한 의사소통을 위한 수단으로 활용 가능하다.

5. 논리 데이터 모델링의 주요 성공 요인

- 업무에 능통한 현업 사용자와 함께 데이터 모델링을 진행한다. (업무를 데이터 관점에서 체계화하는 작업이므로 현업 사용자의 참여는 필수적임)
- 절차(Procedure)보다는 데이터에 초점을 두고 모델링을 진행한다.
- 데이터의 구조(Structure)와 무결성(Integrity)을 함께 고려한다.
- 개념화(Conceptualization), 정규화(Normalization) 기법 채택으로 데이터 무결성을 확보한다.
- 가능하면 다이어그램을 이용하여 업무를 표현한다.
- 데이터 모델링을 지원하는 데이터 사전을 구축한다.

2절. 속성 정의

1. 속성 개념

가. 속성 정의: 더 이상 분리될 수 없는 최소의 데이터 보관단위이다.
- 릴레이션의 열, 어트리뷰트
- 파일 관리 시스템 관점에서 필드(field)에 대응한다.
- 속성은 엔터티에서 관리되는 구체적인 정보 항목이다.
- 속성은 더 이상 분리될 수 없는 최소의 데이터 보관 단위이다.
- 속성도 엔터티와 같이 업무 내용, 다양한 문서들을 통하여 도출된다.
- 속성을 정의하는 순서는 먼저 후보들을 도출하고 속성이 될 수 있는 조건들에 부합하는지를 확인하여 최종적으로 속성을 정의한다.

나. 속성 특징
1) 속성의 어원적 의미: 가공되지 않는 것, 원천적인 것, 독자적인 성질이 있는 것이다.

2) 속성도 일종의 집합이다.

3) 릴레이션도 속성이다. (물리 데이터 모델링 단계에서 보면 관계 또한 결국은 일종의 속성)

4) 속성들 간은 서로 독립적이다. (속성들은 반드시 식별자에 직접 종속되어야 함, 2정규형)

5) 업무에 필요한 정보이다.

6) 한 개의 속성값만 가지며, 다중값일 경우 별도의 엔터티를 이용하여 분리해야 한다.

다. 속성의 분류

· 특성에 따른 분류

명칭	설명
기본속성	· 업무로부터 추출한 값 예) 이름, 성별, 이메일주소
설계속성	· 규칙화를 위해 변형/새로정의한 값 예) 과목코드, 지역코드
파생속성	· 다른 속성에 영향을 받아 발생한 값 예) 예금이자, 평균성적

· 엔터티 구성방식에 따른 분류

명칭	설명
PK (Primary Key)	· 엔터티를 식별할 수 있는 속성
FK (Foreign Key)	· 다른 엔터티와의 관계에서 포함된 속성
일반속성	· PK, FK에 포함되지 않은 속성

명칭	설명
단순형	· 원자값 속성
복합형	· 여러세부 속성으로 나뉠 수 있는 속성

라. 엔터티, 인스턴스, 속성, 속성값의 관계

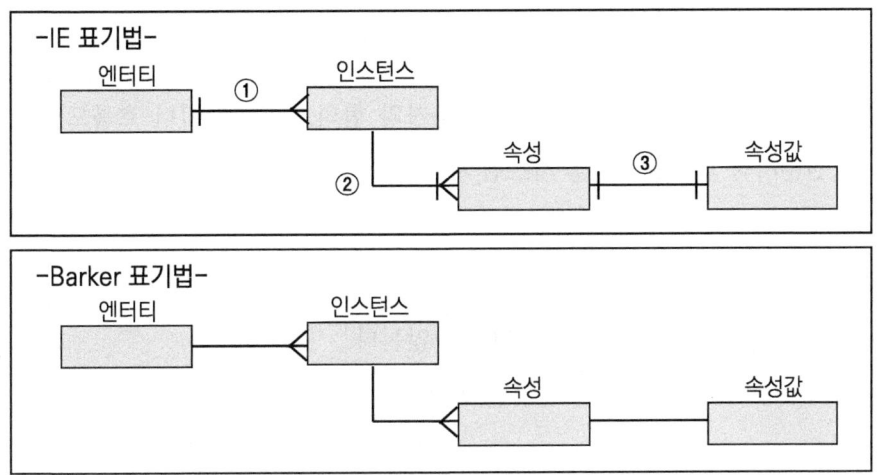

〈그림 105〉 엔터티 – 속성 관계

· 한 개의 엔터티는 두 개 이상의 인스턴스의 집합이다.
· 한 개의 엔터티는 두 개 이상의 속성을 가진다. (식별자 외에 1개 이상 필요)
· 한 개의 속성은 한 개의 속성값을 가진다.

마. 업무 규칙

속성이 가질 수 있는 값을 통제하여 논리적 데이터 모델의 무결성을 유지하기 위한 명세이다.
· 키 업무규칙: 엔터티의 주키와 외래키의 값을 정확하게 유지하기 위한 업무규칙으로 주엔터티의 삭제규칙과 종엔터티의 입력규칙을 정의한다.
· 속성 업무규칙: 엔터티 속성이 갖는 값의 타입, 범위, 특성 등을 정의한다.
· 연쇄반응: 입력, 수정, 삭제, 조회 작업의 정당성과 이러한 작업이 다른 엔터티 또는 동일 엔터티의 속성값에 미치는 영향을 규정한다.

2. 속성 후보 도출

가. 속성 후보 수집처
: 구 시스템의 문서자료, 현업 장표/보고서, 사용자와 협의, DFD(데이터 흐름도)의 DD(Data Dictionary), 전문서적 및 자료, 다른 시스템 자료

나. 속성 후보 선정 원칙
1) 원시(Source) 속성으로 보이는 후보는 버리지 않는다.
2) 소그룹별로 후보 군을 만들고 가장 근접한 엔터티에 할당한다.

다. 속성의 기본 구성요소
1) 속성명: 함축성 있는 명사 혹은 명사구를 사용, 업무에서 일반적으로 사용하는 용어이다. 실체명은 속성명으로 사용하지 않으며, 필요시 표준 약어를 제정하고 그 속성명을 단 하나의 실체에만 속하도록 한다.
2) 도메인: 업무적인 제약 조건으로 파악된 일련의 특성 (데이터 타입, 길이, 허용 값, 디폴트 값 및 알고리즘)
3) 선택성: 모든 건의 해당 속성이 반드시 값을 가져야 하는지 여부를 나타낸다.
· 선택성 조건 → 선택성이 다른 속성값에 의해 영향을 받는 경우
· 필요조건 / 금지조건 / 무관계 조건

3. 속성 검증 및 확정

가. 최소 단위(Atomic Value) 분할

1) 검증 방법
· 집합 개념의 속성은 단순 개념으로 분할한다.
· 가능한 최소 단위까지 분할한 후 관리 필요에 따라 통합한다.

- 일자, 시간, 성명, 주민등록번호, 우편번호 등은 일반적으로 분할하지 않는 것이 좋다.
- 분할 및 통합의 기준은 업무의 요구 사항에 따른다.

2) 분할 속성의 대표적 유형

가) 일자 형태의 속성: 매출일자 → 통합된 것이 속성이라고 보아야 한다.

나) 외부에서 공인된 속성: 우편번호 유형

다) 전화번호 유형: 전화, 팩스 번호

라) 주소 유형: 고객 주소 → 지역주소 + 상세주소

나. 하나의 값(Single Value)만을 가지는지 검증 필요

1) 검증 방법
- 여러 값을 가지거나 반복되는 속성은 잘못된 속성이다.
- 반복되는 속성은 새로운 엔터티로 분할해야 할 1차 정규화의 대상이 된다.

2) 대표적 유형

가) 계약일 → 고객 엔터티의 속성이 아니라 가입계약의 속성이다. 고객은 여러 개의 계약일을 가질 수 있기 때문이다.

나) 차량번호 → 이력 관리가 필요 없다면 유일 값이므로 엔터티의 속성이다.

다) 취미 → 여러 개일 수 있다. 마케팅에 중요 정보일 수 있음으로 엔터티로 관리할 필요가 있다.

다. 추출 속성(Derived Attribute)에 따른 검증

1) 대표적 유형

가) 현재 정보만 관리하는 형태: 현주소, 고객 등급 등

나) 최초 정보를 보관하는 형태: 최초 가입일, 모집 사원 등

다) 집계 정보를 관리하는 형태: 인원 수, 가족 수, 총 직원 수 등

라) 추출 릴레이션만 관리하는 형태: 가입 계약번호, 관리 사원 등

마) 대표 정보만 관리하는 형태: 대표 전자메일 ID, 취미, 법인의 대표자 정보

바) 다른 속성의 일부 정보만 분리한 형태: 성별, 결혼 여부 등

사) 일부분만 추출 값인 형태: 인원 수, 법인의 대표자 정보 등

라. 상세 관리
· 현재뿐만 아니라 미래까지도 고려한다.

4. 가공 속성 규칙

· 초기엔 중복 값이므로 표현하지 말라고 했으나 현재는 기업의 관리자들의 관심 항목이기 때문에 모델 내에 반드시 기술을 권장한다.
· 도출 속성이란 하나 이상의 속성의 값을 누적함으로써 선택적으로 주제를 도출하는 속성에 대해 값을 창출키 위해 추가 계산 작업을 수행함으로써 창출되는 속성이다.
· 계산 속성은 엔터티의 단일 사례에 대한 어떤 특성을 기술하며, 일반적으로 관련 속성의 또 다른 단일 사례로부터 계산된다.
· 도출 속성은 경영층이 진실로 원하고 필요로 하는 정보를 대표한다.
· 도출 속성은 사용자들의 데이터 요구 사항을 나타낸다.
· 데이터 모형에 도출 속성을 포함시키는 것은 그들의 물리적 구현에 대한 어떤 것을 내포하지 않는다.
· 도출 속성은 향후 과정에서 기본키(PK)로서의 역할을 맡아서는 안 된다.

5. 속성 정의 시 유의 사항

가. 명확한 속성 명칭 사용
1) '직업'이라는 속성 정의 → 수십 가지로 분류한 것을 말하는지 훨씬 상세하게 몇천 가지로 분류할 것인지 정의한다.
2) '학점'이라는 속성 → A, B를 말하는지 2학점, 3학점을 말하는지 정의한다.

나. 유일한 복합명사 사용
1) 순번: 인조식별자로 사용하고, 정확하게 표현하기 위해선 보험계약순번 또는 계약순번으로 해야 한다.

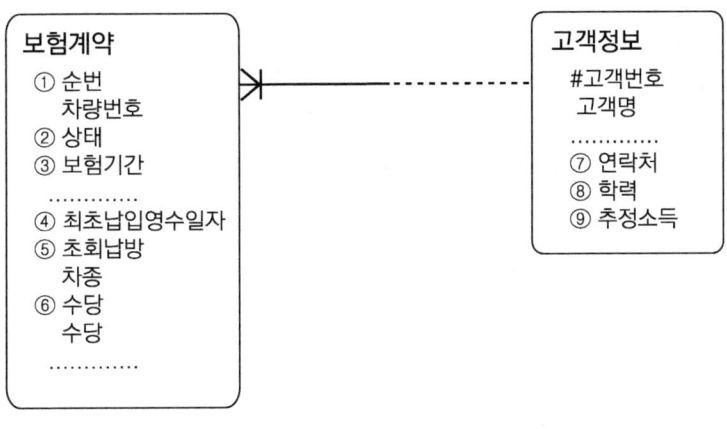

<그림 106> 속성 명칭 예

2) 상태: 애매모호한 명칭이며, 명칭을 누구나 알 수 있도록 변경해야 한다.

3) 보험기간: 12개월로 표현되는지 1년, 2년으로 표현되는지 알 수 없다.

4) 최초납입영수일자: 상세하게 잘 표현되어 있다.

5) 초회납방: 줄임말로 나타낼 때는 명확하게 어떤 의미인지 최초로 보는 사람도 이해 가능해야 한다. 따라서 '최초납입회차 납입방법'으로 바꾸는 것이 바람직하다.

다. 단수형으로 속성명을 사용함

라. 표준 단어 제정: 모델링 전에 표준 단어를 제정하면 기준을 준수하기가 용이하고 일관성이 생긴다.

마. 자의적인 전용 금지
· 전용이 발생하는 경우 세 가지: 속성의 의미를 추상적이고 모호하게 정의하였을 때, 개발 막바지에 속성의 추가가 필요할 때 나타난다. ERP 패키지의 경우 미리 전용의 용도로 속성을 정의해 두는 경우 발생한다.

6. 속성 업무 규칙 정의

도메인 정의	내용
속성	- 자료형태: Integer, Decimal, Character - 길이: 5 Digits, 35 Characters - 포맷: nnn-nn-nnnn(예: 전화번호) - 값의 허용범위: 0 < x < 50 - 의미: 구매주문서의 주문가격 - 유일성: Unique, N0nunique - Null 값 허용여부: Null. Not Null - Default 값: Default of zero, Default of "Coach Class", Default Equals Current Date
주키	- 주키는 유일 - 합성 주키를 이루는 속성은 "Not Unique" 가능 - 주키와 주키를 이루는 속성은 반드시 "Not Null" - 주키와 주키를 이루는 속성은 유일성이 지켜지는 한 Default 값 기능 - 서브타입 주키의 도메인은 관련 수퍼타입 주키 도메인의 부분집합으로 정의
대체키	- 대체키는 유일 - 합성 대체키를 이루는 속성은 "Not Unique" 가능 - 대체키와 합성대체키를 이루는 속성은 Null 값 가능
외래키	- 외래키 속성의 자료 형태, 길이, 포맷은 해당하는 주엔티티의 주키 속성의 도메인과 동일

3절. 엔터티 상세화

1. 식별자 확정

가. 엔터티 구체화 4단계

1) 식별자 확정 단계: 이제까지 논리적 의미의 식별자(본질 식별자)를 기준으로 관계들이 생성되고 속성들이 정의되었다면 이 단계에서는 실질적 식별자를 생성한다.
2) 정규화 단계: 정규화는 논리적 데이터 모델의 일관성을 유지하고 중복을 제거하여 보다 안정적인 모델을 만드는 단계이다.
3) M:M 관계 해소 단계: 개념 데이터 모델에서 핵심 엔터티들 간의 M:M 관계가 해소되면서 교차 엔터티(Intersection Entity)가 생성되는 단계이다.

4) 참조 무결성 정의 단계

나. 본질 식별자
: 키 엔터티는 부모가 없이 창조된 집합이므로 식별자 또한 창조해야 하고 행위 엔터티는 항상 부모가 누구인지를 확인하는 방식으로 진행된다.

1) 키 엔터티의 본질 식별자: 사원 엔터티를 예로 들면 사원번호는 인조 식별자이고 주민등록번호가 본질 식별자이다.

2) 절대 종속/상대 종속 의미: 나를 태어나게 하는 데 절대적인 영향을 주었는지 아닌지를 따지는 것이다. 즉, 어떤 엔터티의 부모 엔터티가 반드시 존재해야만 존재하는 것이 절대 종속이고, 그 반대로서, 엔터티의 탄생에 아무런 영향을 끼치지 않았다면 상대 종속이 되는 것이다.

3) 직접 종속/간접 종속 의미: 부모 엔터티와의 관계가 1촌이면 직접이고 아니면 간접 종속이다.

4) 행위 엔터티의 본질 식별자: 절대 종속이면서 직접 종속인 것을 찾는 것이며, 결국은 자신을 태어나게 한 근본을 찾는 것으로 육하원칙을 이용해서 찾는다.

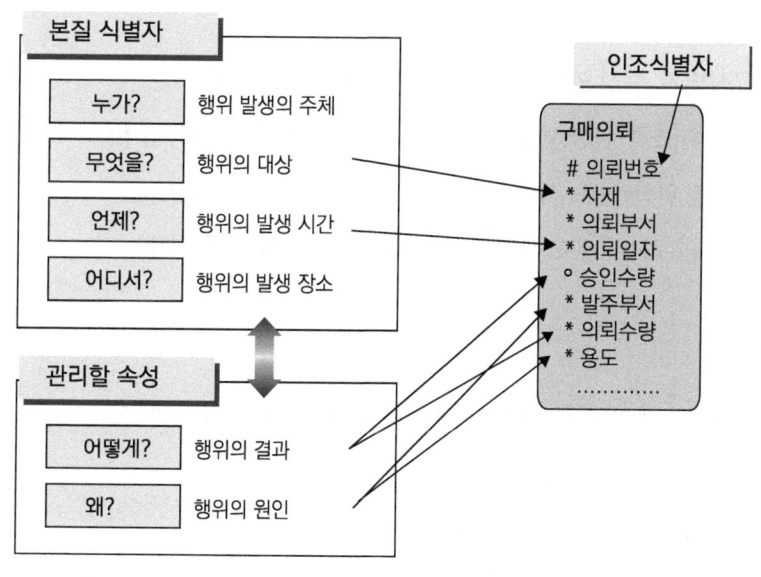

〈그림 107〉 본질 식별자 예

다. 후보 식별자 도출

: 하나의 엔터티에는 식별자로 사용할 수 있는 하나 이상의 식별자가 있으며, 후보 식별자들은 다음과 같은 조건을 만족해야 한다.

1) 각 인스턴스를 유일하게 식별할 수 있어야 한다.
2) 나머지 속성들을 직접 식별할 수 있어야 하며, NULL이 될 수 없다.
3) 후보 식별자로 속성 집합을 선택하는 경우에는 당연히 개념적으로 유일해야 한다.
4) 후보 식별자의 데이터는 자주 변경되지 않는 것이어야 한다.

라. 대체(보조) 식별자

: 식별자를 대신 할 수 있는 속성들이나 관계를 말한다. (예: 공식적으로 사원번호, 주민번호 가능)

마. 인조 식별자 지정

1) 최대한 범용적인 값을 사용한다. (예: 사원번호, 상품코드 등)
2) 유일한 값을 만들기 위한 인조 식별자를 사용한다.
3) 하나의 인조 식별자 속성으로 대체할 수 없는 형태를 주의한다.
4) 편의성/단순성 확보를 위한 인조 식별자를 사용할 수 있다. (속성명이 너무 길 때)
5) 의미의 체계화를 위한 인조 식별자를 사용할 수 있다. (코드화)
6) 내부적으로만 사용하는 인조 식별자이다. (시스템 필요성에 의해)

바. 식별자 확정

: 자기 자신에 대한 존재 가치뿐 아니라 남들에 대한 배려를 어떻게 조화시키느냐가 중요하다.

1) UID BAR의 두 가지 의미

가) 식별자로서의 역할: 구별될 수 있도록 유일한 값을 만드는데 일조한다.
나) 정보로서의 역할: 참조하는 엔터티의 입장에서 상속받았기 때문에 자신의 정보도 증가했다는 의미가 있다.

2) UID 상속과 단절의 원리: 실질적인 처리의 단순화를 가져다줄 수 있다.

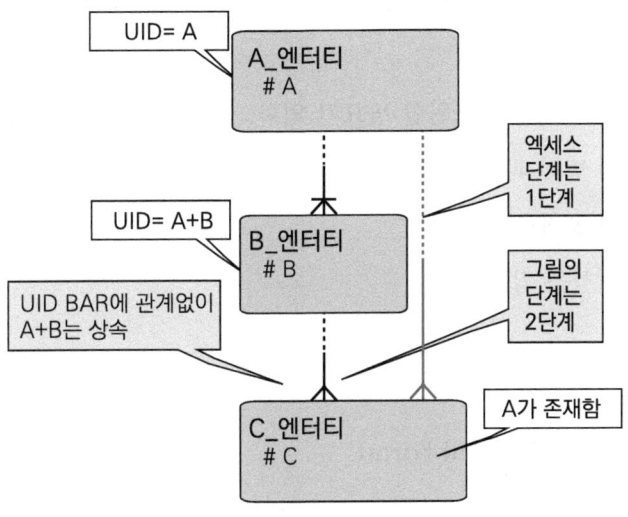

〈그림 108〉 UID 상속 예

3) 식별자 확정 절차: 하향식방식이 좋다.

가) 키 엔터티 식별자 확정: 최상위 엔터티이므로 서로 독립적으로 식별자를 확정할 수 있다.

나) 메인 엔터티 식별자 확정: 하위 엔터티 상황을 고려해서 결정하고 가능한 식별자 속성을 적게 한다.

다) 하위 엔터티 식별자 확정: 가능하면 인조 속성을 적게 사용한다. 유일성에는 좋지만 정보로서 가치가 없다.

2. 정규화

가. 정규화의 의미: 변경 이상이 발생하면 데이터의 일관성과 무결성을 해칠 수 있다.

1) 입력이상: 별도의 사실이 발생하기 전까지 데이터를 삽입할 수 없다. 삽입 시에 원하지 않는 데이터도 함께 삽입될 수 있다.

2) 삭제이상: 일부 정보를 삭제함으로써 유지되어야 할 정보까지도 연대 삭제될 수 있다.

3) 갱신이상: 일부 갱신함으로써 정보의 이상현상(무결성 파괴, 정보의 모순성) 발생할 수 있다.

나. 정규화의 장점

1) 중복 값이 줄어든다. (정규화의 최대 성과)

2) NULL 값이 줄어든다.

3) 복잡한 코드로 데이터 모델을 보완할 필요가 없다.

4) 새로운 요구 사항의 발견 과정을 돕는다.

5) 업무 규칙의 정밀한 포착을 보증한다.

6) 데이터 구조의 안정성을 최대화한다.

다. 정규화 단계

1) 1차 정규형 (1NF, First Normal Form)

가) 정의

· 모든 속성은 반드시 하나의 값을 가져야 한다. 즉 반복 형태가 있어서는 안 된다.

· 각 속성의 모든 값은 동일한 형식이어야 한다.

· 각 속성들은 유일한 이름을 가져야 한다.

· 레코드들은 서로 간에 식별 가능해야 한다.

· 1차 정규화를 수행하면 보통 자식 엔터티가 생긴다.

나) 정규화 작업

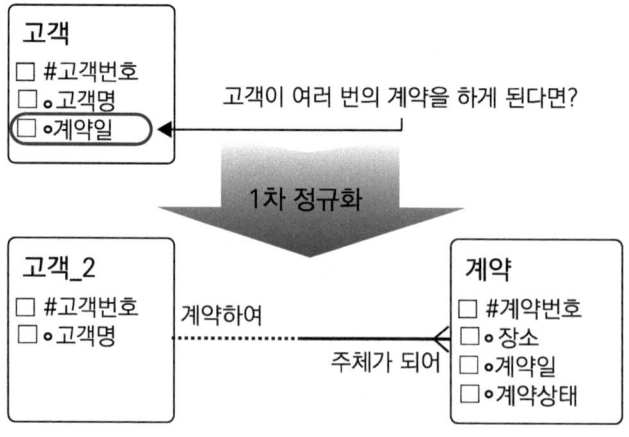

〈그림 109〉 1차 정규형 예

- 식별자가 학번+코스코드로 이루어져 있는 엔터티에서 평가코드, 평가내약 속성이 학번에 종속적임. 코스코드 속성에 코드명, 기간 속성이 종속적이다.
- 의미상의 주어(본질 식별자)를 알아야 식별자 부분 종속인지 구분할 수 있다.
- 속성의 의미가 명확해야 종속성을 비교할 수 있다.
- 어떤 속성 식별자 전체에 종속되어 있지 않으면 잘못된 위치이며 새로운 엔터티, 즉 부모 엔터티를 생성하고 UID BAR를 상속받게 된다.

2) 2차 정규형 (2NF)
가) 정의
- 식별자가 아닌 모든 속성은 식별자 전체 속성에 완전 종속되어야 한다.

나) 정규화 작업
- 보통 키가 복합 속성일 때, 일부 속성이 일부 키에 종속이 발생하는 것을 말한다.
- 2차 정규화를 수행하면 보통 부모 엔터티가 생긴다.

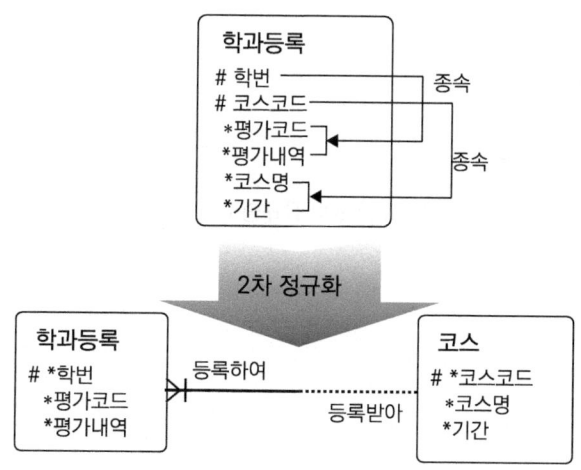

〈그림 110〉 2차 정규형 예

3) 3차 정규형 (3NF)

가) 정의
· 2차 정규형을 만족하고 식별자를 제외한 나머지 속성들 간의 종속이 존재하면 안 된다.

나) 정규화 작업
· 평가코드, 평가내역 속성들이 서로 간에 종속적이다.

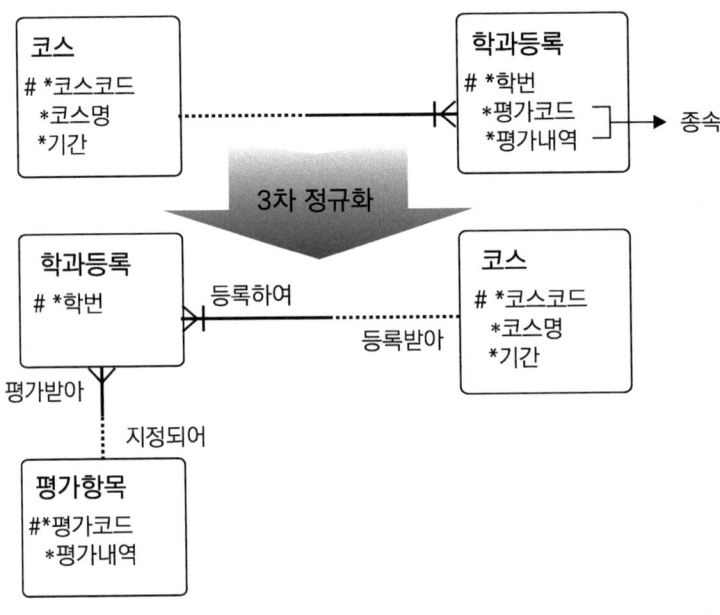

〈그림 111〉 3차 정규형 예

4) BCNF 정규형

가) 정의
· 모든 결정자가 키인 릴레이션이 BCNF(Boyce-Codd Normal Form)이다. 반대로 어떤 결정자 하나라도 키가 아니면 안 된다.
· 기존 2, 3차 정규형을 보완하려는 목적, 부분 종속이나 이행종속이 없는 3차 정규형도 변경이상 현상이 나타날 수 있으며, 이는 어떤 Non-Key 속성이 결정자로 동작하기 때문이다.

나) 3차 정규화의 문제점
- 한 릴레이션에 여러 개의 후보키가 있으며, 모든 후보키가 적어도 둘 이상의 속성으로 이루어지는 복합키이며, 모든 후보키가 적어도 하나 이상의 공통 속성이 포함되는 경우이다.

다) 3차 정규형을 만족하고 BCNF가 아닌 경우
- 각 속성이 다 하나의 값으로 구성된 경우(1차 정규형), Non-Key 속성인 D는 후보키 A+B, B+C에 완전 함수 종속(2차 정규형), Non-Key 속성이 D 하나뿐이므로 Non-Key간 종속관계가 없으므로 3차 정규형을 만족한다.

3. M:M 관계 해소

가. M:M 관계의 의미
- 아직 모델이 덜 완성된 모습이며 최종적인 단계에서는 존재할 수 없는 형태이다.
- 실제 업무는 대부분 M:M 관계, 엔터티 간도 대부분 M:M 관계, 지속해서 발생되는 엔터티는 M:M관계이다.

나. M:M 관계 해소의 의의
- 새로운 릴레이션 엔터티를 추가하여 M:1 관계로 변경한다.
- 연관 실체 엔터티는 M:M 관계 미결 시 간과해 버렸을 추가 업무 규칙, 논리를 내포할 수 있다.
- M:M 관계는 데이터 종속성에 대한 결정을 어렵게 하여, 논리적 완성과 부분 집합 식별 능력을 제한한다.

4. 참조 무결성 규칙 정의
- 관계 테이블의 모든 외부 식별자 값은 관련 있는 관계 테이블의 모든 주 식별자 값이 존재해야 한다.
- PK와 마찬가지로 FK도 데이터 무결성에 관한 업무 규칙을 내포하고 있다.
- DB 설계 관점에서 선택하지 말고, 사용자의 업무 규칙에 따라 적절한 규칙을 선택한다.

가. 입력 규칙

1) Dependent: 대응되는 부모 실체에 인스턴스가 있을 경우에만 자식 실체에 입력을 허용한다.

2) Automatic: 자식 실체 인스턴스의 입력을 항상 허용하고 대응 부모 건이 없을 경우 이를 자동 생성한다.

3) Nullify: 자식 실체 항상 허용하고 대응되는 부모 건이 없는 경우 자식 실체의 참조키를 Null 값으로 처리한다.

4) Default: 자식 실체 인스턴스의 입력을 항상 허용하고 대응되는 부모 건이 없는 경우 FK를 지정된 기본값으로 처리한다.

5) Customized: 특정한 검증 조건이 만족될 때에만 자식 실체 인스턴스의 입력을 허용한다.

6) No Effect: 조건 없이 자식 실체 인스턴스의 입력을 허용한다.

나. 삭제 규칙

1) Restrict: 대응되는 자식 실체의 인스턴스가 없을 경우에만 부모 실체 삭제를 허용한다.

2) Cascade: 부모 실체 인스턴스의 삭제를 항상 허용하고, 대응되는 자식 실체의 인스턴스를 자동 삭제한다.

3) Nullify: 부모 실체 인스턴스의 삭제를 항상 허용하고, 대응되는 자식 실체의 인스턴스가 존재하면 그것의 FK를 Null 값으로 수정한다.

4) Default: 부모 실체 인스턴스의 삭제를 항상 허용하고, 대응되는 자식 실체의 인스턴스가 존재하면 그것의 FK를 기본 값으로 수정한다.

5) Customized: 특정한 검증 조건이 만족하는 경우에만 부모 실체 인스턴스의 삭제를 허용

6) No Effect: 부모 실체 인스턴스 삭제를 조건 없이 허용한다.

4절. 이력 관리 정의

1. 이력 관리 정의
- 이력 데이터의 관리는 모든 데이터를 대상으로 하지 않는다.
- 실제 이력이 발생하는 데이터 중에서도 꼭 필요한 데이터에 한정해서 이력 관리를 수행한다.
- 중요한 사항은 이력 관리의 형태로 시점이력과 선분이력 중에 적합한 형태를 결정하는 것이 중요하다.

2. 이력 관리 대상 선정

가. 사용자 조사
- 변경 내역을 감시할 필요가 있는가?
- 시간의 경과에 따라 데이터 또는 관계가 변할 수 있는가?
- 과거의 데이터를 조회할 필요가 있는가?
- 과거 버전을 보관할 필요가 있는가?

나. 이력 데이터의 종류
1) 발생 이력(Occurrence) 데이터
- 발생할 때마다 이력 정보를 남기는 것으로 이벤트 발생 시 남기는 것과 날마다 남기는 것이 있다.
2) 변경 이력(Modification) 데이터
- 변경될 때마다 전/후 차이를 확인해야 한다면 변경 이력을 남긴다.
3) 진행 이력(Progress) 데이터
- 진행에 따라 남기는 것으로 대표적인 예로 주문과 같은 업무가 있다.

다. 이력 관리 형태

1) 시점 이력: 변경이 발생한 시각만 관리, 특정한 시점의 데이터 추출할 경우 불필요한 작업 수행이 생긴다.
· Select 환율 from 환율 변동 이력 Where 발생 시각 = (select max(발생시각) from 환률 변동 이력 Where 발생 시각 ← 20020521 and 통화_ID = 'USD')
2) 선분 이력: 변경 시작부터 종료 시점까지 관리 Select 환율 from 환율 변동 이력 Where 발생 기간 between 시작 시각 and 종료 시각 and 통화_ID = 'USD'
· 선분 이력 의미: 하나의 시점을 = 로 찾을 수는 없으니 통과하는 선분을 찾을 수 있다. 선분이 아무리 길어도 레코드는 하나이다.

라. 선분 이력 관리 유형

1) 인스턴스 레벨 이력 관리: 하나의 인스턴스에 변경이 발생하면 전체 인스턴스를 새롭게 생성한다.
· 한 번의 엑세스로 해당 시점의 모든 데이터 참조 가능, 로그성 데이터가 목적일 때 좋다.
· 다른 이력 관리 유형에 비해 저장이 쉽지만 저장 공간의 낭비가 발생한다.
· 가장 큰 단점은 하나 이상의 칼럼에 변경이 있을 경우 이벤트가 모호해진다. 만약 이벤트가 자식 정보를 가지게 된다면 해당 이벤트를 찾기가 매우 어렵다.
· 실제 변경 데이터를 찾기 위해선 과거의 데이터와 비교해야만 한다.
· 특정 순간의 스냅샷만 보는 게 아니라면 처리가 복잡해지는 경향이 있다.
· 변화가 빈번하게 발생하는 상황에서 고려해볼 수 있는 유형이다.

2) 속성 레벨 이력 관리: 대상 속성에 변화가 생길 때만 이력을 생성하는 방식이다.
· 실제 어떤 데이터가 변경되었는지가 분명함. 하나의 이력 관리 엔터티에서 다른 엔터티와 통합 이력 관리가 가능하다.
· 독립적 처리 가능, 변화는 자주 발생하지 않고 이력 관리 대상은 많은 경우 사용한다.
· 특정 속성들에 변화가 집중되는 경우 유용하다. 여러 속성에 대한 이력 필요시 많은 Merge가

발생한다.
· 다른 유형에 비해 액세스 쿼리에서 조건 검색이 조금 어렵다. 변화가 너무 많은 경우 곤란하다.

3) 주제 레벨 이력 관리: 유사하거나 연동될 확률이 높은 것별로 레벨 이력 관리
· 인스턴스, 속성 레벨의 장점을 합친 형태이다.
· 목적이 분명한 엔터티를 생성함으로써 확장성을 확보할 수 있는 용도로 사용 할 수 있다.
· 변경 부분만 처리 가능(독립적), 다른 엔터티와 통합 이력 관리 가능, 속성 레벨의 단점 해소가 가능하다.
· 전체를 참조할 때 인스턴스 레벨에 비해 Merge가 발생하는 문제가 있다.
· 부분에 따라 변경 정도의 차이가 심한 경우 유리하다.

3. 선분 이력 관리용 식별자 확정

가. 선분 이력에서 식별자 결정 시 고려 사항
: 성능 문제 고려, 실제 데이터는 Unique 하지만 의미적으론 Unique 하지 않는 일이 발생한다. Unique 여부를 검증할 수 있는 조치를 병행해야 한다.

나. 선분 이력에서 종료점 처리 시 주의 사항
1) 종료점이 미정이므로 NULL
: 논리적으로 타당하지만 비교가 불가능하며, 인덱스를 사용하지 못하므로 수행 속도가 저하된다.
2) 수렴하므로 최대치 부여
: 아직 종료되지 않았으므로 무한히 계속되는 것으로 간주된다. 최대치를 부여하고, 가능한 Table 생성 시 Default constraints를 부여하며, 수행 속도에 유리하다.

4장. 물리 데이터 모델링

1절. 물리 데이터 모델링 이해

1. 물리 데이터 모델 정의

: 논리 데이터 모델을 특정 데이터베이스로 설계함으로써 생성된 데이터를 저장할 수 있는 물리적인 스키마를 말한다.

· 물리 데이터 모델링은 데이터를 실제 영구적으로 저장하고 관리하는 ORACLE, MSSQL, MYSQL 등과 같은 RDBMS 환경에 맞게 명칭 및 데이터 타입을 논리 데이터 모델링 산출물을 기반으로 지정한다.

· 사용하는 RDBMS에 따라 데이터를 관리하는 방법 및 데이터 타입 명칭 등이 상이하기 때문에 실제 RDBMS 환경에 최적화된 물리적 테이블명과 칼럼명 그리고 데이터 타입 등을 정확히 지정해야 한다.

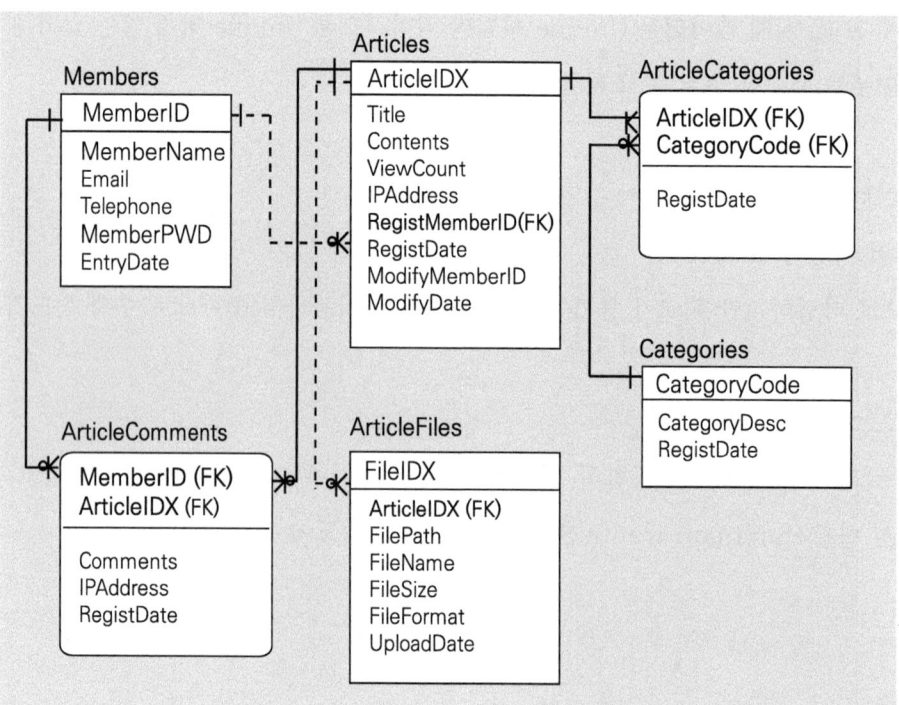

〈그림 112〉 게시글 관련 물리 ERD 모델

· 상기 물리 ERD는 MS SQL RDBMS 환경 기준의 물리적 테이블 관계도를 보여준다.

※데이터 모델링 툴 소개
· 데이터 모델링 과정을 파워포인트와 같은 오피스 프로그램으로도 가능하지만, 모델링 전문 툴을 사용하면 정규화 과정이나 프로세스 이해에 더 큰 도움이 될 수 있다.
· 일반적인 UML 툴로는 StarUML, Visio 등이 있으며 전문 데이터 모델링 툴로는 CA사의 Erwin 툴이 있다.

2. 물리 데이터 모델 의의

: 관계 데이터 모델링(RDM)이라고도 하며 논리 데이터 모델링에서 도출된 내용 변환을 포함하여 데이터의 저장공간, 데이터의 분산, 데이터 저장 방법 등을 함께 고려하는 단계이다. DB 운용 성능으로 나타나므로 소홀히 다루면 안 된다.

3. 논리 데이터 모델의 물리 데이터 모델로의 전환

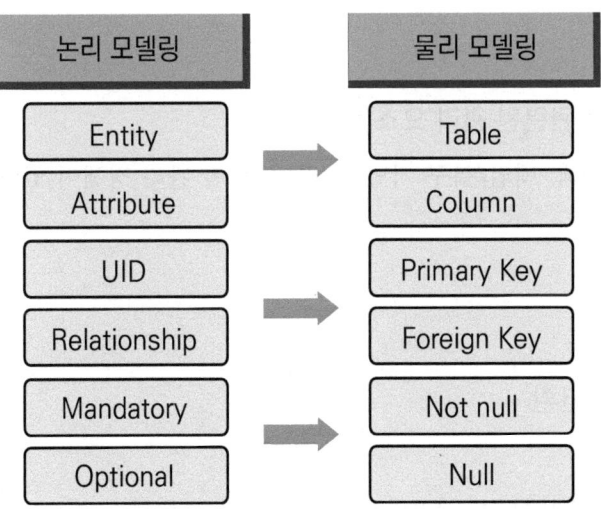

〈그림 113〉 논리데이터 모델을 물리데이터 모델로의 변환

2절. 물리 요소 조사 및 분석

1. 시스템 구축 관련 명명 규칙
: 사내의 시스템 구축과 관련된 명명 규칙을 파악하여 적용한다.

2. 하드웨어 자원 파악
: CPU, MEMORY, DISK, I/O Controller, Network (현재 처리가능속도, 집중부하발생 시간대, 동시접속가능 수)

3. 운영체계 및 DBMS 버전 파악
: 운영체제의 관련 요소를 파악하고 적절하게 관리되고 있는가 파악한다. (특히 인스턴스 관리 기법)

4. DBMS 파라미터 정보 파악
: 환경적용 단계에서 가장 중요하게 고려하는 단계이다. 저장공간 관리 기법과 메모리 관리 기법 등에 관련된 파라미터에 관해서 주의를 기울인다. 쿼리에 사용하는 옵티마이저의 운영 방법 등도 중요한 고려 사항이다.

5. 데이터베이스 운영과 관련된 관리 요소 파악
: 사용자 관리 기법 및 정책, 백업/복구 기법 및 정책, 보안 관리 정책이 있다.

3절. 논리-물리 모델 변환

1. 논리 데이터 모델 - 물리 데이터 모델 변환 용어

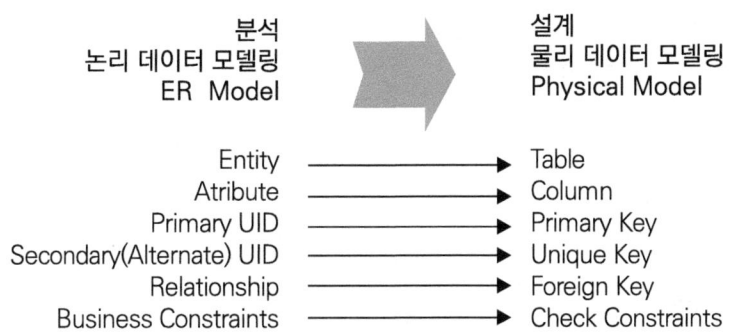

〈그림 114〉 논리 모델 – 물리 모델 변환 용어

2. 엔터티 – 테이블 변환

가. 테이블 설명

1) 테이블(Table): 기본적으로 칼럼과 로우(row)를 가진다.

2) 로우(Row): 테이블의 한 로우에 대응. 튜플, 인스턴스, 어커런스라고도 한다.

3) 칼럼(Column): 각 항목의 Value를 저장한다.

4) 기본키(Primary Key): 하나 혹은 몇 개 칼럼의 조합으로 어떤 경우라도 테이블 내에 동일한 값이 존재하지 않는다.

5) 외래키(Foreign Key): 외부 데이터 집합과의 관계를 구현한 구조이다.

나. 서브타입 변환

1) 하나의 테이블로 통합

· 서브타입을 슈퍼타입에 통합하여 하나의 테이블로 만든다.

· 이 통합된 테이블에는 모든 서브타입의 데이터를 포함해야 한다.

· 주로 서브타입에 적은 양의 속성이나 관계를 가진 경우에 적용된다.

가) 절차

· 슈퍼타입으로 명칭 부여
· 서브타입을 구분할 수 있도록 칼럼 추가
· 수퍼타입의 속성을 칼럼명으로
· 서브타입의 속성을 칼럼명으로
· 슈퍼타입의 관계를 FK로
· 서브타입의 관계를 FK로

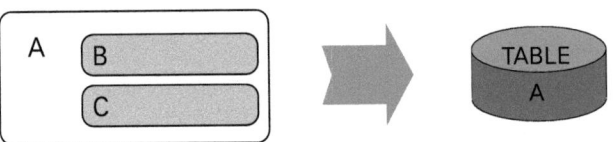

<그림 115> 슈퍼타입 기준 테이블 변환 예

나) 테이블 사례

테이블명 : EMPLOYEE

칼럼명	EMPNO	ENAME	TYPE	SAL	DEPT	HRATE	OTRATE	UNION
키형태	PK				FK1			FK2
Nulls/Unique	NN.U	NN	NN		NN			
견본 데이터	3041	조정섭	1	790000	30			
	4231	유영선	2	370000	45			
	7851	이인화	1	867000	30			
	9234	김길동	3	20000	25	75000	2000	300
	5143	주진옥	2	35000	40	90000	1150	125

<그림 116> 테이블 사례 예

· TYPE: 서브타입을 구분할 수 있는 칼럼, 즉 사원 구분
· DEPT: 구분이 정규직일 경우에 부서로부터 관계로 인해 생성된 칼럼

· UNION: 구분이 임시직일 경우에 협력업체로부터 관계로 인해 생성된 칼럼

다) 하나의 테이블로의 통합이 유리한 경우
· 데이터 액세스가 좀 더 간편하며, 뷰를 활용하여 각 서브타입만 액세스하거나 수정 가능하다.
· 수행속도가 좋아지는 경우가 많다. 서브타입 구분 없는 임의 집합의 가공 용이하다.
· 다수의 서브타입 통합 시 조인(JOIN)감소 효과가 크며, 복잡한 처리 하나의 SQL로 통합이 용이하다.

라) 하나의 테이블로의 통합이 불리한 경우
· 특정 서브타입의 NOT NULL 제한 불가하며, 칼럼 수와 블록 수가 증가한다.
· 처리시 마다 구분(TYPE)이 필요해지는 경우가 많다. 인덱스(INDEX)크기가 증가한다.

2) 여러 개의 테이블로 분할
· 각각의 서브타입마다 하나의 테이블로 만든다.
· 분할된 테이블에는 해당 서브타입의 데이터만 포함되어야 한다.
· 주로 서브타입에 많은 양의 속성이나 관계를 가진 경우에 적용된다.

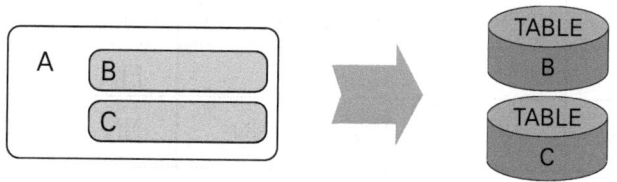

〈그림 117〉 서브타입 기준 테이블 변환 예

가) 절차
· 서브타입마다 테이블 명칭 부여
· 서브타입의 속성을 칼럼명으로
· 테이블마다 슈퍼타입의 속성을 칼럼으로

- 서브타입마다 해당되는 관계들을 FK로
- 테이블마다 슈퍼타입의 관계를 FK로

나) 테이블 사례

테이블명 : REG_EMP

칼럼명	EMPNO	ENAME	SAL	DEPT
키형태	PK			FK
Nulls/Unique	NN,U	NN	NN	NN
견본 데이터	7540	김우주	890000	40
	5642	선종대	950000	30
	2468	김국진	75000	35
	6738	장화진	70000	25
	5941	심진화	60000	40

〈그림 118〉 테이블 예: 정규직

테이블명 : TEMP_EMP

칼럼명	EMPNO	ENAME	HRATE	OTRATE	UNION	DEPT
키형태	PK				FK1	FK2
Nulls/Unique	NN,U	NN	NN	NN	NN	NN
견본 데이터	3041	조정섭	35000	7900	300	30
	4231	유영선	20000	3700	125	45
	7851	이인화	27000	7000	205	30
	9234	김길동	75000	2000	300	25
	5143	주진옥	90000	1150	125	40

〈그림 119〉 테이블 예: 임시직

- 위 정규직 사원과 아래 임시직 사원으로 분할

다) 여러 개의 테이블로 분할한 경우가 유리한 경우
· 각 서브타입 속성들의 선택 사항이 명확한 경우에 유리하고, 처리 시마다 유형 구분이 불필요하다.
· 전체 테이블 스캔 시 유리하고, 단위 테이블의 크기가 감소한다.

라) 여러 개의 테이블로 분할한 경우가 불리한 경우
· 서브타입 구분 없이 처리할 경우 UNION이 발생하고, 처리 속도가 감소하는 경우가 많다.
· 트랜젝션 처리 시 여러 테이블을 처리하는 경우가 증가하고, 복잡한 처리의 SQL 통합이 어렵다.
· 부분 범위 처리가 불가능해질 수 있다. 여러 테이블을 합친 뷰는 조회만 가능하고, UID 유지 관리가 어렵다.

3) 아크(ARC) 형태로 적용
· 슈퍼타입과 서브타입을 각각 테이블로 변환한 경우이다.
· 슈퍼타입과 서브타입 테이블 간에는 아크(ARC) 관계가 생성된다.

가) 다음의 여러 가지 경우를 만족할 때 적용한다.
· 전체 데이터 처리가 빈번하게 발생할 때
· 서브타입의 처리가 주로 독립적으로 발생될 때(서브 타입에 릴레이션이 각각 있을 때)
· 테이블로 통합 시 칼럼 수가 너무 많아질 때
· 서브타입의 칼럼 수가 많은 경우
· 트랜젝션이 주로 공통 부분(슈퍼타입)에서 발생될 때
· 슈퍼타입 처리 범위가 넓고 빈번하여 단일 테이블 클러스터링을 해야 할 때

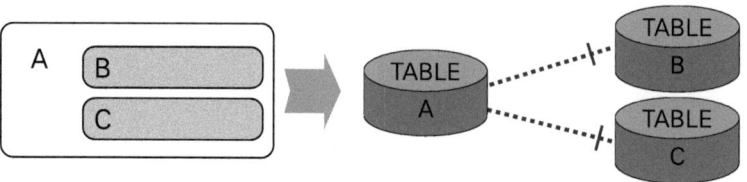

〈그림 120〉 개별타입 기준 테이블 변환 예

다. 서브타입 변환 예

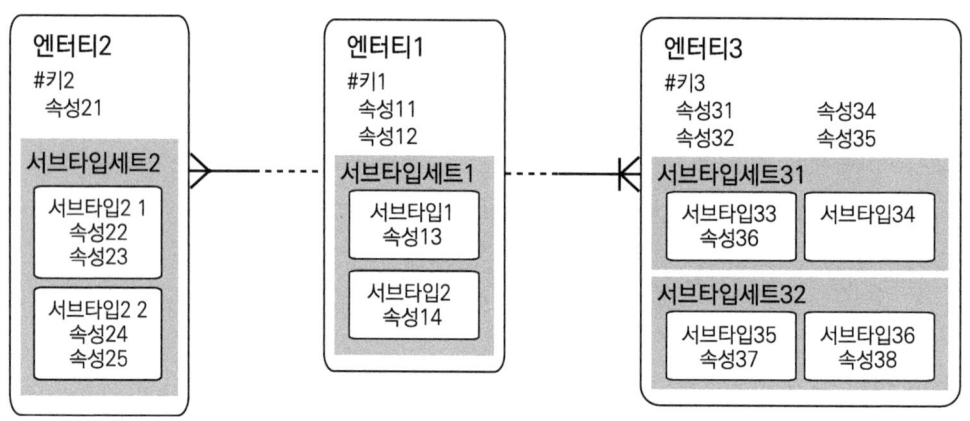

〈그림 121〉 서브타입 변환 대상 예

· 물리적 모델 단계에서 기존에 정의해 둔 서브타입이 아닌 다른 방법으로 하고 싶다면 논리적 데이터 모델에 새로운 서브타입 세트를 추가로 정의해야 한다.

1) Case 1: 서브타입을 테이블로 분리

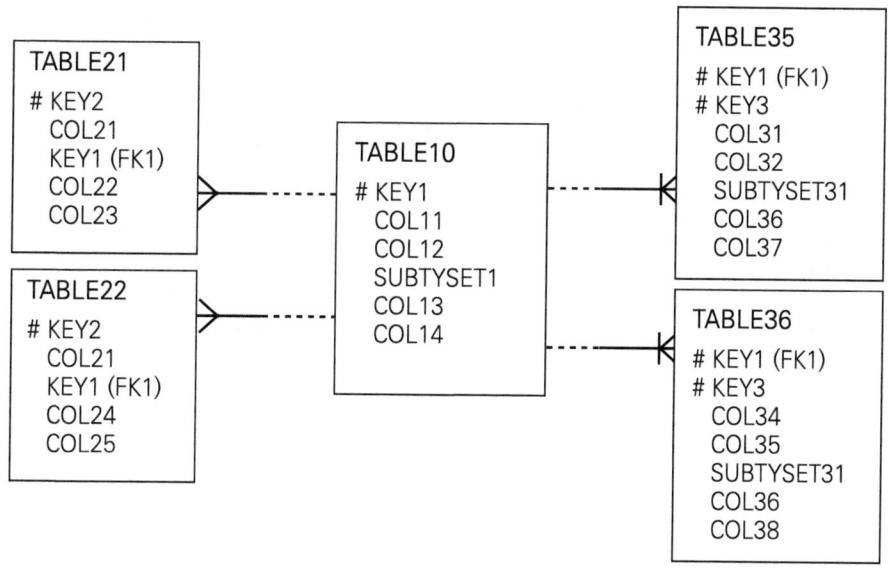

〈그림 122〉 물리 모델 예제 1

- 엔터티1은 그대로 table10을 전환한다. 서브타입 세트란 일종의 구분코드라는 속성이라고 할 수 있으며 서브타입세트1은 칼럼(SUBTYSET1)으로 전환되었다.
- 엔터티2는 서브타입별로 테이블을 분리한 모습으로, 공통 속성인 키2, 속성21은 양쪽 모두에 전환되었고 엔터티1에서 오는 공통 관계는 KEY1로 전환되었다.
- 엔터티3은 두 종류의 서브타입 세트를 가지고 있으며, 이 중에서 서브타입세트32에 있는 서브타입별로 분리한 모습이다. 수퍼타입의 공통 속성 중 자신이 필요한 부분만 전환되었다. UID BAR가 붙어 있다면 당연히 기본키(PK)이면서 외래키(FK)가 되어야 한다.

2) Case 2: 서브타입을 통합 테이블로 생성

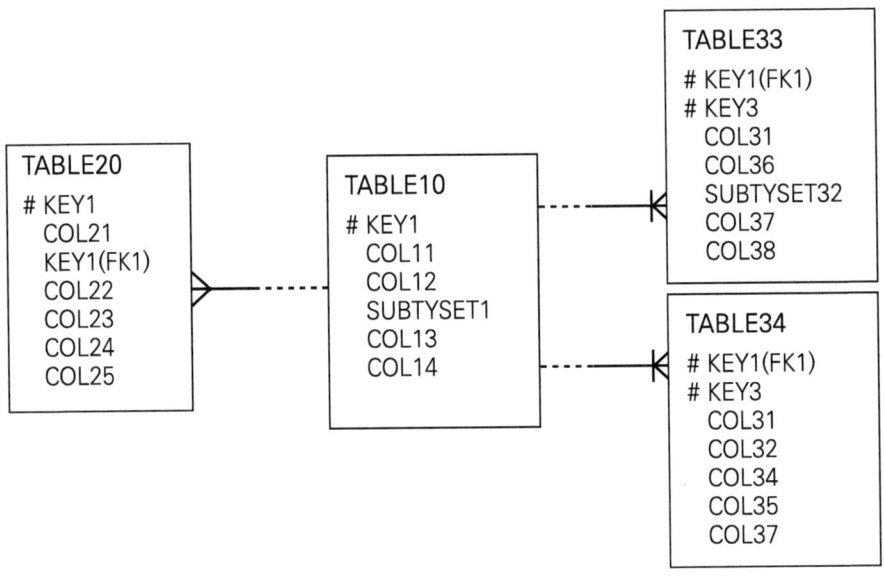

<그림 123> 물리 모델 예제 2

라. 테이블 목록 정의서

미래 은행 계정계 시스템	미래 은행 계정계 시스템									
	모델명	인버터V3						단계		
	문서번호			버전				작성일자	2018.03.30	

표준 도메인 사전										
테이블 ID	테이블 명	TYPE	분류	Table Space	Partion여부	발생주기	월간발생량	보존기한(월)	총건수	수정일
EMP	Employee	STANDARD								
inv_issuelist	미결사항리스트	STANDARD								
inv_issue	미결사항	STANDARD								
inv_attribute	속성	STANDARD								
usr_menugrp	메뉴 구성정보	STANDARD								
usr_menu	단위메뉴	STANDARD	Key							
da_model	주제영역(DA_Model)	STANDARD								
usr_alloc	사용자할당	STANDARD	Main							
usr_user	사용자	STANDARD	Key							
USR_ROLE	역할	STANDARD	Key							
inv_index	INDEX	STANDARD								
inv_project	Project	STANDARD	Key							

<그림 124> 테이블 목록 정의서 예

3. 속성 – 칼럼 변환

가. 일반 속성 변환
· 엔터티에 있는 속성들을 사례표의 칼럼명란에 기록한다.
· 칼럼의 명칭은 되도록 표준화된 약어를 사용한다.
· SQL의 예약어 사용을 피하되, 가능한 명칭은 짧은 것이 좋다. (SQL해독시간 단축)
· 필수 입력 속성은 Nulls/Unique 란에 NN을 표시한다.
· 실제 테이블 설계 검증을 위해 가능하면 표본데이터를 넣는다.

나. Primary UID → 기본키(Primary Key)변환

1) 변환 절차
· 키 형태 란에 엔터티의 Primary UID에 속하는 모든 속성에 PK를 표시한다.
· PK로 표시된 모든 칼럼은 반드시 NN, U로 표시하고 여러 개의 칼럼으로 UID 구성된 경우 각각 NN, U1을 표시한다.
· 또 다른 Unique Key(Secondary UID)가 있다면 U2로 표시한다.

2) 변환 예

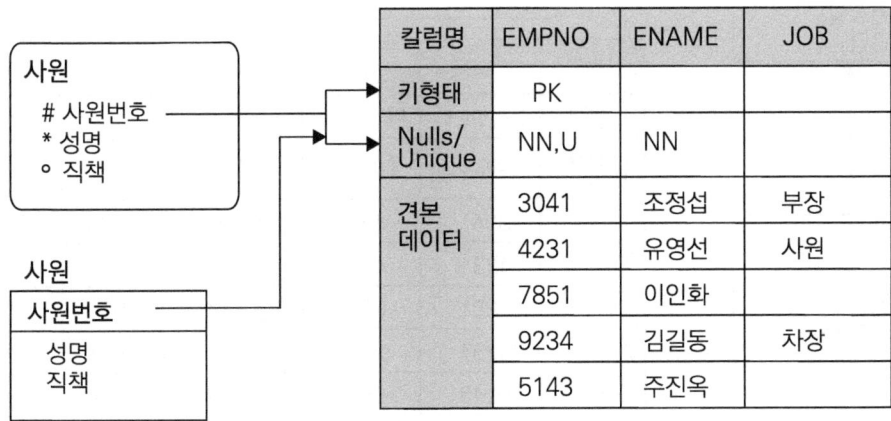

〈그림 125〉 기본키 변환

다. Primary UID(관계의 UID Bar) → 기본키(Primary Key)변환

· 논리 모델에서는 자체 생성된 것 외에 다른 집합(엔터티)와의 관계에서 생성되는 UID속성도 존재한다. 이런 관계 속성 UID의 변환은 기본적인 속성 UID 변환과 약간 다르다.

1) 변환 절차

· 테이블에 외래키 칼럼을 포함시킨다.

· PK의 일부분으로 표시

 - Nulls/Unique란에 각각 NN, U1을 표시

 - 키 형태란에 PK, FK 표시

 - 여러 UID BAR가 있는 경우는 PK, FK1, PK, FK2…

 - 여러 칼럼으로 구성된 경우 PK, FK1을 각각 표시

· 추가된 FK 칼럼에 표본 데이터를 추가

2) 변환 예

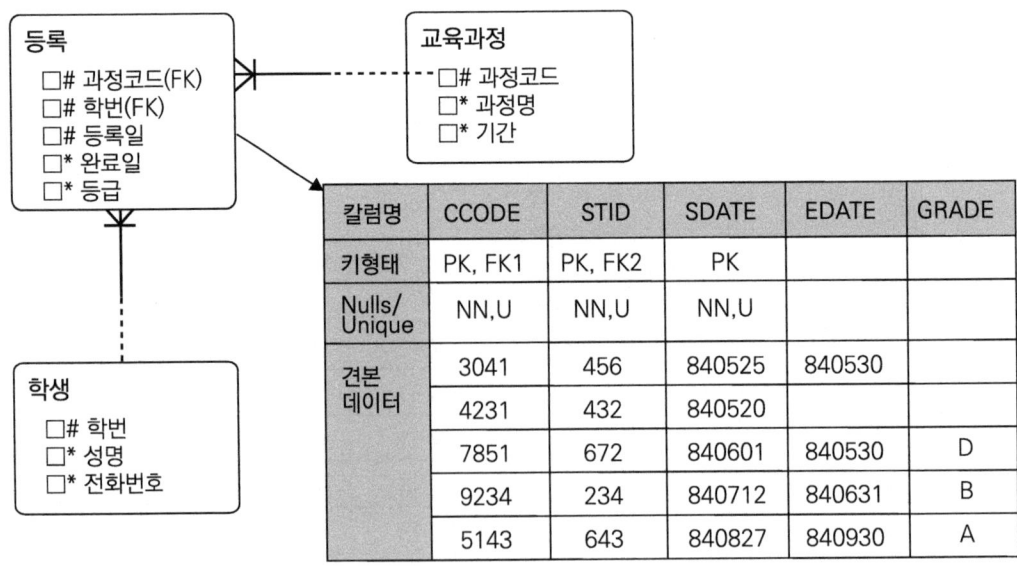

〈그림 126〉 외래키에 의한 기본키 변환 예

라. Secondary(Alternate) UID → Unique Key 변환

· 논리 모델에서 정의한 Secondary/Alternate들은 해당 집합과 상태 집합과의 선택적인 관계를 가질 수 있게 하는 데 중요한 역할을 한다. 변환 절차는 기본적으로 Primary UID 변환절차와 동일하다.

마. 테이블 정의서: 개발자들이 가장 많이 참조하는 산출물 중 하나이다.

			미래 은행 계정계 시스템						
	모델명	인버터V3					단계		
	문서번호			버전			작성일자	2018.03.30	

			테이블 정의서							
테이블 ID	EMP	테이블명	Employee	Table Space		시스템	인버터V3	총건수		월간발생량
실체	System									
테이블정의										
파티션정의										
파티션키										
데이터처리형태										
특이사항										
Note										

NO	칼럼명	한글명	TYPE	Len	Null	PK	FK	참조테이블	참조칼럼	유형	Validation Rule	비고
1	ID	시스템 ID	VARCHAR2	3		Y						
2	Name	시스템 Name	VARCHAR2	50								
3	Address	Description	VARCHAR2	300	Y							
4	Birth_date	일자	DATE		Y					System		
5	Dot_id	부서	VARCHAR2	2	Y					System		

〈그림 127〉 테이블 정의서 예

4. 관계 변환

가. 1:M 관계 변환: 가장 많은 형태의 관계로, M쪽 관계의 형태에 따라서 관계 칼럼의 선택 사양이 결정된다.

1) 변환 절차

· 1(One)에 있는 PK를 M(Many)의 FK로 변환

 - FK의 명칭 결정

 - 키 형태 란에 FK표시

 - Nulls/Unique란에 NN표시(Must Be 관계 시)

 - 필수 관계가 아닌 경우에는 NN를 체크하지 않는다.

· 표본 데이터 추가

· UID BAR가 있는 경우는 전단계에서 실시

2) 변환 예

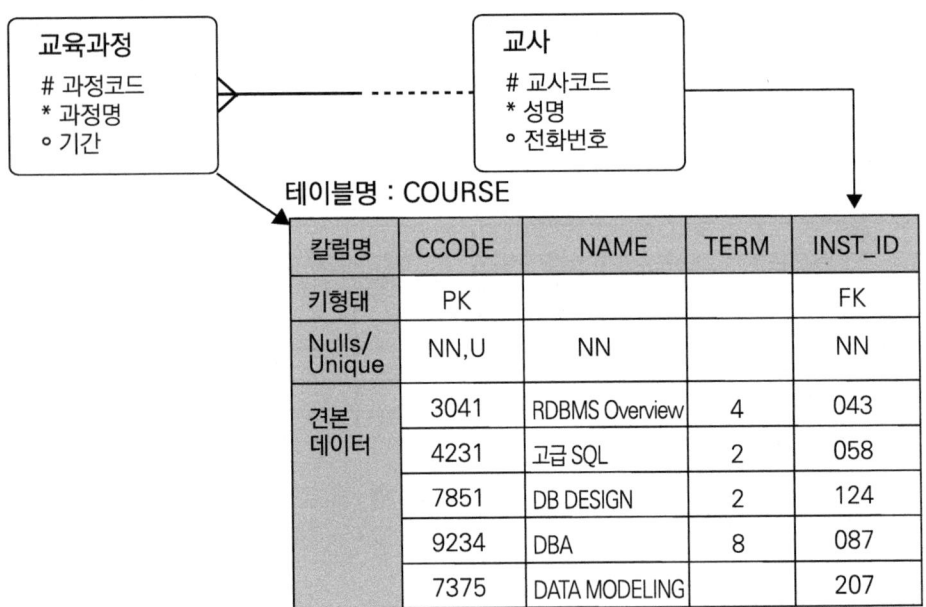

〈그림 128〉 1:M 관계 변환 예

3) 1:M 관계에서 1쪽에 Mandatory 관계일 때의 변환 시 주의사항

· 자식 쪽의 레코드(Row)가 반드시 하나 이상이어야 부모 쪽의 레코드를 생성할 수 있다.

· 자식 쪽의 레코드를 삭제할 경우에는 전체를 다 삭제할 수는 없고 반드시 하나 이상의 자식레코드를 남겨두어야 한다. 또는 자식, 부모 레코드를 동시에 삭제해야 한다.

나. 1:1 관계 변환: 자주 발생하지 않는다. 관계의 Optionality(기수성)에 따라서 다른 방법으로 적용된다. 양쪽 모두 Optional인 경우에는 더욱 빈번하게 사용되는 테이블이 외래키를 가지는 것이 유리하다.

1) 변환 절차
· Mandatory 반대쪽에 있는 테이블의 기본키를 Mandatory 쪽 테이블의 외래키로 변환하며, NN표시를 한다.

2) 변환 예 (1:1 Mandatory)

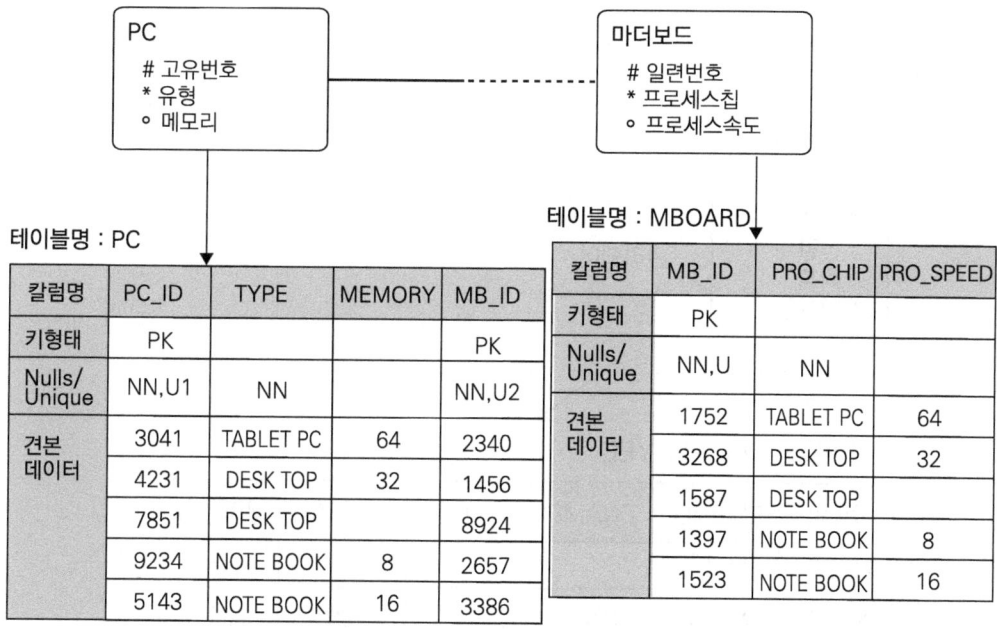

〈그림 129〉 1:1 Mandatory 관계 변환 예

3) 변환 시 주의 사항
· 1:1 관계에 의해서 생긴 모든 외래키 부분은 Unique Key가 필수적이다.
· 한쪽이 Optional이고 다른 쪽이 Mandatory라면 Mandatory 쪽의 테이블에 외래키가 생성된다.

· 양쪽 다 Mandatory 라면 변환 시에 어떤 테이블에 외래키를 생성할 것인지 선택해야 한다.

다. 1:M 순환 관계 변환: 대부분의 경우는 계층 관계 표현에 사용, 최상위 관계 속성은 Optional 이어야 한다.

1) 변환 절차
· 해당 테이블 내에 외래키 칼럼을 추가하고, 외래키는 같은 테이블 내의 다른 로우의 기본키 칼럼을 참조한다.
· 외래키 칼럼 명칭은 가능한 관계 명칭을 반영하고 외래키는 결코 NN이 될 수 없다.

2) 변환 예

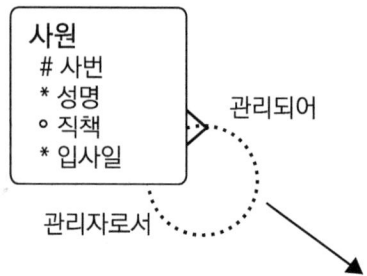

테이블명 : EMPLOYEE

칼럼명	EMPNO	ENAME	JOB	HIREDATE	MRG_ID
키형태	PK				FK
Nulls/Unique	NN,U	NN		NN	NN,U
견본 데이터	3041	조정섭	대표이사	2340	
	4231	유영선	상무이사	1456	5748
	7851	이인화	차장	8924	2507
	9234	김길동	대리	2657	1541
	5143	주진옥	사원	3386	1752

〈그림 130〉 1:M 순환 관계 예

라. 배타적 관계 변환

1) 외래키 (Foreign Key) 분리 방법

· 각각의 관계를 관계 칼럼으로 생성하는 방법으로, 실제 외래키 제약조건을 생성할 수 있는 장점이 있지만, 각각의 키 칼럼들이 Optional이어야 한다. 또한 다음과 같은 제약 조건을 추가적으로 생성하여야 한다.

〈표 29〉 배타적 관계 변환: 외래 키 분리 예

컬럼명	ACCTNO	CDATE	PERS_NO	UNIT_NO	COR_NO
속성명	계좌번호	계약일	주민번호	단체번호	사업자번호
키형태	PK		FK	FK	FK
Nulls/Unique	NN, U	NN		NN	
견본데이터	1234	200101	610309-1234567		
	5678	191220		312-01-22	
	1359	200305	790516-2345678		
	9482	180904			100-234-6789
	7645	171128		357-09-07	

2) 외래키 결합 방법

· 각각의 관계를 하나의 관계 칼럼으로 생성하는 방법으로, 실제 외래키 제약조건을 생성할 수 없는 단점이 있고 각각의 관계를 선택적으로 구분할 수 있는 추가적인 칼럼이 필요하다.

<표 30> 배타적 관계 변환: 외래키 결합 예

컬럼명	ACCTNO	CDATE	JUMIN_NO	TYPE
키형태	PK		FK	
Nulls/Unique	NN, U	NN	NN	NN
견본데이터	1234	200101	610309-1234567	J
	5678	191220		P
	1359	200305	790516-2345678	J
	9482	180904	100-234-6789	B
	7645	171128	357-09-07	P

· 구분 칼럼 추가: 구분 칼럼 TYPE이 추가되어 배타적 관계의 각 테이블 구분
  (J: 개인, P: 단체, B: 법인)

5. 관리상 필요한 칼럼 추가

가. 개념: 관리상의 이유나 프로그래밍이 좀 더 빨라질 수 있을 때 사용한다. (예: 등록일자, 시스템 번호 등)

나. 시스템 칼럼 추가 예: 생성 일시, 생성 프로세스 ID 등

6. 데이터 타입 선택

가. 개념: 물리적인 DBMS 특성과 성능을 고려하여 최적의 데이터 타입을 선택한다.

나. 문자 타입

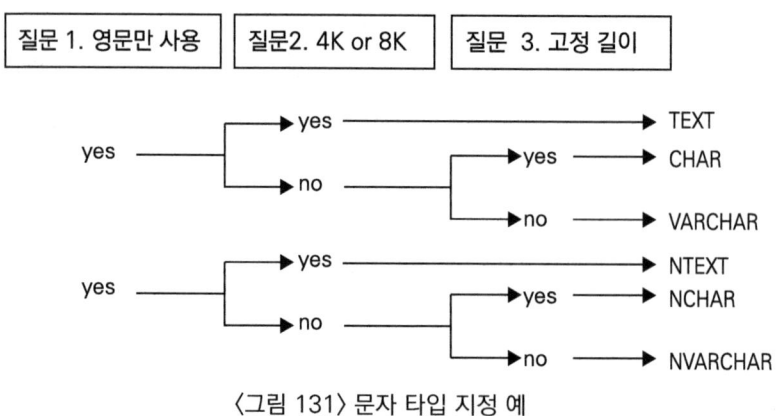

<그림 131> 문자 타입 지정 예

다. 숫자 타입: 정말 숫자 데이터인지 판단한다.
· 불린(Boolean): 참/거짓을 저장하는 경우
· 정수(Integer): 소수점 이하 처리 안 할 때
· 소수(Decimal): 소수점 이하 처리
· 화폐(Money): 금액을 저장하기 위해

라. 날짜 타입: 날짜 타입으로 할 것인지 문자 타입으로 할 것인지는 논리 단계에서 결정된다.

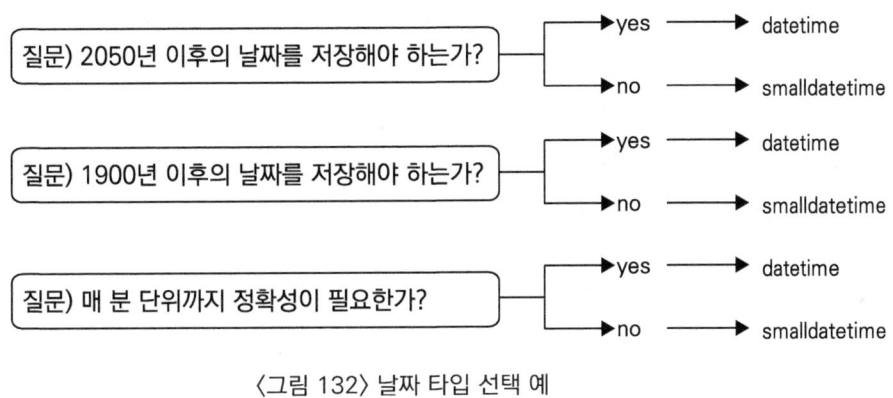

〈그림 132〉 날짜 타입 선택 예

7. 데이터 표준 적용

가. 개념: 칼럼명을 생성하고 변환하는 과정에서 미리 생성된 데이터 표준을 따르게 된다. (표준 용어, 도메인, 명명 규칙 등)

나. 데이터 표준 적용 대상
· 데이터베이스, 스토리지 그룹(물리적인 DISK를 묶어서 하나의 그룹으로 정의한 것), 테이블스페이스(테이블이 생성되는 물리적인 영역), 테이블, 항목(Column), 인덱스, 뷰

다. 데이터 표준 적용 방법
1) 명명 규칙에 의한 표준화 적용

· 논리 → 물리 전환 시 엔터티 한글명과 동일한 용어를 영문명으로 전환한다.
· 영문명은 영문 약어를 사용하며, 표준 용어 사전에 등록된 표준 영문 약어를 참조한다.
· 테이블의 명명 순서: 업무 영역 + 주제어 수식어 + 주제어 + 분류어 수식어 + 분류어 + 접미사
2) 표준 용어집에 의한 표준화 적용: 사전에 모든 객체명과 데이터 타입, 길이 등을 정해놓고 사용한다.

4절. 반정규화

: 정규화된 데이터 모델은 시스템의 성능 향상, 개발 과정의 편의성, 운영의 단순화를 위해 정규화의 원칙들에 위배되는 행위를 의도적으로 수행하게 되는데 이러한 과정을 반정규화라고 한다. 일관성·무결성을 우선으로 할지 성능과 단순화를 우선순위로 할지에 따라 적절하게 조화되어야 한다.

1. 테이블 분할

가. 개념: 수직/수평 분할하는 것을 테이블 분할 또는 파티셔닝이라고 한다. (DB디자인의 파티셔닝과 다른 의미)

나. 수평 분할
· 레코드를 기준으로 분할, 테이블에 데이터가 너무 많고 특정 덩어리의 범위만을 액세스하는 경우 사용한다.
· 분할 후 서로 다른 디스크에 위치 시켜 물리적인 디스크 효용성을 극대화한다.
· 현재는 DBMS 차원에서 제공한다.

다. 수직 분할
: 하나의 테이블이 가지는 레코드의 개수가 많아서 수평 분할을 한다면 수직 분할은 하나의 테이

블이 가지는 칼럼의 개수가 많아지기 때문에 발생한다. 이러한 수직 분할이 일어나는 이유는 다음과 같이 매우 다양하다.
· 칼럼의 개수가 많아질 때
· 조회 위주의 칼럼과 갱신 위주 칼럼이 나뉠 때
· 특별히 자주 조회되는 칼럼이 있을 때
· 특정 칼럼의 크기가 클 때
· 특정 칼럼에 보안을 적용해야 할 경우

2. 중복 테이블 생성

가. 개념: 집계 함수를 이용하여 자주 조회할 때 특정 통계 테이블을 두거나 중복 테이블을 추가한다.

나. 중복 테이블 생성 판단 근거
· 정규화에 충실하면 종속성, 활용성은 향상되지만 수행 속도 증가가 발생하는 경우
· 많은 범위 자주 처리할 때
· 특정 범위의 데이터만 자주 처리할 때
· 처리범위를 줄이지 않고는 수행속도 개선을 못할 때
· 요약 자료만 주로 요구되는 경우, 추가된 테이블의 처리를 위한 오버헤드를 고려하여 결정한다.
· 인덱스의 조정이나 부분 범위 처리로 유도, 클러스터링을 이용하여 해결할 수 있는지 철저히 검토 후 사용한다.

다. 중복 테이블 유형

1) 집계(통계) 테이블 추가

가) 집계 테이블 유형: 단일 테이블의 GROUP BY, 여러 테이블의 조인 GROUP BY

나) 집계 테이블 생성 시 유의사항
- 로우 수와 활용도를 분석하고 시뮬레이션을 통해 그 효용성에 면밀한 검토가 선행되어야 한다.
- 집계 테이블에 단일 테이블 클러스터링 한다면 집계 레벨을 더 낮춰 활용도를 높일 수 있는지 검토해야 한다.
- 클러스터링, 결합 인덱스, 고단위 SQL로 해결될 수 있는지 검토해야 한다.
- 집계 테이블을 다시 집계, 조인하면 추출할 수 있는지를 검토하여 지나친 집계 테이블을 만들지 않는 것이 좋다.
- 추가된 집계 테이블을 기존 응용 프로그램이 이용할 수 있는지 찾아 보정시키는 노력이 필요하다.
- DB 트리거의 오버헤드에 주의하고 일관성 보장에 유의해야 한다. 즉 집계 테이블과 원본 테이블 간의 일관성 유지가 매우 중요하다.

2) 진행 테이블 추가

가) 진행 테이블 추가 상황
- 여러 개의 조인이 빈번히 발생하며 처리 범위도 넓은 경우
- M:M 관계가 포함된 처리의 과정을 추적·관리하는 경우
- 검색 조건이 여러 테이블에 걸쳐 다양하게 사용되고 복잡한 처리량이 많을 때

나) 진행 테이블 생성 시 유의 사항
- 데이터양이 적절하고 활용도가 높아지도록 기본키를 선정한다.
- 필요에 따라 추출칼럼을 추가하여 집계 테이블 역할도 하는 다목적 테이블을 구상한다.
- 진행 테이블을 만들어야 하는지 반드시 확인한다.

3. 중복 칼럼 생성

가. 개념: 정규화를 어기면서 중복을 수행함

나. 중복 칼럼 생성 상황
- 빈번한 조인을 일으키는 칼럼, 속도가 중요한 칼럼, 액세스 조건으로 자주 사용되는 칼럼에 대해서 고려해 볼 수 있다.
- 자주 사용되는 액세스 조건이 다른 테이블에 분산되어 있어 액세스 범위를 줄이기 힘든 경우 하나의 테이블로 모아서 조건의 변별성을 극대화한다.
- 복사된 칼럼의 도메인은 원본 칼럼과 동일해야 하며, 접근 경로 단축을 위해 부모 테이블 칼럼을 자식에 중복시킬 수 있다.
- 상위 레벨의 테이블에 집계된 칼럼을 추가할 수 있다. (M:1관계)
- 하위 레벨의 테이블로 중복 칼럼을 복사(M:1관계)할 수 있다.
- 연산된 결과를 주로 사용할 경우, 미리 연산하여 중복 칼럼을 생성할 수 있다.
- 여러 칼럼의 조합 또는 복잡한 연산의 결과를 통해 판단할 수밖에 없을 때 연산의 결과를 중복 칼럼으로 생성할 수 있다.
- 로우(row)로 관리하던 데이터를 칼럼으로 관리하는 경우, 기본키가 길거나 여러 개의 칼럼일 경우 인위적인 기본키를 추가할 수 있다.

다. 중복 칼럼 생성 시 유의 사항
- 다중 테이블 클러스터링(단위 클러스터에 두 개 이상의 테이블을 함께 저장하는 것)으로 해결할 수 있는지 검토하고, SQL GROUP 함수 이용하여 처리할 수 있는지 검토한다.
- 저장 공간의 지나친 낭비를 고려해 대비책을 마련해야 한다.
- 반복 칼럼은 특별한 경우를 제외하고는 절대 사용하지 말고, 있다면 sum(decode..) 용법과 같은 기법을 사용해 피하도록 한다.
- 경우에 따라 상대 테이블의 ROWID를 복사하는 경우가 효과적일 때도 있다.
- 데이터의 일관성 보장에 유의하고 칼럼의 중복이 심하면 처리 시 오버헤드가 발생한다.
- 사용자나 프로그램은 반드시 원본 칼럼만 수정하는 것이 바람직하다.
- 수행 속도 때문에 많은 중복 칼럼을 생성하는 것이 현실이지만 가능하면 적게 가져간다.
- 클러스터링, 결합 인덱스, 적절한 SQL로 해결 가능한 것이 많으므로 우선적으로 고려한 후 적용한다.

· 지나친 중복은 데이터 일관성 오류 발생의 개연성 증가 및 데이터 오버헤드 증가라는 반대급부가 있다는 것을 염두에 두고 수행해야 한다.
· JOIN, SUB-QUERY 액세스 경로의 최적화 방안을 더욱 철저히 강구해야 한다.

연습문제

Ⅰ. 전사 아키텍처 이해
Ⅱ. 데이터 요건 분석
Ⅲ. 데이터 표준화
Ⅳ. 데이터 모델링

연습문제
Ⅰ. 전사 아키텍처 이해

1. 아키텍처의 핵심 구성요소로 거리가 먼 것은?
① 원칙(rule)
② 모델(model)
③ 사람(human)
④ 계획(plan)

2. 전사에 대한 설명으로 가장 적절하지 않은 것은?
① 전사는 하나의 기업이나 기관을 가리킨다.
② 일반적으로 하나의 기업이나 기관이 아닐 수 있다.
③ 하나의 기업이 여러 개의 전사로 구성될 수 있다.
④ 전사는 구분 가능한 다수의 사업 영역으로 구성될 수 있다.

3. 전사 아키텍처 프레임워크에 대한 내용 중 가장 맞지 않는 것은?
① 모든 전사 아키텍처 프레임워크는 전사 아키텍처 정책, 전사 아키텍처 정보, 전사 아키텍처 관리 등의 3가지 영역으로 구성된다.
② 전사 아키텍처를 수립하기 위해서는 우선 전사 아키텍처를 어떻게 표현하고 운영할 것인가에 대한 전체적인 사고의 틀인 전사 아키텍처 프레임워크를 정립해야 한다.
③ 전사 아키텍처 프레임워크는 기업의 전사 아키텍처 도입 목적에 따라 조정될 수 있다.
④ 아키텍처 도메인이란 아키텍처 영역을 구분한 것이며, 아키텍처 매트릭스에서 뷰로 아키텍처를 구분한 것이라고 할 수 있다.

4. 전사 아키텍처 참조 모델에 대한 내용 중 가장 적절치 않는 것은?
① 참조 모델은 기관이나 기업의 전사 아키텍처 수립 시 참조하는 추상화된 모델이다.
② 참조 모델은 추상화된 아키텍처와 구성요소 간의 인터페이스를 제공한다.
③ 범정부 참조 모델에는 업무 참조 모델, 데이터 참조 모델, 서비스 참조 모델, 기술 참조 모델,

성과 참조 모델 등이 있다.
④ 참조 모델은 정부기관과 같이 중앙부처가 산하기관에는 참조 모델을 적용하거나, 민간 기업의 경우 해당 사항이 없다.

5. 데이터 참조 모델의 활용 효과와 가장 거리가 먼 것은?
① 정보의 상호운용성과 교환 촉진
② 정부나 기업군 또는 산업 차원의 통합된 데이터 활용
③ 데이터 조회 성능의 개선
④ 데이터 중복 배제 및 재사용 증대

6. 전사 아키텍처 프로세스의 공정과 수행 내용의 연결 중 가장 잘못된 것은?
① 전사 아키텍처 정보 구성 정의 - 아키텍처 매트릭스 정의
② 전사 아키텍처 정보 구축 - 현행 및 목표 아키텍처 정보 구축
③ 전사 아키텍처 관리 체계 구축 - 전사 아키텍처 정보를 운영 및 활용하기 위한 조직 및 프로세스 정의
④ 전사 아키텍처 이행 계획 - 전사 아키텍처 프레임워크 정의

7. 전사 아키텍처 환경 분석 시 수행하는 작업과 가장 거리가 먼 것은?
① 비즈니스 내/외부 환경분석
② IT 내/외부 환경분석
③ 아키텍처 매트릭스 정의
④ 전사(Enterprise) 범위 정의

8. 아키텍처 매트릭스에 대한 설명 중 가장 맞는 것은?
① 의사결정 유형은 정보의 상세화 정도와 연관성이 있고, 아키텍처 정보 유형은 아키텍처 도메인과 연관성이 있다.
② 아키텍처 매트릭스는 가능한 선진사례를 그대로 도입하는 것이 바람직하다.
③ 아키텍처 매트릭스에 정의된 산출물은 방법론에 따라 차이가 없어야 한다.
④ 기업은 정부가 정의한 아키텍처 매트릭스를 준용해야 한다.

9. 아키텍처 매트릭스의 관점과 산출물을 연결한 것으로 적절하지 않은 것은?
① 계획자 - 전사 데이터 모델
② 책임자 - 개념 데이터 모델
③ 설계자 - 논리 데이터 모델
④ 사용자 - 물리 데이터 모델

10. 아키텍처 매트릭스의 산출물을 보고 알맞은 관점을 선택하시오.

A - 프로세스 모델, 컴포넌트 모델, 논리 데이터 모델, 기술아키텍처 모델
B - 업무 매뉴얼, 프로그램 목록, 데이터베이스 객체, DBMS 제품 목록

① A - 설계자, B - 계획자
② A - 설계자, B - 책임자
③ A - 책임자, B - 설계자
④ A - 설계자, B - 개발자

11. 아키텍처 매트릭스의 산출물과 뷰가 적절하게 연결되지 않은 것은?
① 비즈니스 아키텍처 - 업무 기능 모델
② 어플리케이션 아키텍처 - 컴포넌트 모델
③ 데이터 아키텍처 - 논리 데이터 모델
④ 기술 아키텍처 - 프로그램 목록

12. 전사 아키텍처 정보 구성 정의 시의 참조 모델 관련 설명 중 가장 적합하지 않는 것은?
① 복수 전사를 가지고 있는 기업은 이 공정에서 참조 모델을 정의하고, 개별기업은 정의된 참조 모델을 확인하면 된다.
② 개별 기업은 상위기관이나 산업별 참조 모델을 참고하여 아키텍처 정보 구성요소를 정의하는 것이 바람직하다.
③ 참조 모델 정의는 기업이 속한 산업이나 가치사슬 네트워크에 상관없이 그 범위가 일정하다.
④ 개별 기업에서도 기술환경 변화에 대응하고 기술요소 간 상호운용성을 고려하여 기술 참조 모델은 전사 아키텍처 구축 시 정의하여 활용하는 것은 일반적이다.

13. 데이터아키텍처 정보 구축의 대상으로 가장 거리가 먼 것은?
① 일반적인 DBMS 제품 목록
② 데이터베이스 개체 정보
③ 논리 데이터 모델 정의
④ 개념 데이터 모델 정의

14. 비즈니스 아키텍처 정보 구축의 대상으로 가장 거리가 먼 것은?
① 조직모델 정의
② 전사 주제영역 모델
③ 업무메뉴얼 정보
④ 업무 기능 모델

15. 목표 아키텍처 정보 구축을 위해 정의해야 할 내용으로 적절하지 않은 것은?
① 전사 사업 모델 정의
② 개념 데이터 모델 정의
③ 데이터 사전 모델 정의
④ 업무 기능 모델 정의

16. 뷰에 대한 설명으로 옳지 않은 것은?
① 뷰는 삽입, 삭제, 갱신 연산에 제약사항이 따른다.
② 뷰는 데이터 접근 제어로 보안을 제공한다.
③ 뷰는 물리적으로 구현되는 테이블이다.
④ 뷰는 데이터의 논리적 독립성을 제공한다.

17. 전사 아키텍처 관리 체계 구축에 대한 설명으로 가장 적절치 않은 것은?
① 전사 아키텍처 관리 체계는 전사 아키텍처를 유지 관리하기 위한 조직과 프로세스 측면의 기반을 구축하는 것이다.
② 전사 아키텍처 관리 체계는 '전사 아키텍처 거버넌스'라고도 한다.
③ 전사 아키텍처 관리 체계는 IT 관리 체계를 포괄하는 더 큰 개념이다.
④ 전사 아키텍처 관리 체계 정착을 위해서는 현업부서도 전사 아키텍처를 이해하고 전사 아키텍

처 정보를 활용하며 IT 혁신에 대한 적극적인 의견을 제시할 필요가 있다.

18. 구축된 전사 아키텍처 정보를 효과적으로 활용하기 위해서 고려되어야 할 사항 중 가장 관계가 먼 것은?
① 전사 아키텍처 관리 조직과 프로세스, 직무를 정립한다.
② 전사 아키텍처 참조 모델을 열심히 찾아본다.
③ 전사 아키텍처 관리 시스템을 구축하여 적극 활용한다.
④ 전사 아키텍처 활용에 대하여 구체적인 범위와 활용의 예를 정립한다.

19. 전사 아키텍처 관리 시스템에 대한 설명 중 가장 적절치 않은 것은?
① 전사 아키텍처 관리 시스템을 의사소통 도구나 의사결정 도구로 활용하는 것은 적절치 않다.
② 전사 아키텍처 관리 시스템은 전사 아키텍처 정보를 구축하고, 관리하고, 활용하는 모든 전사 아키텍처 업무 프로세스를 효과적으로 지원하기 위한 시스템이다.
③ 전사 아키텍처 관리 시스템은 전사 아키텍처 모델링 도구, 전사 아키텍처 레파지토리, 전사아키텍처 포탈 등으로 구성된다.
④ 전사 아키텍처 관리 시스템 활용을 통하여 업무와 IT의 연관관계분석 및 차이분석을 수행할 수 있다.

20. 전사 아키텍처 이행계획의 핵심 작업 내용과 가장 거리가 먼 것은?
① 아키텍처 Gap 분석
② 프로젝트 정의
③ 이행전략 수립
④ 전사 아키텍처 관리 시스템의 발주

21. 전사 아키텍처 활용의 영역을 구분한 것 중 가장 부적절한 것은?
① IT 기획 관리 - IT 구축 관리 - IT 운영 및 통제 활용
② 아키텍처 이행계획 - 일상적 IT 업무 활용
③ IT 비용 산정 - IT 수익 산정 활용
④ 비즈니스 사용자의 활용 - IT 사용자의 활용

연습문제
II. 데이터 요건 분석

1. 요구 사항 문서가 가져야 하는 좋은 특성 중에 "시스템을 통해 일어날 수 있는 모든 가능한 시나리오가 기술되었다"를 의미하는 것은?

① 완전성
② 추적 가능성
③ 실현성
④ 검증 가능성

2. 아래 제시된 업무를 담당하는 사람은?

> · 정보 요구 사항 정의 상세화
> · 정보 요구 사항 반영을 위한 미팅
> · 미결 사항에 대한 의사결정 실시

① 데이터 아키텍처
② 사용자
③ 담당자
④ 관찰자

3. 다음에 해당하는 정보 요구 사항의 유형은 무엇인가?

> 시스템에서 입력을 받아들여 처리하고 출력을 만들어 내는 주요 활동 및 프로세스에 관한 요건이다.

① 인터페이스 요구사항
② 기능 요구사항
③ 성능 요구사항
④ 보안 요구사항

4. 다음에 해당하는 정보 요구 사항의 유형은 무엇인가?

> 동시 사용자 수, 처리하는 정보의 양과 종류, 트랜잭션 소요 시한 등에 관한 요건이다.

① 인터페이스 요구사항
② 기능 요구사항
③ 성능 요구사항
④ 보안 요구사항

5. 다음은 정보요구사항 생명주기이다. 다음 중 'STEP 3'에 들어갈 단계로 가장 적절한 것은?

① 정보요구사항 수집
② 정보요구사항 검증
③ 정보요구사항 분석 및 정의
④ 정보요구사항 상세화

6. 다음 정보 요구 사항 업무 흐름에 해당하는 것으로 가장 알맞은 것은?

> 사용자로부터 접수한 정보 요구사항 정의서를 수집하여 규칙에 맞게 정확하게 정의했는지 확인하고, 해당 요건을 검토할 처리 담당자를 지정하여 이송

① 요구사항 발송
② 요구사항 수렴
③ 요구사항 검토
④ 영향도 분석

7. 면담 진행팀 구성과 관련하여 다음 중 가장 적절하지 않은 것은?
① 면담 진행팀은 2~3명 이내로 구성한다.
② 면담을 주도하는 사람과 기록하는 사람으로 역할을 분담한다.
③ 면담 진행 시 관찰자는 면담을 관찰하되 진행 흐름을 끊지 말아야 한다.
④ 업무분석에 대한 면담 경험이 없는 진행요원들은 면담 투입 전에 사전 교육을 받는다.

8. 일련의 연산 집합으로 데이터베이스의 상태를 변환시키기 위하여 논리적 기능을 수행하는 하나의 작업 단위는?

① 도메인

② 트랜잭션

③ 모듈

④ 프로시저

9. 아래 제시된 업무를 담당하는 사람은?

· 요구사항 접수   · 요구사항 반영   · 요구사항 결과 통보

① 사용자

② 담당자

③ 면담자

④ 데이터 아키텍처

10. 정보 요구사항을 수집하기 위한 아래 설명에 해당하는 방법은?

· 1~2명의 실무자와 대면해 질의와 응답을 통해 정보를 수집하는 방법

· 융통성과 유연한 진행이 가능

① 관련 문서수집

② 워크숍을 통합 수집

③ 사용자 면담을 통한 수집

④ 현행 업무 처리 매뉴얼을 통한 수집

11. 다음 중 면담 수행 시 고려사항에 해당하지 않는 것은?

① 대상자 무작위 선정

② 기대 수준 설정

③ 면담 범위 준수

④ 응답 유도

12. 프로젝트의 현업 부서와 전산 부서의 주요 구성원들이 참여하여 특정 목적을 달성하기 위한 방법이 워크숍이다. 다음 중 워크숍을 개최하는 목적으로 적절하지 않은 것은?
① 관련 업무를 수행하는 부서에 대한 면담에 드는 노력을 절감하기 위해서
② 전문가들의 판단력을 이용하여 최적의 결론을 도출하기 위해서
③ 경영부서나 현업 부서장의 공통된 의견을 도출하기 위해서
④ 단순한 회의나 토론을 하기 위해서

13. 정보 요구 사항 도출의 완전성을 검증하기 위해 정보 요구 대 애플리케이션의 상관분석에 사용되는 분석기법은?
① CRUD 매트릭스
② RAEW 매트릭스
③ 변환 매트릭스
④ 추적 매트릭스

14. 현행 업무 조사서에 대한 설명으로 적절하지 않은 것은?
① 전체 부서가 동일한 기준으로 조사해야 한다.
② 업무 조자서 양식은 단순하고 이해하기 쉬울수록 좋다.
③ 동일한 업무를 수행하는 부서나 지점이 여러 개일 경우 표본 추출 조사가 가능하다.
④ 업무 기능을 정리된 양식으로 기록해두지 않아도 향후 작업에 영향을 미치지 않는다.

15. 정보 요구 대 어플리케이션을 상관 분석할 때 CRUD 매트릭스 분석 기법이 활용된다. CRUD 분석 시, 하나의 정보 항목에 대해 여러 개의 프로세스 액션이 발생할 경우, CRUD의 셀 값 입력 우선순위로 가장 적절한 것은?
① C 〉 D 〉 R 〉 U
② C 〉 D 〉 U 〉 R
③ C 〉 R 〉 U 〉 D
④ C 〉 R 〉 D 〉 U

16. 아래 사항은 면담 절차의 어느 단계에 필요한 것인가?

> · 핵심 사항, 상세 면담 기록 및 문서화
> · 잘못된 선입견 배제

① 계획 및 준비

② 면담 수행

③ 면담 결과 분석

④ 분석 결과 피드백

17. 면담 기법을 통해 요구사항을 조사할 때, 아래 설명을 보고 알맞은 역할에 해당하는 사람은?

> · 면담이 주제의 범위를 벗어나는 경우, 주의를 환기시킨다.
> · 면담의 종료를 판단한다.

① 면담자

② 기록자

③ 관찰자

④ 후원자

18. 정보 요구 사항의 유형을 외부 인터페이스, 기능, 성능, 보안 등의 개선 요건으로 구분하였다. 다음 중 정보 요구 사항 유형별 관리기준으로 부적절한 것은?

① 외부 인터페이스: 기존과 동일한 형태의 인터페이스 존재 여부

② 보안 개선: 향후에 재변경 되지 않도록 근본적인 개선 방안인지 여부

③ 기능 개선: 측정이 불가능한 형태 판단 여부

④ 성능 개선: 현행 기술 수준과 서비스 특성을 고려한 구현 가능 여부

19. 유스케이스 다이어그램에서 표현되는 것이 아닌 것은?

① 액터

② 유스케이스

③ 시스템 범위

④ 클래스들 간의 관계

20. 매트릭스 분석에서 기본 프로세스가 사용하는 정보 항목이 없을 경우, 분석과 대처 방안으로 적절하지 않은 것은?

① 기본 프로세스가 사용할 정보 항목이 누락되었을 수 있다. → 정보 항목을 만들어야 한다.
② 정보 항목이 필요 없는 기본 프로세스일 수 있다. → 기본 프로세스를 삭제해야 한다.
③ 업무 영역에 속하지 않는 프로세스일 수 있다. → 해당 업무 영역으로 이동해야 한다.
④ 정보 항목을 사용하는 프로세스가 여러 개일 수 있다. → 기본 프로세스를 합성해야 한다.

21. 다음 중 프로세스 계층도의 모듈성이 확보되기 위한 분해 기준으로 적합한 것은?

> 프로세스 계층도의 모듈성이 확보되기 위한 분해 기준은 응집도가 (A), 결합도가 (B) 분석의 복잡도와 모호성이 감소된다.

	A	B
①	높을수록	낮을수록
②	낮을수록	높을수록
③	높을수록	높을수록
④	낮을수록	낮을수록

연습문제

Ⅲ. 데이터 표준화

1. 데이터 명칭을 표준화할 때 적절한 가치 판단 기준이 아닌 것은?
① 유일성
② 다의성
③ 보편성
④ 충분성

2. 데이터 형식을 표준화할 때 가장 적절하지 않은 내용은?
① 숫자의 경우 표준화를 위해 소수점 이하의 자리를 고려할 수 있다.
② Numeric, Text, Date 등 데이터 타입을 표준화하는 것이다.
③ Char, Long Raw는 특수데이터 타입에 해당하지 않는다.
④ 특수 데이터 타입은 가급적 사용하지 않는다.

3. 데이터 아키텍처가 해야 할 업무로 적절하지 않은 것은?
① 데이터 모델을 관리해 효율적인 방안을 계획한다.
② 데이터의 정책과 표준을 정의한다.
③ 데이터의 보안 정책을 수립한다.
④ 데이터의 백업을 해야 한다.

4. 데이터 표준화의 기대효과에 가장 적합하지 않은 것은?
① 일관된 데이터 형식 및 규칙의 적용으로 인한 데이터 품질 향상
② 필요한 데이터의 소재 파악에 소요되는 시간 및 노력 감소
③ 명칭의 통일로 인한 명확한 의사소통의 증대
④ 인터페이스 데이터 변환 시간 증가

5. 데이터 관리자(Data Administrator)의 역할과 가장 거리가 먼 것은?

① 데이터베이스 성능 개선 방안 수립
② 데이터에 대한 정책과 표준 정의
③ 부서 간 데이터 구조 조율
④ 데이터 모델 관리

6. 다음 중 데이터 명칭에 대한 표준화 원칙으로서 가장 적절치 않은 것은?
① 데이터 명칭은 해당 개념을 유일하게 구분해 주는 이름이어야 한다
② 데이터 명칭은 업무적 명칭과 기술적 명칭을 구분하여 활용한다.
③ 데이터 명칭은 업무적 관점에서 보편적으로 인지되는 이름이어야 한다.
④ 데이터 명칭은 그 이름만으로 데이터의 의미 및 범위가 파악될 수 있어야 한다.

7. 일반적인 데이터 표준화 관리 도구가 가지는 기능 중 가장 거리가 먼 것은?
① 표준 사전 관리 기능
② 표준화 충실도 검사 기능
③ 코드 인스턴스 조회 기능
④ 데이터 모델 변경 영향도 분석

8. 다음 중 표준 단어에 대한 데이터 표준 지침에 기술될 수 있는 사항이 아닌 것은?
① 정의에 대한 기술 방법
② 영문 약어명에 대한 허용길이
③ 이음동의어에 대한 처리 방침
④ 데이터 형식에 대한 기술 방법

9. 다음 중 접두어와 접미어를 합성단어로 관리하는 방식에 대한 설명으로 틀린 것은?
① 사용자 편의성이 높다.
② 단어 사전의 단어 개수가 많지 않다.
③ 일관된 단어 사전의 모습을 가지지 못한다.
④ 물리 DB의 허용 길이를 넘는 경우가 발생할 가능성이 작다.

10. 다음 중 데이터 표준 기본 원칙으로 가장 부적절한 것은?
① 영문명(물리명) 전환시 발음식(예: 전화 → Jeonhwa)도 허용한다.
② 한글명 및 영문명 부여 시 띄어쓰기는 허용하지 않는다.
③ 한글명에 대해서는 여러 개의 영문명을 허용한다.
④ 영문명에 대해서는 여러 개의 한글명을 허용한다.

11. 다음 중 표준 용어와 직접적인 관련이 없는 것은?
① 표준 단어
② 표준 도메인
③ 기존 업무 용어
④ 표준 코드의 코드값

12. 데이터 표준 확정을 위한 검토와 가장 관련이 없는 것은?
① 현행 데이터 모델과 데이터 표준과의 비교 검토
② 표준 단어와 표준 용어간의 정합성 검토
③ 데이터 표준별 필수입력 사항 확인
④ 표준 용어간 유사 용어 검토

13. 다음 중 데이터 표준 수립 후 지속적인 데이터 표준 관리를 위해 수립되어야 하는 업무 프로세스로 가장 적합하지 않은 것은?
① 데이터 표준 변경에 따른 영향도 분석 프로세스
② 데이터 표준 변경 관리 프로세스
③ 데이터 모델 변경 프로세스
④ 데이터 표준 정의 프로세스

14. 데이터 표준 관리의 전반적인 프로세스에서 신규 및 변경 영향도를 분석하기에 가장 적합한 담당자는?
① 데이터베이스 관리자

② 데이터 관리자

③ 업무 담당자

④ 현업 사용자

15. 다음 중 데이터 표준 관리 프로세스의 역할별 업무 내용으로 가장 적절하지 않은 것은?
① 업무 담당자 ― 표준 변경을 신청한다.
② 전사 데이터 관리자 ― 전사 표준원칙 준수 여부를 검토한다.
③ 데이터베이스 관리자 ― 표준의 변경으로 인한 물리 DB 변경사항을 반영한다.
④ 데이터 관리자 ― 여러 업무시스템간 표준 변경으로 인한 업무 조정역할을 수행한다.

16. 다음 중 데이터 표준 관리 업무를 수행하는 데이터 관리자로서 가장 적절하지 않은 것은?
① 데이터 관리자는 표준 준수 여부를 검토한다.
② 데이터 관리자는 모델 변경사항을 데이터 모델에 반영한다.
③ 데이터 관리자는 표준 변경으로 인한 변경 영향도를 평가한다.
④ 데이터 관리자는 표준을 확인 후 데이터 모델 변경 신청을 수행한다.

17. 다음 중 표준 용어 변경 시 영향도 분석의 대상으로 가장 적합한 것은?
① 사용자 업무 매뉴얼
② 전산처리 지침서
③ 보고서 레이아웃
④ 정의된 코드명

18. 주요 데이터 표준 대상별 지침의 일반적인 구성 중 다음 설명에 해당하는 것은?

- 데이터 명칭에 대한 구조 체계 및 명명에 대한 기준
- 데이터 형식 표준화에 대한 기준

① 표준 단어   ② 표준 용어   ③ 표준 코드   ④ 표준 도메인

19. 다음은 데이터 변경관리 프로세스 예시이다. A, B, C, D에 해당하는 역할을 수행하는 사람이 바르게 짝지어진 것은?

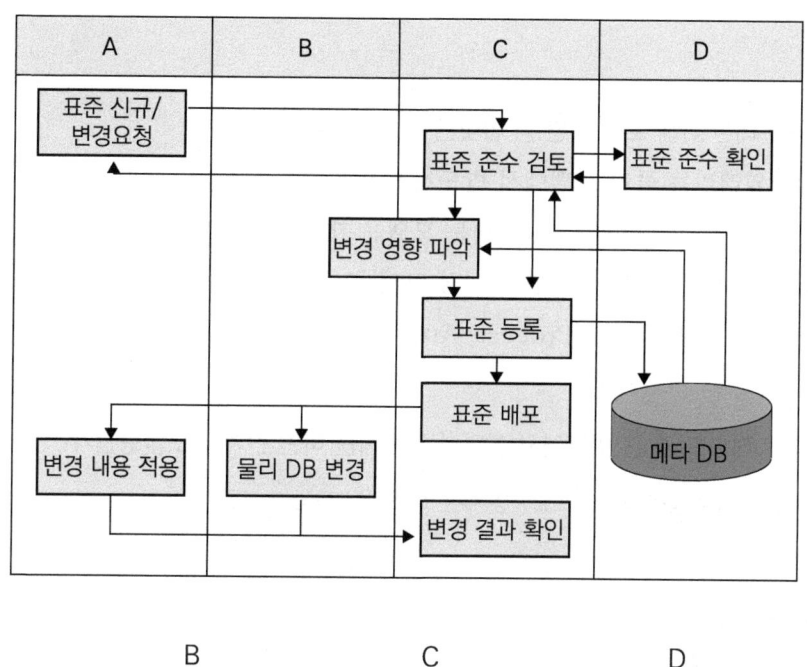

	A	B	C	D
①	업무담당자	데이터관리자	데이터베이스 관리자	전사데이터 관리자
②	업무담당자	데이터베이스 관리자	데이터관리자	전사데이터 관리자
③	데이터관리자	업무담당자	데이터베이스 관리자	전사데이터 관리자
④	데이터관리자	데이터베이스 관리자	업무담당자	전사데이터 관리자

20. 표준용어 관리 기준에 해당하지 않는 것은?
① 표준성   ② 일반성   ③ 개별성   ④ 업무 지향성

연습문제
Ⅳ. 데이터 모델링

1. 데이터 모델링에 대한 아래 보기 설명 중 알맞은 것은?
① 논리 모델링의 외래키는 물리 모델에서 반드시 구현되지는 않는다.
② 실제로 데이터베이스를 구축할 때 참고되는 모델은 개념적 데이터 모델링이다.
③ '물리 모델링 → 논리 모델링 → 개념 모델링 단계'로 갈수록 구체적이다.
④ 데이터 모델링의 3가지 요소는 'Process, Attributes, Relationship'이다.

2. 데이터 모델링에 대한 단계 중 아래에서 설명하는 단계는 어떤 단계의 모델링인가?

> · 추상화 수준이 높고 업무 중심적이고 포괄적인 수준의 모델링 진행
> · 전사적 데이터 모델링
> · EA 수립 시 많이 이용됨

① 개념적 데이터 모델링
② 논리적 데이터 모델링
③ 물리적 데이터 모델링
④ 추상적 데이터 모델링

3. '엔터티 - 인스턴스 - 속성 - 속성값'에 대한 관계 설명 중 틀린 것을 고르시오.
① 한 개의 엔터티는 두 개 이상의 인스턴스의 집합이어야 한다.
② 한 개의 엔터티는 두 개 이상의 속성을 갖는다.
③ 하나의 속성은 하나 이상의 속성값을 가진다.
④ 하나의 엔터티의 인스터스는 다른 엔터티의 인스턴스간의 관계인 Paring을 가진다.

4. 아래의 ERD에서 3차 정규형을 만족하게 할 때 엔터티의 개수는 몇 개가 되는가?

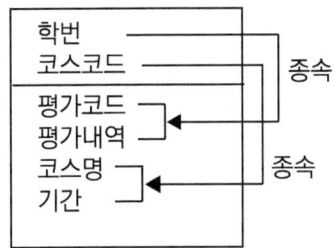

    ㄱ. 평가코드, 평가내역은 학번에 종속적

    ㄴ. 코스명, 기간은 코스코드에 종속적

    ㄷ. 평가코드 평가내역은 속성 간 종속적 관계

→ 1차 정규형: 모든 속성은 반드시 하나의 값. 속성값의 중복 제거

→ 2차 정규형: 식별자에 종속되지 않는 속성의 중복 제거

→ 3차 정규형: 2차 정규형 만족 + 식별자 외 일반 칼럼간의 종속 존재 제거

① 1개   ② 2개   ③ 3개   ④ 4개

5. 데이터 모델이 우리에게 제공하는 것이 아닌 것은?

① 시스템을 구축하는 틀을 제공한다.

② 시스템의 구조와 행동을 명세화할 수 있게 한다.

③ 데이터의 정의를 데이터의 사용과 분리하지 않으므로 데이터 혹은 프로세스의 변화를 일으킬 수 있는 가능성을 줄인다.

④ 다양한 영역에 집중하기 위해 다른 영역의 세부사항은 숨기는 다양한 관점을 제공한다.

6. 데이터 모델링의 주의점이 아닌 것은?

① 중복(Duplication)

② 비유연성(Inflexibility)

③ 변환(Conversion)

④ 비일관성(Inconsistency)

7. 다음 릴레이션의 차수(Degree)와 Cardinality는?

15053	김연아	2학년	컴퓨터
15054	유재석	3학년	전기
15055	박명수	4학년	기계

① Degree: 4, Cardinality: 3
② Degree: 3, Cardinality: 4
③ Degree: 3, Cardinality: 12
④ Degree: 12, Cardinality: 3

8. 시스템 개발자들이 어플리케이션에서 사용되는 데이터가 어떤 것인지 파악하고 이해하고 또한 데이터들 간의 상호 연관성을 정확히 파악하는데 데이터 모델링이 필요할 수 있다. 개발자들의 시스템 이해에 데이터 모델링이 필요한 이유가 아닌 것은?

① 데이터 정의, 생명주기 정보 그리고 언제 어떻게 데이터가 사용되었는지 등을 추적할 수 있는 정보를 데이터 모델링은 제공한다.
② 물리적인 것과 논리적인 것을 구별하여 데이터를 사용하는 사람과 물리적인 모든 것으로부터 독립되어 조직과 사용자가 필요로 하는 필수적이고 기본적인 데이터를 정의할 수 있다.
③ 데이터에 대해 관리자, 사용자, 프로그래머들이 서로 다르게 인식되고 있는 뷰들을 하나로 단일화시킨다.
④ 데이터 모델링은 사용자가 원하는 것의 논리적 개념과 시스템이 어떻게 그것을 제공하는지의 물리적 개념을 명확하게 나타내어 준다.

9. 객체지향 모델링의 용어에서 잘못 설명한 것은?
① 조직이나 시스템은 객체라는 것에 관련되어 있고 객체에 대한 정보를 저장한다.
② 객체는 대개 객체를 기술하는 데이터와 그 기술 데이터를 운영하는 메소드로 구성된다.
③ 속성 유형과 메소드를 공유하는 객체가 그룹화되어서 객체 단일화라 한다.
④ 객체는 연관(Association) 또는 상속을 통해서 다른 객체와 연결된다.

10. 식별자(Unique Identifier)의 정의와 유형의 설명 중 틀린 것은?
① 후보 식별자: 하나의 엔터티로부터 식별자를 추출하기 위해서는 가능성이 있는 속성들을 먼저 찾는데 이런 속성들을 후보키라고 한다.
② 식별자: 후보자키들 중에서 식별자가 결정되는데 이 속성을 식별자라 한다.

③ 대체 식별자: 추출된 엔터티에 식별자가 될 수 있는 속성이 없다면 분석 설계자에 의해 임의로 하나의 속성을 식별자로 추가할 수 있는데 이런 속성을 대체 식별자라 한다.
④ 식별자란 하나의 엔터티에 구성되어 있는 여러 개의 속성 중에 엔터티를 대표할 수 있는 속성을 의미한다.

11. 다음 중 엔터티끼리만 묶여 있는 것은?
① 고객, 거래자, 금융기관
② 상품, 사고유형 코드, 수납기관
③ 고객, 상품, 주문
④ 청구서, 진단서, 불량거래자

12. 개념 데이터 모델링에서 모든 엔터티를 결정할 때 다음과 같은 기준을 가지고 결정한다. 먼저 고려해야 할 사항 순으로 올바른 것은?

ㄱ. 관리 대상 판정   ㄴ. 집합 여부 확인   ㄷ. 향후 관리 여부 확인

① ㄱ - ㄴ - ㄷ
② ㄴ - ㄱ - ㄷ
③ ㄴ - ㄷ - ㄱ
④ ㄷ - ㄱ - ㄴ

13. 개념 데이터 모델에서 '엔터티는 집합이어야 하지만 모든 집합이 모두 엔터티가 되는 것은 아니다'라는 말이 있다. 맞는 말인가?
① 예
② 아니오
③ 맞을 수도 맞지 않을 수도 있다.

14. 엔터티 후보 도출을 위해서 참조해야 할 사항들이다. 가장 중요도가 떨어지는 것은?
① 기존 시스템 도큐먼트
② 자료흐름도
③ 현장 조사

④ 애플리케이션 개발 표준 정의서

15. 엔터티가 되기 위해서는 집합이어야 한다. 즉, 가로와 세로가 존재해야 한다. 여기에서 가로에 해당하는 것은?
① 속성
② 인스턴스
③ 식별자

16. 제 2정규형에서 제 3정규형이 되기 위한 조건은?
① 이행적 함수 종속 제거
② 부분적 함수 종속 제거
③ 다치 종속 제거
④ 결정자이면서 후보 키가 아닌 것 제거

17. 다음은 '학생'이라는 개체의 속성을 나타내고 있다. 여기서 '학과'를 기본 키로 사용하기 곤란한 이유로 가장 타당한 것은?

학생(학과, 성명, 학번, 세부전공, 주소, 우편번호)

① 학과는 기억하기 어렵다.
② 학과는 정렬하는 데 많은 시간이 소요된다.
③ 학과는 기억 공간을 많이 필요로 한다.
④ 동일한 학과명을 가진 학생이 두 명 이상 존재할 수 있다.

18. 데이터베이스에서 널(NULL) 값에 대한 설명으로 옳지 않은 것은?
① 아직 모르는 값을 의미한다.
② 아직 알려지지 않은 값을 의미한다.
③ 공백이나 0(ZERO)과 같은 의미이다.
④ 정보 부재를 나타내기 위해 사용한다.

19. 데이터베이스의 특성으로 옳지 않은 것은?

① 데이터베이스는 계속적으로 변화된다.

② 데이터베이스의 데이터는 그 주소나 위치에 의해 참조된다.

③ 데이터베이스는 실시간으로 접근한다.

④ 데이터베이스는 동시 공용이다

20. 물리 데이터 모델링에서 칼럼이 되는 논리 데이터 모델의 구성 요소를 모두 고르시오.

① UID

② 속성

③ 테이블

④ 엔터티

21. 데이터베이스 설계 순서로 옳은 것은?

① 요구 조건 분석 → 개념적 설계 → 논리적 설계 → 물리적 설계 → 데이터베이스 구현

② 요구 조건 분석 → 논리적 설계 → 개념적 설계 → 물리적 설계 → 데이터베이스 구현

③ 요구 조건 분석 → 논리적 설계 → 물리적 설계 → 개념적 설계 → 데이터베이스 구현

④ 요구 조건 분석 → 개념적 설계 → 물리적 설계 → 논리적 설계 → 데이터베이스 구현

22. 논리 데이터 모델링에서 기본키를 구성하는 모든 속성은 반드시 값을 가져야 한다는 규칙이 있다. 맞는 말인가?

① 예

② 아니오

③ 맞을 수도 맞지 않을 수도 있다.

23. 논리 데이터 모델링에서 기본키는 유일성을 보장해 주는 최대 집합이어야 한다는 규칙이 있다. 맞는 말인가?

① 예

② 아니오

③ 맞을 수도 맞지 않을 수도 있다.

24. 제 1정규형과 관련된 것을 모두 고르시오.
① 유일값
② 결과적으로 자식 엔터티를 가진다.
③ 결과적으로 부모 엔터티를 가진다.

25. 정규화의 설명으로 옳은 것을 모두 고르시오.
① 중복값이 줄어든다.
② 상대적으로 Null이 많아진다.
③ 데이터 구조의 안정성에 영향을 준다.

26. 아래 모델링을 보고 적절하지 않은 설명을 고르시오.

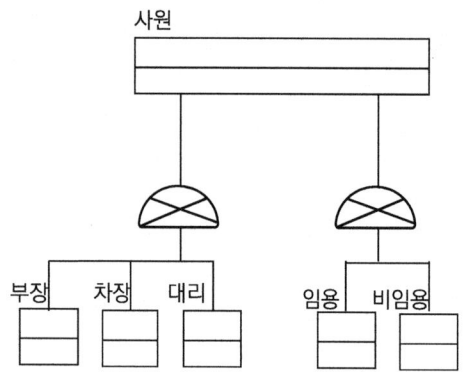

① 서브타입은 중복이 불가능한 배타적 관계이다.
② 부장-차장-대리는 같은 차원에 위치한다.
③ 부장이면서 임용받는 경우를 표시할 수 있다.
④ 2개의 서브타입을 동시에 표현하려면 모델을 수정해야 한다.

27. 아래 모델에서 표현되어 있는 업무 규칙이 아닌 것은?
(속성명 앞의 '#'은 식별자를 '*'는 NOT NULL을, 'o'는 NULLABLE을 의미함)

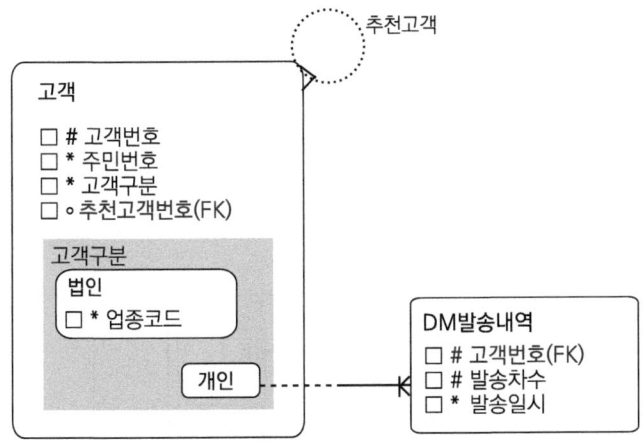

① 고객 엔터티는 법인고객과 개인고객으로 구성된다.
② 고객 엔터티의 개인고객인 개체만 DM을 발송한다.
③ 고객 엔터티의 추천고객번호 속성은 추천한 다른 고객의 고객번호를 저장한다.
④ 고객 엔터티가 테이블이 되면 업종코드 속성은 NOT NULL이 되어야 한다.

28. 데이터를 표준화할 경우의 장점으로 적절하지 않은 것은?
① 부서 간 명확한 의사소통 가능
② 필요 데이터 소재 파악에 소요되는 시간 감소
③ 일관성 있는 명칭 사용으로 시스템 운용 시간 및 개발 생산성 감소
④ 부서 간 데이터 공유 시 비용 및 변환 횟수 감소

29. 다음 식별자 구조를 올바르게 해석한 것은?
(본질식별자는 의미상의 주어, 실질식별자는 PK가 될 것을 의미함)

	속성명 ▲▼	본질식별자	실질식별자
1	사원번호	☐	☑
2	주민번호	☑	☐
3	입사일자	☑	☐
4	사원명	☐	☐

① 주민번호가 동일한 인스턴스가 생성될 수 있다
② 주민번호와 입사일자는 FK가 된다

③ 퇴사한 사원이 재입사하면 기존의 사원번호를 재사용한다
④ 사원이 퇴사하면 사원 엔터티에서 삭제한다

30. 배타적 관계가 잘못 그려진 것은?

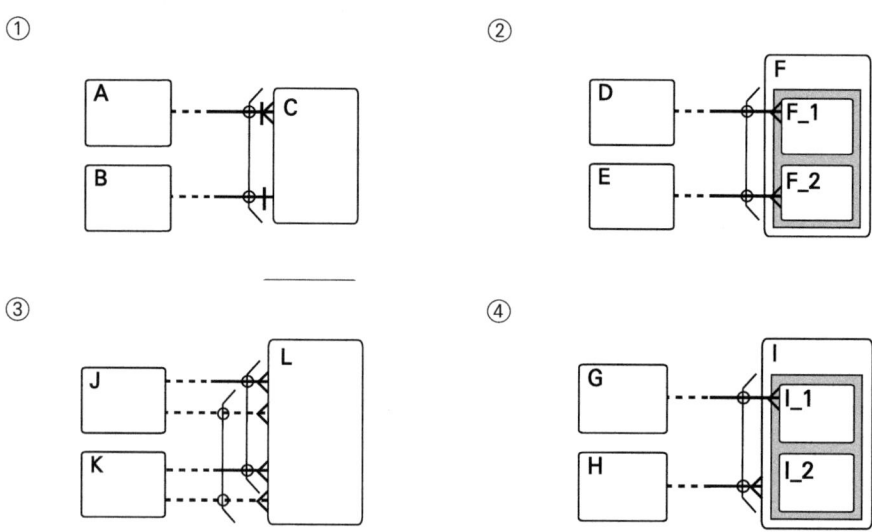

31. 다음 모델 중 식별자의 상속처리가 올바르게 된 것은?

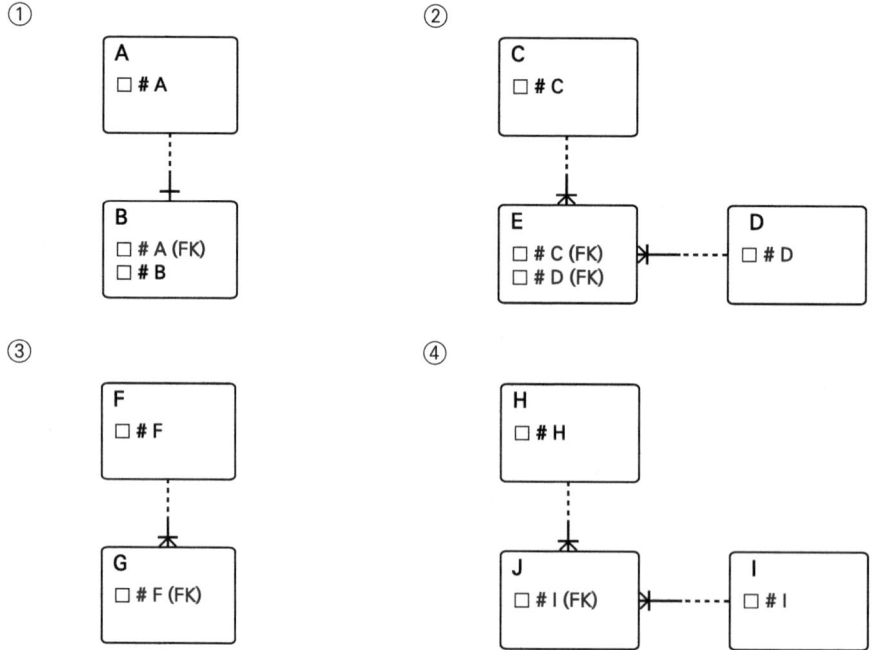

32. 논리모델의 전개와 관련하여 가장 잘못된 설명은?
① 논리모델의 엔터티는 물리모델의 테이블이 된다
② 논리모델의 속성은 물리모델의 칼럼이 된다
③ 논리모델의 서브타입은 물리모델의 칼럼이 된다
④ 논리모델의 M:N 관계는 물리모델의 테이블이 된다

33. 객체지향 모델링과 관련된 설명으로 가장 적절하지 않은 것은?
① 객체는 메소드를 다른 객체로 전달할 수 있다.
② SQL을 사용할 수 없어 OQL을 사용해야 한다.
③ 메소드를 오버라이딩(Overriding)해서 다른 객체에서 사용 가능하다.
④ OID(Object Identifier)는 객체의 값 일부를 사용하며 그 값이 바뀌면 OID도 변경 가능하다.

34. 은행의 계좌 엔터티는 다음 중 어느 엔터티와의 관계가 가장 근본적인 관계(절대종속관계)인가?
① 계좌담당부서
② 고객등급코드
③ 이자율지급기준
④ 고객

35. 다음 중 가장 올바른 설명은?
① 배타적 관계는 최종 논리모델에서는 없어져야 한다
② 절대종속관계(식별자관계)이던 상대종속관계(비식별자관계)이던 1:M 직접 관계이면 상위 엔터티의 식별자가 하위 엔터티에 상속된다
③ 논리모델에는 FK나 참조 무결성 체크를 위한 관계를 그린다
④ M:N 관계를 해소하면서 생성된 관계 엔터티는 원래의 두 엔터티와 양방향 모두 필수인 1:M 관계가 된다

36. 다음 중 가장 올바른 설명은?
① 개념 데이터 모델은 전사 차원에서 작성하는 것이 바람직하다

② 논리 데이터 모델은 업무의 흐름을 나타낸 것이다
③ 논리 데이터 모델은 분석단계의 후반부에 작성한다
④ 물리 데이터 모델링 단계는 논리 데이터 모델링 단계보다 더 많은 자원을 투입해야 한다

37. 정규화에 관련하여 올바른 설명은?
① 1차 정규화의 결과로 상위 엔터티가 만들어질 수 있다
② 2차 정규화의 결과로 하위 엔터티가 만들어질 수 있다
③ 3차 정규화의 결과로 하위 엔터티가 삭제된다
④ 2차 정규화의 결과로 속성이 삭제될 수 있다

38. 제2차 정규형이면서 제3차 정규형은 아닌 것은? (밑줄은 식별자를 가리킴)
① 사원 (사원번호, 사원명, 학교코드)
② 급여내역 (사원번호, 급여일, 총지급금액, 총공제금액, 실지급금액)
③ 근태내역 (사원번호, 근태일, 근태사유코드, 근태사유명)
④ 결제내역 (문서번호, 사원번호, 결제일시, 사원명, 결제상태코드)

39. 아래 표를 보고, 알맞게 모델링한 것을 고르시오.

주문번호	상품번호	상품명	주문수량	고객번호
OD001	15	AA	5	00001
OD001	16			00001
OD001	18			00001
OD002	17	BB	10	00002
OD002	18			00002

①
주문번호
상품번호
○ 상품명
○ 주문수량
* 고객번호

②
주문번호
○ 상품번호
○ 상품명
○ 주문수량
* 고객번호

③
주문번호
○ 상품번호
* 상품명
* 주문수량
* 고객번호

④
주문번호
상품번호
○ 상품명
○ 주문수량
○ 고객번호

40. 다음 중 키 엔터티가 아닌 것은?

① 고객

② 금융기관

③ 납입자

④ 상품

41. 아래에서 설명하는 것을 지칭하는 개념을 고르시오.

- 다른 개체의 속성을 가져와서 속성명을 다르게 정의한다.
- 여러 개체가 동일한 개체를 참조하는 경우, 속성명을 다르게 정의해야 할 필요성이 높아진다.

① Foreign key name

② Primary key name

③ Role name

42. 다음 모델링 중 아크 관계를 알맞게 표시한 것을 모두 고르면?

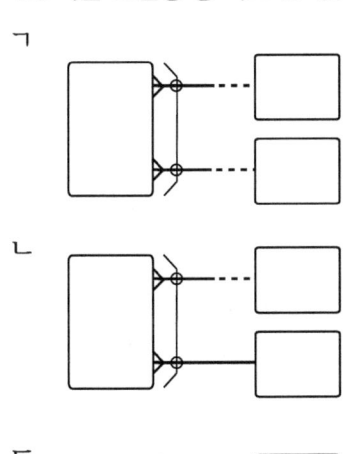

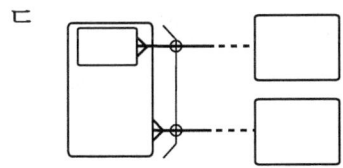

① ㄱ
② ㄱ, ㄴ
③ ㄱ, ㄴ, ㄷ
④ ㄷ

43. 정규화의 장점으로 알맞지 않은 것은?
① 새로운 요구사항을 발견할 수 있다.
② 데이터의 중복이 늘어나 검색하기 편하다.
③ 복잡한 코드를 사용하지 않아도 된다.
④ 데이터 구조를 안정적이게 한다.

44. 다음 중 선분 이력을 하기에 가장 좋은 항목은?
① 매일 바뀌는 환율
② 매일, 매주 등 불규칙하게 바뀌는 상품의 가격
③ 매월 단위로 저장하는 주문 내역
④ 사원이 최초로 입사한 최초사원 입사일자

45. 다음 설명에 가장 알맞은 선분 이력 관리 유형은?

· 하나의 속성이 바뀌더라도 전체 행(row)을 새롭게 생성한다.
· 둘 이상의 속성이 바뀌면 이벤트가 모호해지며, 저장 공간이 낭비될 수 있다.

① 인스턴스 레벨 이력관리
② 속성 레벨 이력관리
③ 주제 레벨 이력관리

46. 선분 이력 관리를 하는 중, 어떤 속성이 바뀌는지 확인하고 싶다. 이 경우에 해당하는 설명으로 가장 옳지 않은 것은?
① 속성 레벨 이력관리를 검토한다.
② 전체적으로 변화가 발생할 가능성이 낮으면서 이력 관리 속성이 많은 경우 적합하다.
③ 기존 이력 관리에 비해 이력 검색이 어려워진다.
④ 크기가 큰 속성을 수평 분할하는 경우에 해당한다.

47. 논리 데이터 모델을 물리 데이터 모델로 변경하는 경우 적합하지 않은 항목은?
① Entity → Table
② Attribute → Column

③ Alternate UID → Primary Key

④ Business Constraints → Check Constraints

48. 아래의 상황에서 가장 알맞은 변환 방법은?

· 통합된 테이블에 모든 서브타입의 데이터나 속성을 포함하려는 경우

· 서브타입이 적은 양의 속성이나 관계를 가지는 경우

① 수퍼타입 기준 테이블 변환

② 서브타입 기준 테이블 변환

③ 개별타입 기준 테이블 변환

49. 아래 설명에 해당하는 모델링은?

· 기존 시스템의 모델 비보유 혹은 미현행화 시에 시스템의 메타 정보를 활용하여 모델을 작성하는 것

· 모델링 CASE TOOL을 활용하여 기존 산출물을 통해 메타 정보를 수집하여 이를 토대로 테이블과 칼럼을 분석한 후 이들의 관계를 파악하여 모델을 작성함

① 개념적 모델링

② 논리적 모델링

③ 물리적 모델링

④ 리버스 모델링

50. 논리 데이터 모델의 서브타입은 물리 데이터 모델의 어떤 객체로 변환되는가?

① 칼럼

② 프로시져

③ 테이블

④ 인덱스

51. "물리 데이터 모델에서는 특정 DBMS의 특성이 고려되어야 한다"라는 말이 있다. 옳은 말인가?

① 예

② 아니오

③ 맞을 수도 맞지 않을 수도 있다.

52. 테이블과 관련된 용어가 아닌 것은?
① 칼럼
② Rows
③ Primary Key
④ UID

53. 속성 변환과 관련된 내용이다. 잘못된 것은?
① 칼럼명은 표준화된 약어를 사용한다.
② SQL 예약어의 사용을 피한다.
③ 가능한 길게 의미가 통하게 사용해야 한다.
④ 실제 데이터를 사용하여 변환을 검증한다.

54. 레코드를 기준으로 테이블을 분할하는 방법은?
① 수직분할
② 수평분할
③ 복합분할
④ 중복테이블

55. M:N 자가 관계는 엔터티를 추가한 후 원래 엔터티 두 개의 1:N 관계로 조정하도록 수정하시오.

56. 관계를 설명해주는 속성들이 있을 경우 그 관계를 새로운 엔터티로 대체하도록 수정하시오.

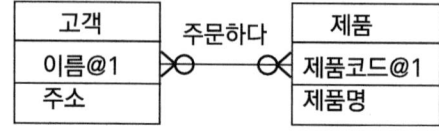

57. 수퍼타입과 서브타입 그리고 한 범주에 속하는 상호 배타적인 서브타입들과 수퍼타입 간의 관계를 1:1 관계로 설정하도록 수정하시오.

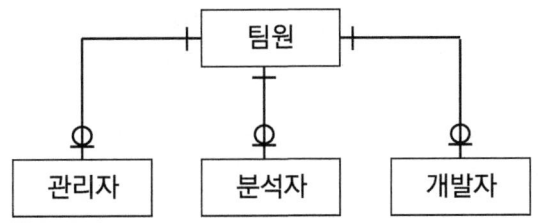

58. 일반적으로 주키가 같은 엔터티들은 하나의 엔터티로 결합한다. 실세계에서 엔터티가 동일한 객체를 지칭하는 것이라면 하나의 엔터티로 결합하도록 수정하시오.

59. 일반적으로 키가 아닌 속성을 가지지 않는 엔터티는 종엔터티와 결합하도록 수정하시오.

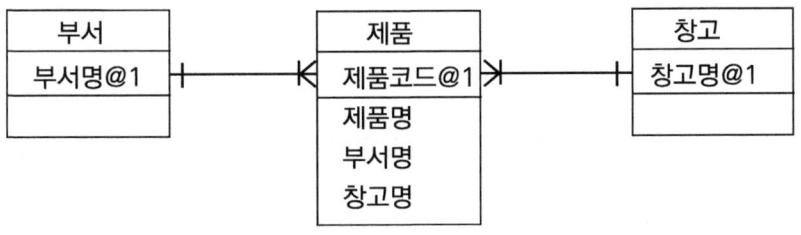

60. 동일한 주키를 갖고 대체로 같은 주키 도메인을 갖는 두 엔터티를 연관시키기 위한 수퍼타입을 설정하도록 수정하시오.

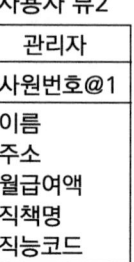

61. 동일한 주키를 갖는 1:N 관계의 엔터티는 통합 후, 통합으로 N:M 관계를 다시 1:N 관계로 전환하도록 수정하시오.

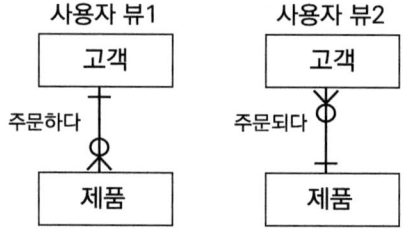

62. 원래 다른 사용자 뷰에 나타났던 엔터티들 간의 누락된 관계를 파악하도록 수정하시오.

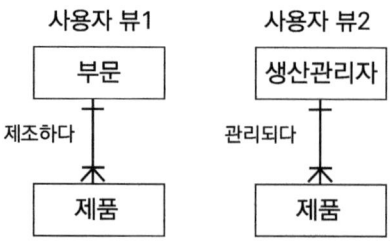

63. 통합 과정 중 새로 발생한 중복성을 제거하기 위해 1, 2단계로 재정규화 하도록 수정하시오.

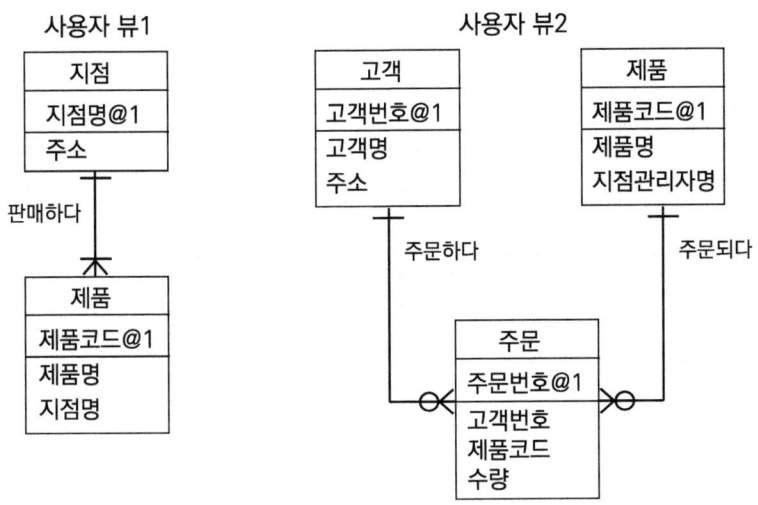

정답

Ⅰ. 전사 아키텍처 이해

1	2	3	4	5	6	7	8	9	10
③	①	①	④	③	④	③	①	④	④
11	12	13	14	15	16	17	18	19	20
④	③	①	②	③	③	③	②	①	④
21									
③									

Ⅱ. 데이터 요건 분석

1	2	3	4	5	6	7	8	9	10
①	②	②	③	④	②	③	②	②	③
11	12	13	14	15	16	17	18	19	20
①	④	①	④	②	②	③	③	④	④
21									
①									

Ⅲ. 데이터 표준화

1	2	3	4	5	6	7	8	9	10
②	③	④	④	①	②	④	④	②	③
11	12	13	14	15	16	17	18	19	20
④	①	④	②	③	④	④	③	②	③

IV. 데이터 모델링

1	2	3	4	5	6	7	8	9	10
①	①	③	③	③	③	①	③	③	③
11	12	13	14	15	16	17	18	19	20
③	④	①	④	①	①	④	③	②	①, ②
21	22	23	24	25	26	27	28	29	30
①	②	②	①, ②	①, ③	③	④	③	①	④
31	32	33	34	35	36	37	38	39	40
②	③	②	④	②	①	④	③	①	③
41	42	43	44	45	46	47	48	49	50
③	①	②	②	①	④	③	①	④	③
51	52	53	54	55 ~ 63					
①	④	③	②	아래 참고					

55

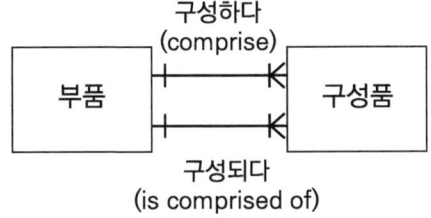

56

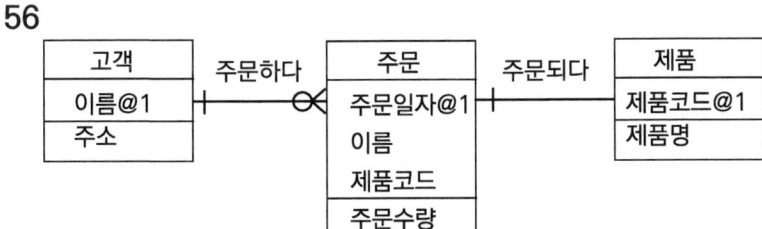

57

58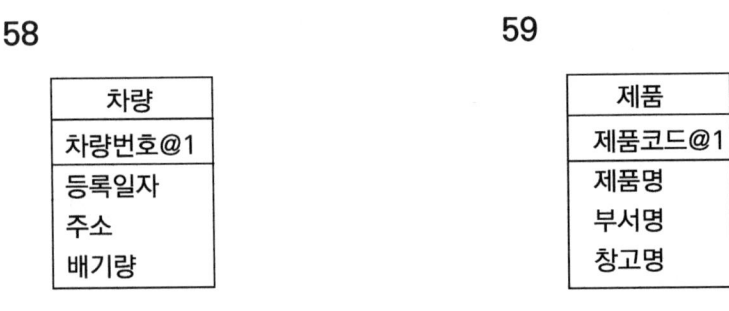

59

60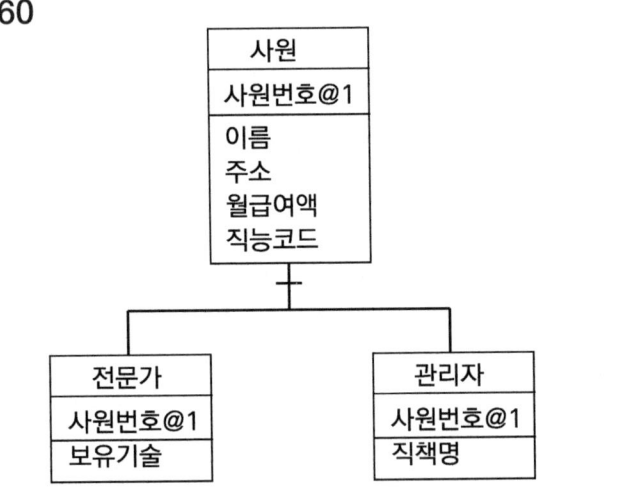

61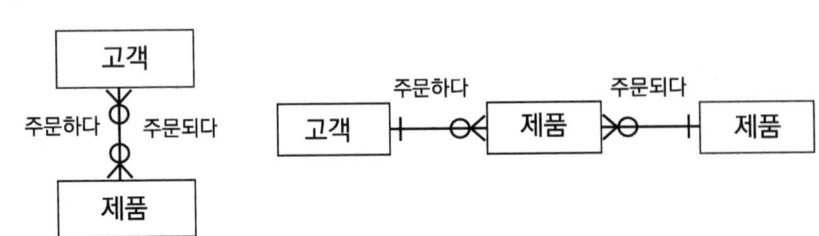

62

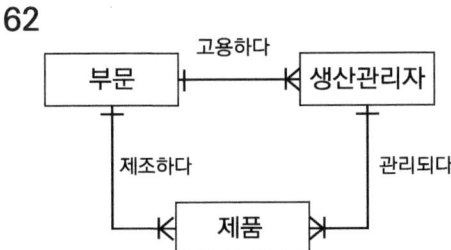

"부문"과 "제품" 사이의 "제조하다"라는 관계는 새로운 "고용하다"라는 관계의 추가로 인해 중복된 의미를 나타내므로 다른 곳의 "고용하다" 관계를 제거할 수 있다.

63 1단계

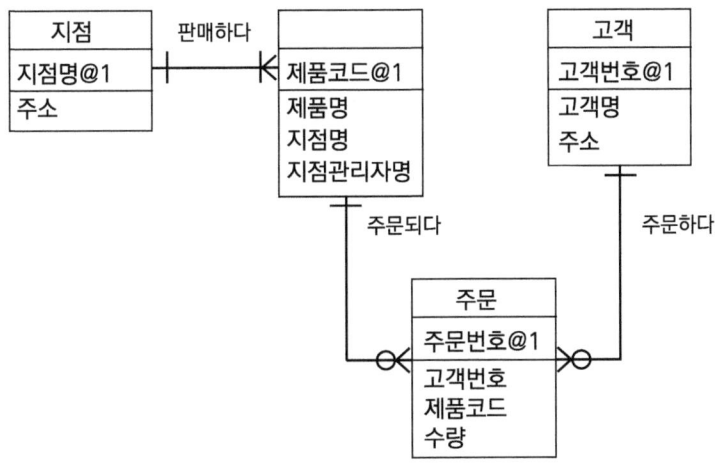

2단계

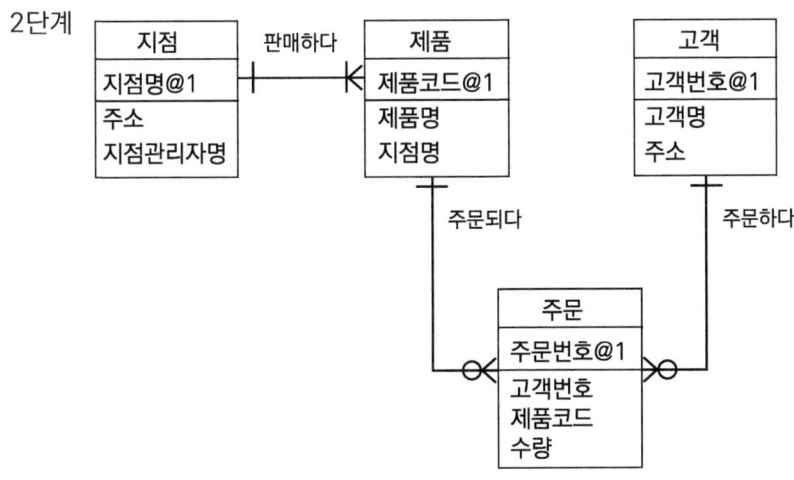